JN011730

父《ふ》滅《めつ》の刃《やいば》

消えた父親はどこへ

アニメ・映画の心理分析

樺沢紫苑

みらい PUBLISHING

父滅の刃

『父滅の刃』はじめに

2020年の今。世界は、新型コロナウイルスをめぐる大きな危機に直面しています。私たち日本人は、これからどこに向かうのか。父親として、母親として、あるいはリーダーとして、あるいは一人の日本人としてどのように生きていくのか。多くの人がその迷いの渦中にいます。その不安の原因は時代の変化によって起きるものだけではありません。「父性の消滅」による要因が大きいのです。

2012年11月、本書の前身となる『父親はどこへ消えたか　映画で語る現代心理分析』（学芸みらい社）を出版しました。日本、そしてアメリカの映画やアニメにおける60年以上の歴史を振り返りながら、その中で「父性」がどのように描かれてきたのか。現実社会における「父性」はどのように変遷してきたのか。そして、現代の父性とは。

私たちはどのように生きていくのかを模索した、映画分析でありながら、心理学の本でもあり、壮大な社会時評でもある1冊を執筆し、世に問いました。

3カ月を超える執筆期間。同書で取り上げた100本以上の映画とアニメシリーズを全て見直すだけで、250時間以上かかっています。私は、今まで30冊以上の本を書いていますが、その中でも最も「時間」と「精神エネルギー」をかけた1冊であることは間違いありません。また、今まで出版されている全ての私の本の中で、最も樺沢紫苑らしい本であり、他に類をみない、世界でも唯一無二と言えるくらいにマニアックな1冊になったと思います。

しかしながら、私には「時代を先取りしすぎる」という悪い癖があり、2012年という時代において、「父性」というテーマは、今考えると、時代を先取りしすぎていました。少し早すぎたテーマであったかもしれません。

時代を先取りしすぎたテーマ性と類をみないマニアックな1冊。さらに、まだ私が作家として無名であったこともあり、『父親はどこへ消えたか』は全く反響を呼ぶことはなく、増刷もされませんでした。その後、在庫切れになると同時に出版停止となり、現在まで長く入手困難となっています。

2012年から8年が経ち、私も『アウトプット大全』『インプット大全』(サンクチュアリ出版)で、シリーズ累計70万部のベストセラーを出し、作家としても少しずつ認知され始めました。

『アウトプット大全』以後にファンになった方から、『『父親はどこへ消えたか』を読みたいのですが、再版か電子書籍化はしないのですか？』という問い合わせも増えてきました。

さらに、2012年から現在までの8年間で、「父性」をめぐる状況は大きく変わってきました。2012年は、父性の時代から、「父性不在」「父性消失」の時代へと切り替わりはじめた過渡期であり、その中で私たちはどうすればいいのかという警鐘を鳴らしました。しかし、残念ながら「父性不在」はその後も進行し、現在、限りなくゼロに近づいています。「父性消滅」の危機に瀕しているのです。

実際に「父性消滅」の証拠と言えるのが「ひきこもり」の増加であり、将来に夢や希望を見いだすことができない子供たちの増加、そして最近の映画やアニメにもその傾向は極めて顕著に表れているのです。

「父性」というのは、私たちが生きていくうえで、あるいは自分と父親、自分と子供との関係性を考える上で極めて重要なキーワードであることは間違いありません。

「父性消滅」を目前にした今、「父性」について再考することは絶対に必要である！　と数年前から考えていました。しかしながら、私の出版予定は数年先まで決まっており、「父性」をテーマにした新刊を書き下ろすには、最低でも3カ月はかかるでしょうから、時間的にも精神エネルギー的にも難しい状況にありました。

そんな矢先、『父親はどこへ消えたか』の編集者である城村典子さんより、「『父親はどこへ消えたか』に、最近の映画の分析を増補して再版しませんか？」という提案をいただきました。

正に渡りに船。いつか「父性」をテーマにした新刊を書きたいとは思っていましたが、「増補新刊」というアイデアは考えてもみませんでした。何章かの増補であれば、しっかり集中すれば1～2週間で書けます。

また最近どっぷりはまっている『鬼滅の刃』や『ゴールデンカムイ』の論考も古くならないうちに世に出したいという気持ちがあり、全ての要素が一致して、２０２０年という出版タイミングとなったのです。

『父親はどこへ消えたか』を収録した新刊の企画が決まり、原稿を読み直しましたが、その内容は全く古くなるものではありませんでした。なので、当時出版された『父親はどこへ消えたか』の本文は原文のまま収録し、「（本新刊「父滅の刃」の）はじめに」「第7章」「第8章」「第9章」を新たに執筆しました。

タイトルは、本書で取り上げた重要な作品の一つとなる『鬼滅《きめつ》の刃』に着想を得て、「父性消滅」に抗する刃（手段）という思いを込め、『父滅《ふめつ》の刃』としました。

大きな危機を乗り越えるためには、リーダーシップや父性が必要となります。
本書を通して、「生きる」ヒントを少しでもつかんでいただけましたら、私は精神科医としてこれ以上の喜びはありません。

2020年7月　精神科医　樺沢紫苑

本書の「序」および第1章〜第6章、「さいごに」は、2012年11月に刊行された『父親はどこへ消えたか　映画で語る現代心理分析』（学芸みらい社）の内容を一部修正のうえ掲載しました。

父滅の刃

序　――「父親」はどこへ消えた？

『スター・ウォーズ　エピソード1／ファントム・メナス』3D版を劇場で見た時のことです。スクリーンで見る大迫力のスター・ウォーズに、凄く興奮しました。公開当時は、期待はずれだとスター・ウォーズ・ファンから激しいバッシングを受けた『エピソード1』ですが、『エピソード2』『エピソード3』が公開された今、改めて見るとアナキンにとっての父親的存在であるクワイ＝ガンの死が、アナキンの転落の最初の一歩になっているようで、妙に物悲しく思えます。

メカ部品の中古屋で働いていたアナキン少年は、ポッドレーサーを自分で組み立てメンテナンスをするほどのメカ好き。また、人間でただ一人のポッドレーサーのパイロットというのも興味深い設定です。

父親のいない環境で育ったアナキンは、荒々しく力強い、命がけのレースに入れ込むことで、父性を補完しているようにも見えます。父性不在によって衝動コントロールが利かなくなった若者が、バイクに憧れたり、暴走族に入ったりする心理と同じように。

この設定を見て、私は一人の患者さんを思い出しました。私が精神科医になりたての頃、かれこれ20年以上も前の話です。初めて担当した入院患者さんだったので、今でもよく覚えています。12歳の摂食障害（拒食症）の少年、A君。全く食事ができず、体重は30数キロで、点滴をしないと命も危険な状態でした。小児科入院中に、バルコニーから飛び降りようとしているところを発見され、精神科へと転科になったのです。

ほとんど言葉も話さないA君。最初は全くコミュニケーションがとれず、カウンセリングにもならない状態でした。治療の手がかりがつかめず途方にくれていたところ、食堂で絵を描いているのを何度か見かけました。絵が好きだったとわかり、絵画療法を用いて交流を深めることにしました。

彼が描く絵のテーマは決まっています。トラックです。彼の趣味は、トラックの写真を撮りに行くこと。派手な電飾ピカピカの、いわゆるトラック野郎の大型トラックです。菅原文太が出演している映画『トラック野郎』シリーズも大好きだと語り、私も映画好きだったので、映画という共通の話題で盛り上がりました。体重わずか30数キロの少年は、「将来、トラック運転手になるのが夢」と語りました。その外見からは全く想像もできない夢です。

母親は非常に熱心で、よく病院に足を運んでは、A君と一緒の時間を過ごしていました。しかし治療1カ月がたち、あることに気がつきました。お父さんが一度も面会に来ていないのです。母親に聞くと、仕事が忙しくて、なかなか病院には来られないとのこと。そうは言っても、入院して1カ月もたつのに、一度も面会に来ないとは異常な話です。

そこで「お父さんに一度来てもらえませんか」とお願いし、病院に来てもらいました。まじめなサラリーマンタイプ。人がよさそうに見えましたが、言葉も弱々しく、非常に印象の薄い人です。仕事が忙しく、残業や休日出勤も普通で、育児は完全に母親任せでした。父性不在の家庭。そして、明らかな父親の愛情不足。


その時、少年が「トラック」に憧れる理由がわかりました。「男性的な力強さ」を象徴するのが「トラック」です。当時、「トラック」といえば、トラック野郎・菅原文太のイメージ。ごつい男が乗る、「男らしい」イメージの象徴だったのです。

A君は、「男性の力強さ」、すなわち「父親の力強さ」を求めていました。彼の「トラック運転手になりたいという夢」は、「自分が力強くなりたい」という願望であるとともに、「父親の愛がもっと欲しい」というサインでもあったのです。

父親には、仕事の忙しい中、できるだけ面会に来てくれるようにお願いしました。父子で過ごす時間を増やすのが、最大の治療になると考えたからです。実際、父親は忙しいなか時間をみては面会に来てくれるようになりました。その面会回数と比例するかのように、A君の摂食障害は改善し、徐々に食事もできるようになったのです。父親が面会に来るようになってから2カ月後に退院することができました。

私は、A君を通して非常に重要なことを学びました。「父性愛の不足」が命にかかわるような重要なメンタル疾患を引き起こす原因となること。逆に、ごく普通の家族団欒、家族がそろって楽しく会話するだけで、癒しのパワーが発揮されるということを。

私はこの時「父性」の重要性について、生まれて初めて意識しました。「父性」の導きがないと人は生きていけない、それほど大切なものなのだと認識したのです。文献で一通り勉強しましたが、当時「父性」について日本語で書かれた本は、数えるほどしかありませんでした。

A君が私の入院患者第1号であったことは、今考えると、非常に運が良かったと思います。私はその後、日々の診察で「父親」を意識するようになりました。父親との関係性はどうなのか？　父性不在に陥っていないのか？

そして、大学生の頃は年間150本から200本を映画館で見る映画ファンであった私は、医者になってからは年間100本程度に減ってしまいましたが、映画を見る時も、常に「父性」というものを意識して見るようになっていたのです。

そんななか、2012年公開の映画を見ていて、ふと思いました。『ものすごくうるさくて、ありえないほど近い』『ヒューゴの不思議な発明』『アメイジング・スパイダーマン』『TIME／タイム』『ももへの手紙』『虹色ほたる～永遠の夏休み～』。何だか非常に似たパターンの映画が多いなと。

この6作品では、父親は既に亡くなっており、その遺品に託されたメッセージを探る、あるいは父の死の原因や理由を探るというストーリーが、恐ろしいほどに一致しているのです。一言で言えば、全て「父親探し」の映画です。

さらに同時期に公開された『幸せへのキセキ』と『ファミリー・ツリー』。この2本に共通する特徴は、今まで子育てをほとんどしてこなかった仕事人間の父親が、子育てをしなければいけない状況に追い込まれ、ダメながらも必死になって子供とコミュニケーションをとり、親子関係を改善していく。「父性回復」がテーマとなっているのです。

「父親探し」または「父性回復」のテーマの作品が、これほど短期間に大量に公開されたことがあったでしょうか？

映画というのは何年もかかって製作されるものですし、アメリカ映画にも日本映画にも共通点が見られていることからも、互いに影響を受けた可能性は考えられません。

映画製作者たちは、時代性にマッチした作品を作り上げるわけですから、「父親探し」「父性回復」のテーマが、今の時代には受け入れられやすいと、それぞれ考えたということです。

総理大臣が代わっても何も変わらない政治。リーダー不在による政治の迷走。学校や教育現場の「いじめ」「いじめ自殺」。授業中に子供たちが好き勝手を始める「学級崩壊」――これらも、父性不在と密接に関係しているはずです。

責任をとらされることをおそれ、イエスマンばかりで、自分の意見を言わない。リスクの伴う新規事業に消極的な、ことなかれ主義のビジネスマン。そして、強いリーダーシップを発揮できるトップが不在の企業。家庭での父性不在。「パパ」という名の友達化した父親。「草食系男子、肉食系女子」に象徴される、男子の軟弱化。精神医学の世界でも、「新型うつ病」「ひきこもり」「不登校」「パラサイトシングル」「ニート」などは、「父性喪失」「父性不在」と深く関係していると考えられています。

こうした「父性不在」の問題はかなり深刻です。

核家族化し、少子化した今、父と母と子一人という家族が増えています。祖父母やたくさんの兄弟、あるいはご近所さん（地域コミュニティ）の影響を受けて育った一昔前と異なり、子供は父親と母親の影響を、より大きく受けやすくなっているのです。

家庭において「父親」の役割が重要であることは当然として、社会にも父性不在で育った若者が増えているとすれば、私たちは社会人として、人と関わる上で「父性」的な関わりというものが、重要になってきているのではないでしょうか？

また、父性というのは男性ばかりが担うものではありません。社会で働き、部下を抱え若い社員を育てる立場にいる女性もたくさんいるわけで、女性においても母性と父性のバランスという意味で、「父性」について理解を深めることは必要でしょう。

そもそも「父性って何？」という人も多いかもしれません。「母性」という言葉はよく聞きますし、イメージも湧きやすいでしょうが、「父性」という言葉は、普段あまり耳にしません。父親を探す映画が、これだけ増えているということは、「父親」がどこかに消えてしまったということでしょう。

「父親」はどこに消えたのか？　あるいは、本当に「父親」は消えてしまったのか？　映画に描かれた「父性」や「父親」を探ることで、父親はどこへ消えたのかを、考えてみたいと思います。

2012年11月　樺沢紫苑

注　本書では、映画のテーマを掘り下げて深く分析するという性質上、ラストシーンも含めて、映画の結末についても言及しています。本書で紹介した作品には、ラストシーンがわかったから見る価値がなくなるような作品は含まれていません。むしろ、何度見ても理解に苦しむ、見るほどに見方が変わっていくような深い作品ばかりですので、あまりネタバレということは気にせずに、興味を持たれた作品は、レンタルでもいいので、ぜひ、ご覧いただきたいと思います。

目次

第1章　海賊の心理学

第2章　父性とは何か？「父親殺し」の心理学

第3章 父性の年代記 アメリカ編

第4章　父性の年代記　日本編

第5章　各論「父性」をめぐるいくつかの論点

第6章　父性回復の処方箋

第7章　「父性不在」から「父性の消滅」へ

第8章　「父性の消滅」から「男性不要」へ　ディズニーの暴走

本文中の「＊」は編集部の注記

第1章

海賊の心理学

© 尾田栄一郎／集英社

★

第1節　海賊漫画とピーター・パンの意外な関係

「最近『ONE PIECE』がブームになっているけど、どうして海賊漫画が今流行っているの？」

先日、家内と話していた時にされた質問です。

私は、間髪入れずに答えました。

「海賊は心理学的に父性を象徴するから、今の時代にマッチしているんじゃないの？」

言葉を発してから、私はハッとしました。「海賊」→「父性」という連想。それまで『ONE PIECE』のブームについて本気で考えたことは一度もなかったのですが、突然、湧き上がってきた独創的な考えに、自分で驚きました。

その瞬間『ONE PIECE』に限らず、私たちの周りの多くの映画、ドラマ、漫画、さらには社会現象までもが、「父性喪失」と関係しているのではないのか。私の頭の中に散らばっていたジグソーパズルが、一瞬にして全体像を現したのです。

▼なぜ今、漫画『ONE PIECE』が、大ブームとなっているのか？

単行本で2億冊突破という前人未到の記録を打ち立て、コミックのみならずテレビアニメ、劇場版アニメ、「ONE PIECE展」の開催、コンビニなどでのグッズ販売など、いたるところでキャラクターを目にするようになりました。日本で今、人気ナンバーワンの漫画であり、国民的な人気を博していると言っていいでしょう。

１９９７年の連載開始以来、人気漫画であったことは間違いないと思いますが、特に２０１０年頃から、異常な盛り上がりを見せているのは、どうしてなのでしょう？

大ブームが起きるのには、理由があります。おもしろい漫画、小説、映画はたくさんありますが、一時的に盛り上がることはあっても、大ブームというほどには広がりません。一部の特定のファンに支持される作品はたくさんありますが、全国民的に支持されるには、「大衆」のニーズ、つまり多くの人達に共感される普遍的な「何か」に触れなくてはいけません。それがあってこそ、ブームとして爆発的に広がります。

「時代のニーズにマッチした」のです。この大ブームを考察することで、現代の日本人のメンタリティが見えてくるはずです。

『ONE PIECE』は、かつてこの世の全てを手に入れた海賊王ゴールド・ロジャーが遺した「ひとつなぎの大秘宝（ワンピース）」をめぐり、幾多の海賊たちが覇権を賭けて争う大海賊時代。ゴム人間の麦わらのルフィが、海賊王を目指して仲間と共に冒険と戦いを繰り広げていく物語です。「海賊」とか「お宝」という言葉に、ワクワクする何かを感じますね。

『ONE PIECE』の大ブームは、「海賊は父性の象徴」だから、父性喪失の現代、非常に共感しやすい作品だからではないのか。それを論証すべく、「海賊の心理学」について、少し考えてみましょう。

▼フック船長は、父親だった

「海賊は、〝父性〟の象徴ではないか」——実は、私が15年以上前からずっと考えていたことです。これを証明するのは結構たいへんな作業ですが、そこを踏まえないと次に進めません。「海賊」の持つ、力強さ、たくましさ。法の外で自由に振る舞う自主性。「海の男」という言葉があるように、海賊が「男性的」「父性的」なものを象徴しているであろうことは、誰にも感覚的に理解できるでしょうが、「本当にそうなのか？」と言われると、具体的な証拠を示すことはできません。

しかしこの考えは、ある瞬間から確信に変わりました。それは、米国で演劇『ピーター・パン』を見た時のことです。

これは一言で言うならば、少女ウェンディが現実世界から「ネバーランド」に行き、ピーター・パンと一緒にフック船長と戦い、冒険する物語です。

冒頭は現実の世界、ウェンディの部屋。父親と母親が現れ、ウェンディを寝かしつけようとします。両親がいなくなり、静まった寝室でウェンディは、妖精ティンカー・ベルと遭遇。そして、「ネバーランド」への冒険へと旅立つのです。そこに君臨していたのは、海賊のフック船長。そして、ピーター・パンはフック船長と戦い続けています。

フック船長の登場シーン。私は、アッと思いました。目を凝らしてもう一度その顔を見直しましたが、間違いありません。先ほど登場したウェンディの父親、ジョージ・ダーリング氏を演じていた俳優が、なんとフック船長を演じていた——つまり、「父親」と「フック船長」は、一人二役だったのです。

これを見て、私の頭の中でバラバラになっていたすべての回路がつながりました。『ピーター・パン』に隠された、いろいろな謎や疑問が、一瞬にして全て解き明かされたのです。

なぜフック船長とウェンディの父親は、同じ俳優によって演じられているのか？

『ピーター・パン』のフック船長

それは、海賊が「父性」の象徴だからです。

物語は主人公ウェンディの「主観」で展開します。彼女にとっての父親（＝父性）イメージが、海賊の頭領であるフック船長に投影されている、ということです。

この仮説を、その時、一緒に観劇した家内にぶつけたところ、「たまたまそうだっただけじゃないの？」と一蹴されました（笑）。映画や小説、演劇など、人間によって書かれたストーリーには、「偶然」というものはありません。全てが「必然」であり、何らかの理由があるのです。一人二役はたまたまなのか？　まずは、それを調べてみました。

原作の舞台劇の初公演から百周年を記念して、２００３年に製作された映画『ピーター・パン』（P・J・ホーガン監督）。この中で、ジェイソン・アイザックスが、フック船長とウェンディの父親の二役を演じていました。日本では榊原郁恵主演のミュージカルが有名ですが、初演では、金田龍之介がフック船長と父親を一人二役で演じ、その後も川崎麻世、古田新太、鶴見辰吾などが、二役を演じています。２０１２年版は、ピーター・パンは高畑充希。フック船長役は武田真治ですが、やはり一人二役です。

米国で公開された演劇やミュージカルを調べてみたところ、１９２４年の映画版で、別の俳優が演じていた、という例外のケースがあったものの、多くの場合、フック船長と父親は伝統的に一人が二役で演じるという「お約束」があるのです。

フック船長とウェンディの父ダーリング氏は一人が二役を演じることが多い。それは、フック船長が、父親的イメージを持っていなければならないからです。

▼ピーター・パンが、いつまでも大人になれないのは理由がある

「ピーター・パン症候群」という言葉を聞いたことがある人も多いでしょう。心理学者ダン・カイリー博士が使い始めた言葉で、もともとは「成長することを拒む男性」と定義されていますが、最近ではもっと幅広く「いつまでも子供でいようとする、大人になろうとしない人たち」を総称する言葉として使われています。

「大人になろうとしない人」を、なぜ「ピーター・パン症候群」というのか。ネバーランドではピーターは成長せず、「いつまでも、大人にならない存在」として登場しているからです。

では、なぜ大人にならないのでしょう？　まあ、演劇、物語ですから、「そういう設定になっている」と言われるとそれまでですが、そのようなストーリーとして構築されたのには、それ相応の理由が存在するはずです。

これは、〝海賊は、「父性」の象徴である〟ということがわかると、答えは簡単です。

子供が、大人へと成長する過程で必要となるものがあります。それは、「父親殺し」です。もちろん心理学的な表現で、実際に父親を殺すということではありません。父親と格闘し、心理的に父親を乗り越えることです。心の中で格闘し、乗り越えることを、「殺す」と表現して

いるわけです。

　思春期になると、父親に猛烈に反抗したくなります。これが反抗期です。男子の場合は、父親とけんかしたり徹底的に言い争ったり、強い態度で反抗を表明することもあります。女子の場合だと、反抗というほどではないにしても、「きたない」「くさい」などと父親を遠ざけたり、あるいは父親が入った後の風呂に入らない……というのも、父親を一人の男性として認識し、「家族」ではなく「社会的な存在」として意識し始めるからこそ、こうした行動をとるのです。

　子供が反抗期に入って、親に辛辣な言葉を投げかけると、親としては大変「心痛む」ものです。子育てが間違っていたのか……と自責的になる親御さんもいるでしょうが、そんな心配は不要です。

「反抗期」は、子供の成長において、なくてはならないもの。親や教師に反抗することで、「ここまでは許されるが、これ以上は許されない」といった、社会的な距離感を学習します。

　つまり反抗期は、「社会」への船出のための準備期間に入ったということで、「大人へと成長している」ことの証明です。ですから、これはむしろ歓迎すべきことなのです。

　むしろ反抗期がないほうが心配で、「社会との距離感がうまくつかめていない」危険性があり、「ニート」や「引きこもり」に陥ったり、あるいは就職して社会に出てから大きな失敗をする、対人関係で悩む、新型うつ病になる……という問題につながる可能性もあります。

　さて、話を『ピーター・パン』に戻しましょう。『ピーター・パン』における父性は、「海賊」

であるフック船長。ピーターは彼と戦い続けています。つまり、まだ「父親殺し」はしていないのです。ですから、「父親（父親的存在）」を乗り越えられていないピーターは、大人になれない。いつまでも子供のままなのです。

★第2節　ルークよりもハン・ソロがもてる理由

海賊と言えば、あなたは誰を思い出しますか？　前述した『ONE PIECE』のルフィとその仲間たち、『ピーター・パン』のフック船長、そして『パイレーツ・オブ・カリビアン』のジャック・スパロウ（ジョニー・デップ）あたりでしょうか。

私は、海賊と言えばもう一人、どうしても外せない人物がいます。それは、『スター・ウォーズ』の宇宙海賊ハン・ソロ。宇宙船ミレニアム・ファルコン号の船長で、相棒のチューバッカを引き連れ、密輸や要人の移送など、金さえもらえれば、危ない仕事でも何でも引き受けます。

『スター・ウォーズ　エピソード4／新たなる希望』は、私の大好きな映画ですが、公開当時からスター・ウォーズ・ファンの間では、ルーク派かハン・ソロ派か、どちらが好きかという議論が何度も繰り広げられました。たいてい8割以上がハン・ソロ派で、ルーク派はいつも劣勢に立たされるのが常でした（笑）。

ルーク・スカイウォーカーは、『スター・ウォーズ』旧3部作の主人公です。主人公であり活躍する場面も多いルークが、なぜ人気がないのか？　演じたマーク・ハミルよりも、ハリソン・フォードの方が、俳優として魅力的だったからか？　それもあるかもしれません（笑）。

しかし、心理学的に考えると、意外な理由が見えてきます。ルークよりもハン・ソロがもてるのは、ルークが子供なのに対し、ハン・ソロが大人だからです。

▼「アウトロー」元型としての海賊

「アーキタイプ」（元型）という、ユングが唱えた概念があります。

無意識の内容が意識に影響を与える時、それは直接に意識されるのではなく、人類共通の心理的パターンにもとづくイメージとして現れます。そのイメージを生み出す時の基本的モチーフが「元型」です。

心理学者のユングは、宗教、神話、伝説、あるいは夢や精神病の妄想の内容に、時代や文化を超えて共通するイメージが存在することから、精神の中に祖先から受け継いだ普遍的なものがあると主張しました。

「元型」とは、全ての人に共通する、心の動きの雛形のようなものです。ユングが重視した元

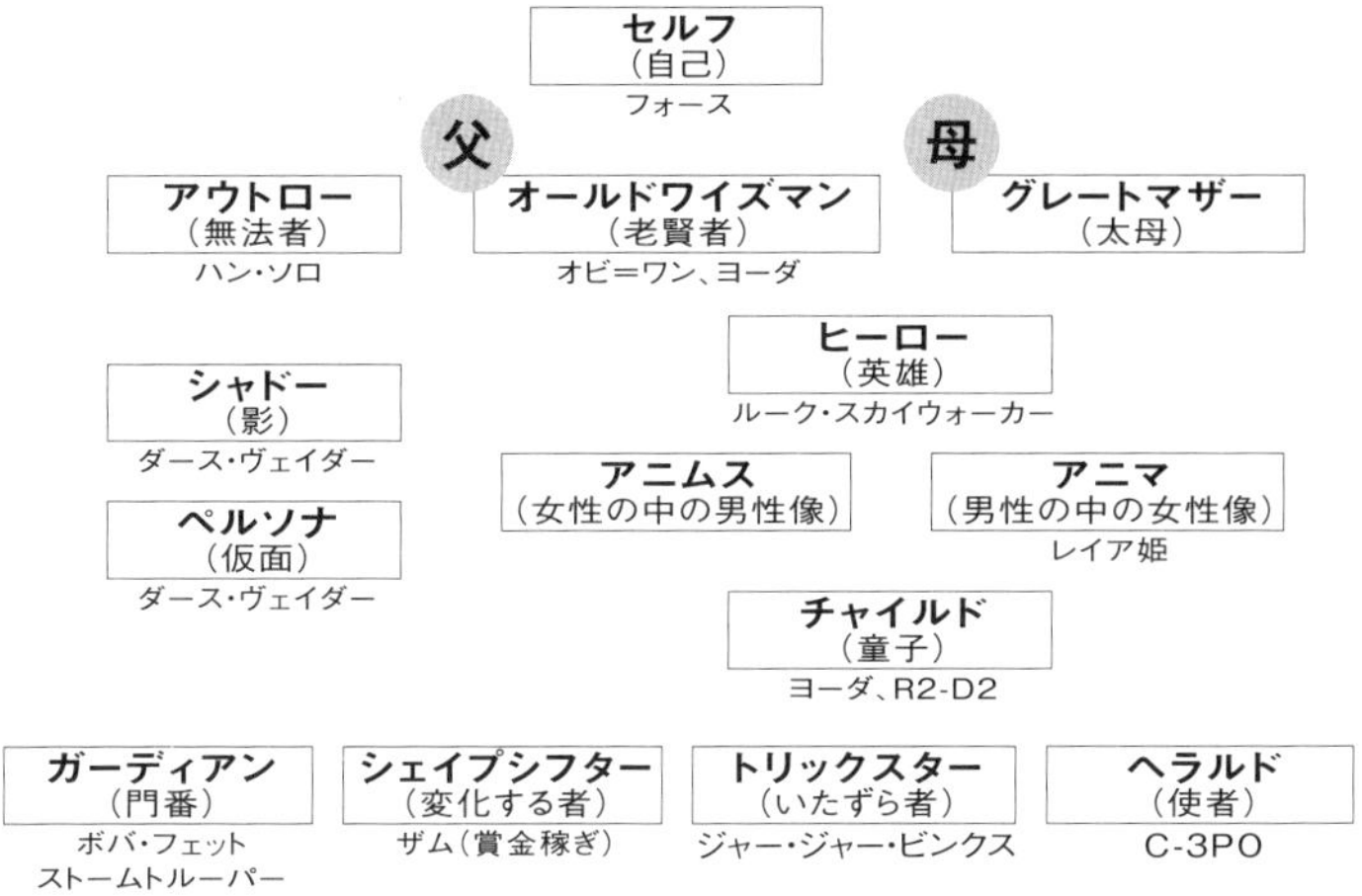

『スター・ウォーズ』で理解する「元型」

型としては、「セルフ（自己）」「シャドー（影）」「アニマ（男性の中の女性像）」「アニムス（女性の中の男性像）」「ペルソナ（仮面）」「グレートマザー（太母）」「老賢者」「トリックスター（いたずら者）」などがあります。他にも「ガーディアン（門番）」「ヘラルド（使者）」「シェイプシフター（変化する者）」など、たくさんの元型があります。

　この概念からヒントを得て、演劇や映画などを分析する際にも、「元型」の考え方が使われます。一言で言うと、「キャラクター類型」とでも言いましょうか。

　ルークは、元型では「ヒーロー」になります。オビ＝ワンとヨーダは「老賢者」。ダース・ヴェイダーは「影」であり「仮面」。C－3POは「使者」。R2－D2は「童子」。帝国軍の兵士ストームトルーパーは「門番」となります。そして、宇宙海賊であるハン・ソロは、「アウトロー」に分類されます。

アウトローというのは、組織や法に縛られることを嫌い、「自由」を重視するキャラクターです。時に革命や変革の原動力となります。アウトロー元型の特徴は、以下の通りです。

- 既存の判断基準に従わず、「自分」だけが判断基準
- その「自分」の判断基準がぶれない
- 一見「悪」だが、実は「いい奴」
- 孤独を好む、群れない。一匹狼タイプ
- 異性にもてる
- 最後には自己犠牲を伴おうと、自分を貫く正しい行いをし、仲間や民衆、社会を助ける

アウトローが登場する映画を挙げると、『俺たちに明日はない』のボニーとクライド、『明日に向って撃て！』のブッチとサンダンス、『マスク・オブ・ゾロ』の怪傑ゾロ、『ビリー・ザ・キッド／21才の生涯』、『ロビン・フッド』、『ランボー』などたくさんあります。

彼らは既存の価値観や法律に照らすと、違法、あるいは違法ギリギリの行為を行いますが、その行動は自分の信念に裏打ちされていて、一本筋が通っています。信念のためには命を投げ打つ覚悟もあります。時に民衆や一般大衆の共感を集め、既存の価値観を破壊し、革命の原動

力にもなるのがアウトローです。

アウトローの典型的なキャラクターを一人挙げるとすれば、『カサブランカ』（1942）でハンフリー・ボガートが演じた「リック」です。酒場「カフェ・アメリカン」の経営者という表の顔を持つ一匹狼のリックは、裏ではカジノ経営と「通行証」の発行を請け負っていました。違法スレスレの稼業で、金さえもらえば「通行証」を手配する「ワル」です。

しかし、パリで別れた恋人イルザ（イングリッド・バーグマン）と再会。思い出の曲「アズ・タイム・ゴーズ・バイ」とともに、当時の甘い思い出とつらい別れが思い出されます。しかし、イルザは既に、ドイツ抵抗運動の指導者ラズロと結婚していました。

ワルを装っていたリックですが、実は自分の信念のために行動する人間で、「反ナチ」という信念と愛のために、最後には、自分の命に危険が及ぶのを承知で、ナチスの命令に逆らい、イルザとラズロを国外に逃します。

違法か違法ギリギリの稼業に身を置き、一見、一匹狼でクールを装いながら、実は内面は熱く、最後には自分の命を犠牲にしてでも信念を貫く。まさにアウトロー元型であり、当然こんなカッコイイ生き方は、女にもモテます。

では、ハン・ソロの場合はどうでしょう。「金さえもらえば何でも運ぶ」を信条に、密輸を生業とし、彼の命を狙う賞金稼ぎも容赦なく射ち殺します。最初、ルークとオビ＝ワンの移送を金で引き受け、さらにお礼を貰えるならと、レイア姫の救出に手を貸します。金をもらったから用はすんだと、デス・スターでの決戦前に姿を消しますが、ルークが乗ったXウイング戦闘機がダース・ヴェイダーに追尾され、絶体絶命の危機に陥ったその瞬間。宇宙の彼方からミレニアム・ファルコン号に乗って突然現れ、ヴェイダーを撃退。そして見事デス・スター爆破に成功したルークとともに、その立役者となるのです。「金」が信条のワルを装っていたハン・ソロは、実は熱いハートを持ったいい奴だった、ということです。

ここまで書けばおわかりのように、いろいろな小説、映画、漫画に登場する「海賊」は、典型的な「アウトロー」であることがわかります。現実社会では「やっかい者」や「ワル」かもしれませんが、映画や演劇、小説などにおいては、「体制に反対する者」「革命の原動力となる者」で「変化をもたらす者」として、非常に魅力的な存在となるのです。

なぜ、アウトローは魅力的なのか？　その心理学的な理由は何なのでしょう？　それは、「自立した大人」「自由な大人」が象徴されているからです。

アウトローの判断基準は、「自分」です。法律がどうか、組織のボスがどうか、前例があるかなどは関係ありません。正しいかどうかを自分で判断し、自分で決定し、自分で行動する。それが、アウトローの特徴です。

自分の目的、ビジョンを明確に持ち、ゆるぎない「自分」という判断基準を持つ……これは、子供には全く無理な話なのです。

▼ヒーローは、子供っぽくなくてはいけない!?

一方、「ヒーローズ・ジャーニー」の主人公はどうでしょう?
「ヒーローズ・ジャーニー」とは、主人公が何らかの使命（クエスト）を与えられ、大きな冒険に旅立つ。そして、巨大な敵を倒すとか、大きな目的（クエスト）を達成する、という一連の冒険ものをさす言葉です。

これは古くから神話、伝承、民話などにみられる典型的なストーリーのパターンで、そのパターンを詳しく研究した書にジョゼフ・キャンベルの『千の顔をもつ英雄』（人文書院）があります。「神話」「物語」、さらに映画や舞台などのストーリーを分析するのに、重要な示唆を与えてくれる名著です。

「ヒーローズ・ジャーニー」には、人間の成長が象徴的に描かれています。ヒーロー（主人公）は自分の王国なり領地に住んでいて、そこから未知の領域へと旅立ち、大いなる目的を達成し、大きな成長をとげます。

ヒーローが倒すものは、たいていは「父性」的存在です。

例えば、『スター・ウォーズ』でいえば、ダース・ヴェイダー。『ロード・オブ・ザ・リング』でいえば、冥府モルドールの支配者サウロン。『ハリー・ポッター』でいえば、闇の帝王ヴォルデモート。『コナン・ザ・グレート』の侵略者タルサ・ドゥーム。

父親本人、あるいは圧倒的パワーと力強さを持ち主人公の前に立ちはだかる「父親的存在」（多くの場合は破壊、暴力、残虐性を伴った「Bad Father」）を倒す。つまり、「父親殺し」。父親を乗り越えることで、一人前の社会人に成長するという心理学的な発達過程が、「神話」には、象徴的に描かれます。

ヒーローは最初は「子供」です。例えば、『ロード・オブ・ザ・リング』の主人公フロドも、最初は子供であり、非常に頼りない存在です。

ヒーローは、年齢的には子供でない場合も多いですが、精神的には未成熟な子供っぽいところを残しているのが普通です。それこそが、「ヒーローズ・ジャーニー」の主人公の特徴なのです。「成長物語」ですから、成長する余地がないと、成立しません。最初から「自立した大人」であるなら、クエストを通して成長する必要もないし、大きな成長もとげないのですから。

それをふまえて、『スター・ウォーズ』のルーク・スカイウォーカーを思い出すと、彼は非常に頼りないし、場当たり的で、しっかりとした意志や考えも持っていません。優柔不断で、人の意見に流される。一言で言うと、「子供っぽい」ということになります。

そして、デス・スターの破壊という大きなミッションの達成によって、彼はようやく一人前として、周囲から受け入れられるのです。

ということで、ルークは「ヒーロー」であるがゆえに、クエストを達成するまでは、子供っぽいキャラクターとして登場しているのです。

一方、ハン・ソロは「アウトロー」。時に、自己中心的になったり、独善的になったりすることもありますが、最終的には主人公や人々を助けたり、正しい判断をする場合が多いのです。自分で考え、行動し、「自分」という筋を通す。きちんと「自分を持った大人」であるアウトローが、人間として魅力的に見えるのは、当然でしょう。

ということで、未成熟なヒーローであるルークよりアウトローであるハン・ソロの方が魅力的なのは、心理学的にみれば実に当然のことです。

★

第3節　坂本龍馬は海賊だった!?

2010年。『ONE PIECE』以外にもブームになったものがあります。「坂本龍馬」です。福山雅治主演のNHK大河ドラマ『龍馬伝』が大ヒットし、坂本龍馬ブームが起きました。ドラマの舞台となった高知県や長崎県は観光客が激増し、700億円以上の経済波及効果があったと言われています。

現代の日本の経済や政治は膠着し、どうにも行き詰まった状況が、「幕末」と似ているという指摘もあります。そうした膠着状態をひっくり返してくれる「革命児」が現れて欲しい……というのが、今、多くの日本人が期待するところではないでしょうか。

この「革命児」という言葉から、前述の元型「アウトロー」が思い出されます。

アウトローとは、既存のルール、組織や法に縛られることを嫌い、「自由」を重視するキャラクターです。自分自身の判断だけが行動の基準。時に革命や変革の原動力となります。

坂本龍馬は、土佐を出るさいに、土佐藩を脱藩します。武士というのは、藩から禄をもらって生計を立てています。「脱藩」するというのは、既存の枠組から脱するということ。非常に大きな決断であったはずですが、「既存の価値観に縛られない」というアウトロー的な発想からすると、実にまっとうな決断です。

土佐藩の藩士である以上、藩の利益を尊重した行動をとらないといけません。それは、「日本のため」「日本の将来」という大きな目的とは、矛盾し、ぶつかりあうことも出てくるでしょう。ですから、大きなビジョンで行動しようとしていた龍馬としては、組織の束縛から逃れるという意味で「脱藩」は、当然の行動といえます。

龍馬といえば、「薩長同盟」の立役者として有名ですが、犬猿の仲であった「薩摩と長州が手を組む」というのは、当時の常識から言うと、ほとんど無理な話。それを可能にしたのも、龍馬の「既存の常識にとらわれない」自分の判断と行動力によって成し得た技だと思います。

そして、結果として「倒幕／大政奉還」という政権交代、歴史的にも珍しい無血革命が実現します。その原動力として活躍した龍馬。「アウトロー」のイメージに、見事に当てはまります。海賊もアウトロー。龍馬もアウトロー。これを偶然と見るか、必然と見るか。

龍馬といえば、「海援隊」の結成でも知られています。「海援隊」は貿易会社であり、私設海軍でもあります。まさに、自分の意志で海を渡り歩く。それは、「海賊」のイメージにも、オーバーラップするのです。自由を目指す者は、「海」に憧れるのでしょうか……。

現代日本において、龍馬のような既存の価値観に縛られない、自由な発想と行動力を兼ね備えた人物が求められています。

同時に巻き起こった『ONE PIECE』と坂本龍馬のブームの背景には、「父性の喪失」という現実、そして「父性的リーダーの待望」という願望が、無意識に現れていると、私は考えます。さらに興味深いことに、『江~姫たちの戦国~』をはさんで、2012年のNHK大河ドラマは『平清盛』でした。平清盛は、平家水軍を率いて、瀬戸内海を牛耳る海賊、佐伯水軍を討伐し功をなします。つまり平清盛も、「海賊」だったわけです。やはり今の時代、海賊がもてはやされているのは、偶然とは思えません。

★ 第4節 「絶対にヒットしない海賊映画」が大ヒットした理由は？

印象的な海賊が、もう一人います。ジャック・スパロウ。『パイレーツ・オブ・カリビアン』でジョニー・デップが演じた、飄々とした個性的な人物です。

ブラックパール号の船長で、自由を愛し、海を愛し、酒と女を心から愛する孤高の海賊。とぼけているようで、実は悪知恵が働き、人をからかっているのか本気なのかわからない。剣も使えるが、なにより逃げ足が早い。「お宝」を求めて行動する利己的な人間に見えて、最後には命を投げ打ってでも人を助ける。自由奔放で人の指図は受けず、「自分」という物差しで常に行動する憎めないキャラクターです。

『パイレーツ・オブ・カリビアン／呪われた海賊たち』（２００３）が大ヒットし、さらに第2作『デッドマンズ・チェスト』（２００６）、第3作『ワールド・エンド』（２００７）、そして第4作『生命の泉』（２０１１）と立て続けにヒットした今、「海賊ってカッコイイから、海賊映画がヒットするのは当たり前じゃないか」と思う人も多いかもしれません。

しかし、『パイレーツ〜』がヒットするまでは、映画業界では「海賊映画、海洋映画は、ヒットしない」というのが、常識となっていたのです。ロビン・ウィリアムズ主演の『ポパイ』（１９８０）は、名匠ロバート・アルトマンが監督を務めたにもかかわらず、興行的に大失敗。

関根勤も出演した『エリック・ザ・バイキング／バルハラへの航海』（1989）、そしてハリウッドの歴史的赤字を記録した『カットスロート・アイランド』（1995）など、海賊・海洋映画はヒットしないというのはハリウッドの「常識」でした。

特に女海賊モーガンの活躍を描いた『カットスロート～』は、『ダイ・ハード2』『クリフハンガー』のレニー・ハーリンが監督し、製作費、宣伝費合わせて1億ドル以上がかけられたにもかかわらず、その1割強ほどしか回収できず、ギネスブックに「最も興行赤字が大きい映画」として掲載されているほど。

では、なぜ『パイレーツ～』は、この「常識」を破ることができたのでしょうか？

ジョニー・デップが主演していたから？　確

『パイレーツ・オブ・カリビアン』のジャック・スパロウ船長

かに、彼の好演で「ジャック・スパロウ」という魅力的なキャラクターが生み出された、というのは間違いありません。

しかし、当時のデップは、『シザーハンズ』『スリーピー・ホロウ』『ナインスゲート』『フロム・ヘル』といった地味で暗い作品への主演が多く、アート志向が強く、自分の演じたい作品、自分が一緒に仕事をしたいクリエイターと映画を作るというポリシーを貫いていたため、ヒット作とは無縁の個性派俳優の一人にすぎませんでした。彼の名前を誰もが知るようになったのは、実はこの映画以降のことです。

海賊映画はヒットしないという常識を破って大ヒットしたのは、私は「時流が変わった」からだと思うのです。『カットスロート〜』が大コケした1995年から、この『パイレーツ〜』が大ヒットした2003年の間に、父性喪失がより進行し、「海賊」のような「アウトロー」キャラクターが強く求められる時代になったのではないのかと。

「早すぎた海賊作品」として、日本の例も挙げておきましょう。

『宇宙戦艦ヤマト』『銀河鉄道999』の漫画家・松本零士は、『宇宙海賊キャプテンハーロック』『クイーン・エメラルダス』と、2本の海賊漫画を描いていますが、知る人ぞ知る作品として終わっています。『キャプテンハーロック』は、テレビアニメ化、劇場アニメ化されていますが、1978年に公開されたテレビアニメ版の平均視聴率は6・9%と、当時のゴールデンタイムのアニメとしてはかなり低いものでした。『キャプテンハーロック』が連載された77～79年は、まだまだ「母性」の時代。海賊漫画が流行る時代ではなく、時代の先を行き過ぎていたのでしょう。

ちなみに、『宇宙戦艦ヤマト』では森雪やスターシャ、『銀河鉄道999』ではメーテルという、非常に母性的なキャラが物語の重要な鍵を握る母性映画となっているからこそ、当時の時流ともマッチして、松本零士の代表作になっていると考えられます。

「海賊」は父性の象徴であり、『ONE PIECE』が空前の人気となり、『パイレーツ～』が大ヒットしているのは、「父性喪失」が進行し、我々が「父性」を希求していることの表れです。

海賊と父性の関係についてひと通り説明してきましたが、それでもまだ私のこの説に対し、「随分とこじつけ的だな」と感じる人も多いでしょう。海賊ブームというのはあくまでも、父性不在の「氷山の一角」にすぎません。ただ、非常に目立った社会現象であり、『ONE PIECE』や坂本龍馬といった話は、多くの読者に理解しやすいだろうということで、「父親」や「父性」について語り始める最初のきっかけとして、第1章でとりあげたにすぎません。

父性とは何か。それが、ここ数十年でどのように変わってきたのか。そして、「父性不在」が進行し、どのように社会に影響を及ぼしてきているのか。次章から映画の実例を挙げながら考えていきます。

第 2 章

父性とは何か？
「父親殺し」の心理学

© 『ゴッドファーザー PART I』
Blu-ray：1,886 円＋税／ DVD：1,429 円＋税
発売元：NBC ユニバーサル・エンターテイメント

★

第1節 父性とは何か？

「父性」「父親殺し」という言葉を使ってきましたが、そもそも「父性って何？」という人も多いのではないでしょうか。「母性」というのはイメージしやすくても、「父性」というのは、なかなかイメージしづらいはずです。

父性とは、子育てにおいて、父親に期待される資質のこと。子供を社会化していくように作動する能力と機能です。母性が子供の欲求を受け止め、満たして子供を包み込んでいくことを指すのに対して、子供に我慢や規範を教え、責任主体とし、理想を示すものとされます。

一方、「父性原理」「母性原理」という言葉もあります。

【父性原理と母性原理】

父性原理とは「切る」原理をいい、きびしさ・規律・鍛練などを意味し、母性原理とは「包む」原理をいい、やさしさ・受容・保護などを意味する。子どもの人間形成においては、母性的なやさしい受容・保護とともに、父性的なきびしい規律・鍛練が必要であるが、現代の家族においては父親不在や父親の権威喪失のため父性原理が欠如し、そのため子どもの人間形成が歪んだかたちになっているという論者が多い。

『新版社会学小辞典』（有斐閣）より

「父性原理」とは、自分自身を自我から切り離し、他者との比較においておのれの相対性を引きうけていこうとする態度。一言でいえば、「断ち切る」こと。一方「母性原理」とは、「包み込む」ことであり、自分自身と他者を切り離すことではなく、むしろそれとつながろうとする態度のこと。父性原理と母性原理は相反的に見えますが、両者は補完的なものです。「父性原理」「母性原理」とは、父性、母性がもつ一つの心理的な方向性を示す言葉といえます。

『父性の復権』の著者、「父性」ブームの火つけ役となった林道義氏は、父性とは「①家族をまとめ、②理念を掲げ、③文化を伝え、④ルールを教える」もの、母性とは「子供を産み育てる過程で働く、受容的な優しい心の働き」と定義しています。

この定義の違いをみてもわかるように、母性の定義はシンプルでわかりやすいのに対し、父性の定義はいくぶん複雑でわかりづらいものになっています。そこに「父性」の難しさが、そのまま現れているような気がします。

わかりやすく言えば、父親としてどう子供と接するのか。「父親らしさ」が「父性」といってもいいでしょう。しかしながら、「父親とはこうあるべきだ」という「父親らしさ」が多種多様に存在するように、「父性」というのも、「父親とはこうあらなければならない」という究極的な答えは存在しないでしょうし、それぞれの時代ごとに父親のあり方というのは変化しているわけで、「父性」というものの考え方や、とらえ方も変わります。

私が考える父性とは、「規範、ルール、ビジョンを示し、社会での生き方を示すもの」です。規範や社会のルール、理念やビジョンを子供に示し、人が社会に船出していく上で困らない方向性と倫理や道徳を示す。それを「父性」ととらえています。

それは親子関係に限ったものではなく、教師と生徒、上司と部下の関係でも必要なもので、人を育てるための父親的な性質を、本書では「父性」と考えます。

▼「父親殺し」と「エディプス・コンプレックス」

「父親殺し」と関連してよく話に出てくるのが、「エディプス・コンプレックス」です。多くの神話や伝説、そして映画でも描かれます。

これは、父親と知らずに実父を殺害し、母親と結婚したギリシャ神話に登場するエディプス王の名を取り、シグムント・フロイトによって名づけられた精神分析学の基本概念です。

男性の場合、無意識に母親を愛の対象とし、その母親をめぐって父親に敵意、ライバル心を持つ傾向、およびそうした感情の複合体（コンプレックス）を指します。

つまり、母親の愛を独占したいという気持ちから、父親に対して敵意を持つ。やがて父親と対決し、父親を殺す。実際に殺さないまでも、精神的に父親を倒すことで、父親を乗り越え、

母性	父性
寛容、寛大さ	厳しさ、厳格
優しさ、温かさ	強さ、たくましさ
リラックス、癒し	緊張
慰める、ほめる、励ます	叱る
包含する	切断する
エロス＝愛	ロゴス＝社会の秩序や約束事の世界
安定	変化
教育的	批判的
内部に閉じている	外部に開かれている
愛、優しさを教える	ルール、規範を教える

父性と母性のイメージ

成長するという物語が多いのです。

思春期の男子の特徴として、親の言うことに何かと反抗する傾向があります。特に父親の言うことには、頑なに反対してしまいます。このように父親に反抗し、対決し、父親との葛藤を乗り越えていくことが、「成長」の過程では不可欠となります。

「父親を殺す」というのは、あくまでも「象徴」的な意味ですが、物語の中では、実際に剣を交えて戦い、時として殺してしまうこともあります。

▼なぜヒーローには、父親がいないのか？

「叙事詩のなかではしばしば、英雄が生まれるとき、その父親は死んでいるか、あるいはどこか他の場所にいるので、その英雄は父親探しに

「出かけなければいけない」

ジョーゼフ・キャンベル、ビル・モイヤーズ著『神話の力』（早川書房）より

「父親殺し」をするためには、「父親」がいなければいけません。しかし、神話や映画の主人公たちには、なぜか最初「父親」がいないのです。

『スター・ウォーズ』では、ルークはオーウェン叔父さんの元に預けられていました。『ハリー・ポッター』では、最初ハリーは、ダーズリー家（伯母の家）でいじめられながら育てられていました。『ロード・オブ・ザ・リング』では、フロド・バギンスはおじのビルボの元で育ちました。『スパイダーマン』シリーズでは、ピーターはベン叔父さんの元で育てられました。

このように、主人公の父親は不在で、継父や親戚の叔父さんなど、あるいは母親のみに育てられている、という場合が圧倒的に多いのです。父親がいる場合でも、不甲斐ない人物であったり、酒浸りになって自堕落な生活をしていたりと、全く「父性」を感じさせない「ダメ父」として登場しているはずです。

つまり、自分の周りに「父親」がいない。だから、父親を探しに出かける必要が生まれます。父親は「家」の中ではなく、外の世界にいます。ですから、主人公は外の世界へ旅立っていく必要があるのです。母性に守られた「家」「家庭」から、様々な試練と冒険が待ち受けている厳しい「外の世界」（「社会」）へと、父親（父性）を探して旅立っていく。これが、多

くの神話や映画の骨子です。

▼「父性」と「父親」の違い

「父親探し」とはいいますが、必ずしも探しだすものは「父親本人」でなくてもいいのです。実際には「父親的な存在を探す」ことが大部分であり、それは「父性探し」と言ってもいいでしょう。圧倒的な大きな力を持った存在と戦い、それを乗り越えていくことで、成長する。『ハリー・ポッター』でいえば、ヴォルデモートであり、『ロード・オブ・ザ・リング』であればサウロンということになります。

「父親」といった場合、「血のつながった父親本人」と「父親的な存在（父性）」の二つの意味を持ちます。その「父親」が、血のつながった本当の「父親」かどうかは、前後のコンテクストを読めばわかるでしょうから、そうでない場合は「父性」「父親的存在」とほぼ同様の意味で使っている、と考えていいでしょう。

例えば、ファンタジーにおけるドラゴンは、「父性」の象徴です。英雄のドラゴン退治は、父親を打ち負かすこと。ドラゴンを殺すことは、「父親殺し」と一緒なのです。ドラゴン退治に成功した英雄は父親との一体化を果たし、真の力強さを手に入れ、本当の英雄になります。この場合、ドラゴンはもちろん、英雄と血のつながった実の「父親」ではありません。「父性」

のイメージを背負っているにすぎないのです。

★第2節 「父親殺し」の例1 『スター・ウォーズ』の「父親探し」と「父親殺し」

「父親殺し」でまず連想される映画は、『スター・ウォーズ』です。たくさんの人に見られているこの映画を例に、「父親殺し」について考えてみたいと思います。

▼ルーク・スカイウォーカーの「父親探し」

『スター・ウォーズ　エピソード4／新たなる希望』で、C―3POとR2―D2と出会ったルークは、オビ＝ワン・（ベン）・ケノービに助けを求めるレイア姫のホログラムのメッセージを目にします。R2はオビ＝ワンの持ち物ではないかと尋ねるルークにオーウェン叔父は、オビ＝ワンはルークの父と同じ頃に死んだから、R2を探しには来ない、と答えます。

そこにすかさず「（オビ＝ワンは）父さんの知り合い？」と尋ねるルーク。父について、少しでも多くのことを知りたいと思っていたのです。

次のシーンでは、行方不明となったR2を探しに出かけますが、そこで偶然にオビ＝ワンと出会い、彼の家へ。オビ＝ワンは、自分とルークの父が、ともにジェダイ騎士であったことを告げ、ルークの父はダース・ヴェイダーに殺されたと言います。そして、父親の形見であるライトセーバーをルークに渡すのです。一緒にオルデランへ行こうというオビ＝ワンの誘いを、最初ルークは拒否しますが、オーウェン叔父らを帝国軍に殺され、状況は一変。

ルークはオビ＝ワンに言います。「一緒にオルデランへ連れて行ってください。フォースの使い方を学びたい。そして、父さんのようにジェダイ騎士になりたい」。

実の父をヴェイダーに殺され、育ての親のオーウェン叔父も帝国軍に殺されたルークは、自分がジェダイ騎士になること、そしてヴェイダーを倒すことが、父の意志を継ぐことだと自覚したのです。

▼「〇〇のようになりたい」のが父性

ここで重要なのは、ルークが「〈父さんのように〉ジェダイ騎士になりたい」と言っていることです。

人は、その人に父性を感じた時、「○○のようになりたい」と思います。つまり、子供が「父さんのようになりたい」と言った場合、それは父親に対して、敬意、畏敬の念とともに「父性」を感じていることを示すのです。

例えば、「イチロー選手のようになりたい」という小学生がいたとします。心から敬意、畏敬の念とともに強い憧れを持っていて、同一化したいという願望にまで膨らみ、昇華されている。この子はイチロー選手に対して「父性」を感じている、と考えられます。

子供の「お父さんのようになりたい」とか「同じ職業に就きたい」というのは、父親に対する最高の賛辞なのです。それは、「お父さんを尊敬しています」「お父さんに父性を感じています」というのと同じ意味であり、父子関係がうまくいっている証拠でもあるからです。

「父さんのようなジェダイ騎士になりたい」という言葉は、辺境の惑星タトゥイーンでウツウツとした生活を送っていたルークにとって、「目標」の発見であり、「父親探し」をするという宣言なのです。

▼まさか！　ルークの父親が……だったとは

『スター・ウォーズ　エピソード5／帝国の逆襲』では、ルークはジェダイ騎士になるために、ジェダイ・マスターであるヨーダの下で本格的な修業を開始します。しかし、レイアとハン・

ソロの危機を察知すると、修業中にもかかわらず、救出に向かうと言い出すのです。強く反対するヨーダを振り切り、クラウド・シティへと向かうルーク。そこで父の仇、ヴェイダーとの対決が現実のものとなります。

圧倒的な強さを誇るヴェイダーと、まだ修業中のルークとでは、実力の差がありすぎます。次第に劣勢となり、右腕を斬り落とされて追い詰められたルークに、ヴェイダーは言います。

"I am your father."「私はお前の父だ」。

父の敵と思っていた悪の権化、ヴェイダーが、実は父その人だった。大きなショックを隠せないルークは、ヴェイダーの前から逃走せざるを得ませんでした。「嘘だ、ヴェイダーは嘘をついている」と思いたくても、それが真実であることを、直感的に感じたのでしょう。

『帝国の逆襲』の次作『ジェダイの帰還』ではジェダイ騎士として、そして人間として成長したルークが、

『スター・ウォーズ　帝国の逆襲』のダーズ・ヴェイダー

ヴェイダーの前に戻ります。森の惑星エンドアに到着した時点で、父親と正面から対峙し決着をつけようという意志にあふれています。

ヴェイダーとルークの対決。ヴェイダーと対等に戦えるほどに成長したルークは、今度は逆に、ヴェイダーの右腕を斬り落とします。ライトセーバーとともに抵抗する術を失ったヴェイダーに、ルークは意外な行動に出ます。ヴェイダーを殺さず、ダークサイドを抜け出すように説得するのです。しかし、皇帝パルパティーンの電撃攻撃を受け、ルークは窮地に陥ります。ヴェイダーはルークを助けるために、命がけで皇帝をシャフトに投げ込みます。

この瞬間、ヴェイダーはダークサイドからライトサイドへと「帰還」したのです。ヴェイダーは黒い仮面を取り、素顔のアナキン・スカイウォーカーとして、ルークと対面します。仮面をかぶったヴェイダー、ダークサイドに支配されていた彼は、本当の意味でルークの

『スター・ウォーズ　ジェダイの帰還』
仮面をはずしたアナキン・スカイウォーカー

父親とは言えませんでした。アナキンのダークサイドからライトサイドへの帰還は、ルークが「Bad Father」(悪しき父)としてのヴェイダーを殺したからこそ、可能になったのです。つまり、これがルークの「父親殺し」です。

息子を救うために、自らの命を提供した、すなわち家族への愛を取り戻したアナキンこそが、真の意味でのルークの父親。この瞬間、ルークは自分の本当の父親を見つけた、つまり「父親探し」が完結したと言えます。

ルークは父親の出自を求めて冒険に出て、本当の父親を探しだして和解を果たし、冒険が終結します。『スター・ウォーズ』は「父親探し」の物語であり、「父親殺し」の物語なのです。

▼パルパティーン皇帝はヴェイダーの父親だった!

『スター・ウォーズ』は、全6部作*です。その主人公はアナキン・スカイウォーカー。旧3部作に限って見ればルーク・スカイウォーカーの「父親殺し」の物語ですが、シリーズ全作を通して見れば、もう一つの「父親殺し」の物語が浮かび上がってきます。

『スター・ウォーズ　エピソード1／ファントム・メナス』。アナキン少年は母親のシミと二人暮らしで、父親はいません。シミはクワイ=ガンに言います。「(アナキンの)父親はいませんでした。私に言えるのは……あの子を身ごもり、産んだだけ。何があったのかは説明できません」。ジェダイ評議会のシーンで「ミディ＝クロリアンによる受胎」と説明されますが、その神話的意味は「処女懐胎」です。

父親不在で育ったアナキンは、「父性」「父親的力強さ」への憧れを抱いています。父性的なキャラクター、クワイ＝ガンとすぐに親しくなったのもそのためでしょう。また、ポッドレースという危険なスポーツに積極的に挑むのも、「父性の希求」の一つの現れと考えられます。『クローンの攻撃』で、母シミを失ったアナキンは、さらに「強さ」への希求を強め、『シスの復讐』では、最強の力を手に入れられるというパルパティーンの誘いで、ダークサイドに落ちます。それによって、シス卿ダース・ヴェイダーになるわけですが、これはパルパティーンと師弟関係を結んだことを意味します。

アナキンの心理でいえば、これは擬似親子関係とみることができます。自分のことを認めてくれなかったオビ＝ワンとジェダイ評議会に対して、強い不信感を抱いていたアナキン。パルパティーンのみが、アナキンの実力を評価して認めてくれた。自らを承認してくれた唯一の存在であり、圧倒的なパワーを備えた力強い存在。父親の力強さ（Bad Father）を象徴するダークサイドの力の獲得と、パルパティーンへの傾倒は、歪んだ形での父性愛の補完作業と考えられます。アナキンは、パルパティーンに父性を感じた、ということです。

この関係は、『ジェダイの帰還』で結末を迎えます。前述のように、ヴェイダーは息子ルークを救うために、パルパティーンをシャフトへ投げ込みます。つまり、アナキン・スカイウォーカーが、師であり父親の代理であったパルパティーンを殺した。これもまた、「父親殺し」なのです。

ヴェイダーのマスクを外すと、そこには安らかなアナキンの顔がありました。ダークサイドの呪縛、そして自らの過去を、パルパティーン殺しによって清算したからこそ、アナキンは安らかな気持ちになれたのです。そして、アナキンはフォースに調和をもたらします。

神話におけるヒーローとは、破壊者であり創造者です。アナキンはヴェイダーとなり、多くの死と破壊をもたらしました。しかし、最後にはダークサイドのパワーの担い手であるパルパティーンをも殺してしまいます。すべての破壊者となるわけですが、結果としてはフォースに調和をもたらし、銀河に平和という調和をもたらすのです。破壊のあとの再生。最もよくある神話的エンディングが、ここに再現されるのです。

＊現在は新たな3部作がある。

▼「良き父」と「悪しき父」

「Good Father」（良き父）と「Bad Father」（悪しき父）という言葉を、特に何の定義もせず使いましたが、おそらく前後の流れから、問題なく読んでいただけたと思います。

「父性喪失」「父性的な父親が少なくなっている」といっても、父性ゼロの人というのもいないはずです。父性が強いか、弱いかということ。あるいは、女性でも父性的な面を持っているし、

Good Father（良き父）	Bad Father（悪しき父）
実父、老賢者、メンター、リーダー	敵、ドラゴン、人喰い鬼、大蛇
尊敬、敬意、信頼	畏怖、恐怖、敵意
なりたい（モデル）	なりたくない（反面教師）
保護的な強さ、たくましさ	他者に向かう暴力性、衝動性、残虐性
安定、普遍（ころころ変わらない）	エスカレーション
規範を示す	権威主義的、厳格すぎ
共有できるビジョンを示せる	ビジョンが独善的、利己的

「Good Father」と「Bad Father」

男性でも母性的な面を持っています。父性、母性というのは、あるかないか、零か百かというものではありません。

父性があるといっても、それが限度を超えると、子供に対してマイナスの影響を与えるでしょう。例えば、時間を守ることをきちんとしつける父親は、子供に規範を教えるということで「Good Father」のはずです。しかし、子供が一分一秒でも遅刻すると、怒鳴りつけたり、殴りつけたりする。時間に対して極端に厳密すぎる父親に育てられると、いつも戦々恐々として、常にビクビクした子供に育つでしょう。「規範を教える」といっても、それが行きすぎればマイナスとなり「Bad Father」となります。あるいは、「強さ」「たくましさ」などの男性的な要素も、行きすぎれば過剰な体罰、暴力につながってくるわけで、「Bad Father」となってしまいます。

普段は優しくて頼りになるお父さんも、お酒を飲むと別人のようになって、暴力的になる。このように一人の父親の中に、「Good Father」と「Bad Father」の両方が存在しているのはよくあることです。どこまでが「Good」で、どこからが「Bad」なのか線引きするのは困難ですが、「父性」の持つ二つの方向性、ベクトルを、本書では「Good Father」「Bad Father」という言葉で表現しています。

「Good Father」と「Bad Father」というのは、一人の人間のなかの父性の方向性を示す言葉として説明しました。神話や映画において「Bad Father」は、主人公の敵やモンスターといった人間以外のものに形を変えて、主人公の前に立ちはだかる「壁」として登場します。例えばドラゴン退治に向かうヒーローにとって、ドラゴンはヒーローに立ちはだかる存在（「父」）であり、暴力的、攻撃的であることから、「Bad Father」のイメージとして登場するのです。

ジョーゼフ・キャンベルは、著書『千の顔をもつ英雄』の中で、次のように述べています。
○父親は未知なる被疑への導者であり、授戒者であった。母親とともに生活する幼児の天国への最初の侵犯者たる父親は敵の元型である。それゆえ、生涯に出会うすべての敵は（無意識的なものにとっては）父親を象徴している。「殺されるものはみな父親になる」。
○父親を殺そうとする欲動は絶えず形を変え、政治社会的暴力として現れる。
○善き父母の内容はすべて身内のためにとっておかれるが、他方「悪しき」父母の要素は部外に放り出される。

これらを要約すると、「全ての敵は、父親の象徴である」ことと「善き父の側面は実の父に、悪しき父の側面は、父ではない外の存在に象徴されやすい」ということです。

★第3節

「父親殺し」の例2 『ゲド戦記』〜宮崎吾朗は父親を殺したのか！

▼いきなりの「父親殺し」！

エンラッドの王子アレンは、父親である国王をナイフでいきなり刺し殺し、国を出奔します。宮崎吾朗監督のジブリ映画『ゲド戦記』（2006）のファースト・シーンです。初めて観た時、私はこのシーンに驚かされました。いきなり「父親殺し」とは、吾朗監督もやってくれるな、と。

宮崎駿監督作品を作り続けてきたスタジオジブリ。しかし、70歳を超えた宮崎が、現役監督としてこれから何本もの作品を撮り続けるのは難しいでしょう。ということで、ジブリの後継者候補として、『ゲド戦記』の監督に白羽の矢を立てられたのが、宮崎の長男、吾朗でした。

宮崎駿の後継者候補という重圧感の中、初めてアニメ監督をこなした吾朗監督のプレッシャーは、凄まじいものだったでしょう。「天才・宮崎駿」を超えるなど、そう簡単にできるはずがありません。圧倒的に大きな壁、越えられない壁。しかし、彼は果敢に挑戦しました。

この「父親殺し」のシーンは、原作にはないもので、映画化のさいに追加されたシーンですから、映画製作者の意図を強く反映したシーンと考えられます。吾朗監督の、父親を殺し、父親を乗り越えてやるという強い意気込みの表れか、と邪推するわけですが、実際にはそう単純なものではなかったようです。

▼「父親殺し」は毒まんじゅう!?

アレンの父親殺しのエピソードの発案者は、プロデューサーの鈴木敏夫でした。主人公の旅立ちの理由を模索していた吾朗は、「この子は父を殺しちゃうんだよ」という鈴木の一言に初め驚きながらも、アレンのキャラクターに合うと思い、取り入れたそうです。

自身の発案でないとしても、「越えたくても越えられない父親」ともがき苦しんでいた（「父親殺し」の問題に直面していた）吾朗にとって、このアイデアは受け入れやすかったはずです。

吾朗はインタビューで、「アレンは父を憎んでいたわけではなく、たぶん尊敬しており好きでもあったが、自分が陥っていた閉塞感やがんじがらめな気分を抑えきれなくなり暴走し、彼を取り巻く世界、社会の『象徴』である父親に抑えきれなくなった感情の矛先が向かった」と語っています。

この「父親殺し」のエピソードの挿入は、プロデューサー鈴木の確信犯的な「毒まんじゅう」ではなかったか、と私は邪推します。「宮崎駿VS息子吾朗」という対決の図式は、どう見てもマスコミが飛びつきやすいネタであり、実際にそうなりました。

『ゲド戦記』のキャッチコピーに、「父さえいなければ、生きられると思った」というのがあります。実に意味深で、吾朗の父駿に対する心中の吐露と誰もが推測しますが、吾朗自身はこのキャッチコピーについて、「自分のことではない」と否定しています。

この映画の批評として「アレンの父親殺しの理由が、説明されていない」というのがありますが、答えは「(吾朗監督が)父親を殺したかったから」です。それ以上の理由や説明が、何か必要でしょうか？　映画序盤のアレンの心の揺らぎは、吾朗監督の心の揺らぎそのものに思えて仕方がありません。というより、「映画とは、ここまで作家の心象を反映してしまうものなのか」ということに驚きます。

青年は、父親を殺して初めて、一人前の大人へと成長する。『ゲド戦記』は、父親殺しの映画です。宮崎吾朗が、父・駿のしがらみと呪縛から解放されるべく、父を殺そうとした作品です。吾朗の「父親殺し」は見事に成功したに違いありません。彼の第2回監督作品『コクリコ坂から』（2011）では、父性はどこにあったでしょうか？　それは、「家の外」です。主人公の少女・小松崎海の家の中に父性的存在はなく、父性的キャラクターとして登場する徳丸理事長や外洋船の船長は、家や学校の外の存在。さらに、海は父親へのメッセージ（旗）に答えてくれる風間俊に「父性」を発見し、強く惹かれていくのです。

父性は家の中にはない、外に求めるべきだと。『コクリコ坂から』は、駿が脚本を書いていますが、目の前の父親超えばかりを目標にするのではなく、外の世界に目を向けて、父親を超えるくらいビッグになれという駿のメッセージであり、それを吾朗が見事に受け取ったのがこの作品だと、私には思えます。

▼ライオンになった宮崎駿

『ゲド戦記』公開時に、アニメ製作の現場を長期で密着取材したドキュメンタリーが放映されました。その中に、実に興味深い映像が出てきます。『ゲド戦記』の監督として吾朗が決まったことに、激しく反対する駿。そして、その後、駿は息子吾朗と一言も口をきこうとせず、視線すら合わせようとしないのです。廊下ですれ違っても、挨拶どころか、全く無視の状態。放映時、ネット上では駿の態度に「大人げない」「人間性すら疑う」という誹謗中傷の嵐が吹き荒れました。それについて、私は当時、メルマガで以下のように書いています。

映画製作中、息子と口も利かない父宮崎駿の態度に大人げないと批判が出て、ネット上では宮崎駿の人間性を批判する書き込みまでが見られた。私は、「超えるべき壁（超えられる壁）」として、最後まで頑固オヤジを貫き通した宮崎駿に「アッパレ」と讃辞を送りたい。

現代日本において、父親は友達化し、「父性」は不在となっている。

「超えるべき壁」として子供の前にたちはだかることができる「父親」は、天然記念物のように貴重な存在となってしまった。

「ゲド戦記」への批判、そして宮崎駿への批判がごくふつうに湧き上がりそれが受け入れられるというこの現象は、「父性原理の崩壊した日本」においては、当たり前の心理反応として現れてきて当然であると分析できるが、非常にそれは残念なことに感じられてしょうがない。

2007年7月31日発行、メルマガ「映画の精神医学」より

宮崎駿が、吾朗にアドバイスや助言を与えるどころか、話もしないし、視線も合わせない。完全に無視するという態度をとったことは、実に「父親」らしい毅然とした対応だったと思います。それは、「父性」を貫いた愛情の表現、つまり「父性愛」の現れである、という分析です。決して息子を嫌悪し、嫌っているために無視しているわけではなく、むしろ千尋の谷に子供をつきおとすライオンのような、愛するがゆえの「厳しさ」だったはずです。

▼「厳しさ」と父性愛

当時、こうした宮崎駿を擁護する論調は全くなかったように記憶しています。しかし、『借りぐらしのアリエッティ』（２０１０）が公開された今、『ゲド戦記』での宮崎駿の態度を批判する者は、ほとんどいないでしょう。

『アリエッティ』の公開時にも、製作の舞台裏を追ったドキュメンタリーがテレビ放映されました。「ジブリ　創作のヒミツ～宮崎駿と新人監督葛藤の４００日～」（ＮＨＫ総合）という番組です。非常に掘り下げが深く、そして感動させられるドキュメンタリーでした。

『アリエッティ』では、37歳の米林宏昌監督が大抜擢されました。宮崎駿は脚本のみの参加。宮崎駿が、新人監督をいかにして育てるのか……という話かと思いきや、全くそうではありません。

宮崎が米林とどう関わるのか？　驚くべきことに、何も関わらないのです。

脚本完成後、宮崎は全てを米林に一任し、作品に関して全く関わろうとしません。もちろん、絵コンテをチェックすることもしませんし、助言もアドバイスもありません。それどころか、米林と一言も話そうとしません。視線すら合わせないという徹底ぶり。

饒舌な宮崎のこと、本当は口を出したくて仕方がなかったはず。それを敢えて我慢し、ひたすら「見守る」ことに徹するのです。全てを任せて、ただ「見守る」ことの難しさ。そしてそれをやり遂げる宮崎。その無言のプレッシャーを感じながら、自分の判断を信じて突き進む米林。米林が気力と体力の限界に陥った時、宮崎は、たった一度だけ声をかけます。それは、「花が減ったねえ、昔は花屋町だったのにねえ。向こうの黄色い家が、あんなに薄くなっちゃっている」

監督席からの風景を見ながらつぶやいた言葉。作品とは全く無関係な一言です。これが、宮崎なりの激励でした。作品について全く触れようとしない。それこそが監督に対する敬意であり、宮崎らしい最大の応援だったのです。

ついに作品は完成。完成試写会で『アリエッティ』を観る宮崎。その頬に一筋の涙が流れます……。米林の手をかかげて、「本当によくやりました」と一言。やり遂げた米林。そして、最後まで見守りつづけた宮崎。作品については一切語らない。その厳しくもあり、温かくもある眼差しが、米林を一人前の監督に育てた……ということなのでしょう。

▼「見守り」が人を育てる

人に仕事を任せる。特に若い人に仕事を任せるというのは、とてもたいへんなことです。人に任せるよりも、自分でやった方が早くて確実だから、なかなか任せられない。

あるいは、子供を見守る場合。子供が転んでも、自分で起き上がるのを待たなくてはいけないのに、ついつい歩み寄って手を差し出してしまいます。

悩んでいる。もがいている。苦しんでいる。そういう状態は、人が成長している瞬間です。だから、「見守る」ことで人は成長します。あれこれ手出しをすると、いつまでも一人では何もできないまま。成長できなくなるのです。「見守る」勇気。苦しんでいる当事者もつらいが、「見守る」方もつらい。「見守る」勇気と人に任せる大切さを、このドキュメンタリーから改めて学びました。

それと、このドキュメンタリーを見てもう一つ重要なことを確認しました。言葉もかけず、視線すら合わそうとしない。これは『ゲド戦記』で宮崎が吾朗にとった態度と全く同じではないのか、と。二つのドキュメンタリーを比べるとよくわかります。つまり、吾朗への態度は、「無視」ではなく「見守り」だった。「親子の確執」などというものはなく、一人のプロ監督として認めたからこそ、一切のアドバイスもなく、厳しい態度を貫き通していたわけです。「一切手助けをしない」＝「見守り」。そこにあるのは、間違いなく「愛情」。これこそが、「父性愛」ではないでしょうか？

『ゲド戦記』のドキュメンタリーを見ただけで、それはわかるはずなのですが、わからない人が非常に多かった。宮崎駿という人間を誤解した人がたくさんいた。すぐに助けにきてくれる

「優しいパパ」によって、「甘え」の環境で育てられた人には、「見守る」という厳しい愛情のかたちを理解できないのでしょう。

『ゲド戦記』は、観客や批評家から大ブーイングを受けた失敗作となりましたが、第2回監督作品『コクリコ坂から』は、観客からも批評家からも非常に高評価を得ました。吾朗監督は、『ゲド戦記』から『コクリコ坂から』へと、大きく成長したのです。将来、スタジオジブリを背負って立つ存在として期待が持てると、非常にポジティブな批評がたくさん見られました。

吾朗監督は、間違いなく成長したはずです。それは、宮崎が一切のアドバイスを行わず、厳しく見守ったからではないでしょうか？　宮崎は、製作中からおそらくわかっていたはずです。『ゲド戦記』が大失敗することを。しかし、黙って「見守る」ことに徹した。転ぶ前に手を差し出すのではなく、転んで自分で立ち上るところまでも、見守っていたのです。

もし、宮崎が『ゲド戦記』の時に、「このシーンは、こうした方がいい」とアドバイスを与えていたらどうなっていたでしょう？　『コクリコ坂から』でも、またアドバイスなしでは映画を作れない。いつまでも一人立ちできない、半人前の監督のままだったに違いありません。

「見守る」厳しさは、父性愛です。だから、子供がコケても、いちいち手を差し伸べずに、見守り続ける。子供が一人で立ち上がる力を自分で獲得しようとしているのに、それを摘み取らないでほしいのです。

★第4節

「父親殺し」の例3
『ベオウルフ』～父親殺しの歴史は古い

▼モンスターが執拗に国王を襲撃する理由は？

映画『ベオウルフ／呪われし勇者』（２００７）は、モンスターを演じたアンジェリーナ・ジョリーの全裸のＣＧと過剰なお色気演技が注目されましたが、実はストーリーやテーマに、非常に深い内容が含まれています。

伝説的な英雄たちの時代。国王フロースガール（アンソニー・ホプキンス）が、盛大な宴を繰り広げる中、突然、巨大な怪物グレンデルが襲いかかります。国王は怪物を退治した者に富と名声を約束、各国から続々と猛者たちが押しかけますが、ことごとく打ち負かされます。そんな中、勇者ベオウルフ（レイ・ウィンストン）が現れて、怪物退治を宣言し、怪物のいる洞窟へと向かいます。

『ベオウルフ』は、英国文学最古の英雄叙事詩で、『ロード・オブ・ザ・リング』の原作『指輪物語』にも多大な影響を与えたと言われます。基本的には非常にシンプルな話ですが、見終わったあとにいくつか謎を残します。その一つが、「なぜモンスターは、突然、襲いに来るのか？」ということです。

物語の鍵は、「金色の輝く杯」。これが、アンジェリーナ演じる妖艶なモンスター（特に名前がないので、ここでは以下「アンジー・モンスター」と呼ぶ）の手元にある時は、子供の怪物はおとなしくしていますが、手元からなくなった瞬間、それを取り戻しに子供の怪物が街を襲撃し始めます。

暗闇の中でもランタンのように光を発する杯は、聖なる魔力を持った「聖杯」ということなのでしょう。聖なる宝物を奪いにモンスターが来る。神話的なストーリーなので、その答えで十分説明されているかのようですが、その「聖杯」には重要な心理学的意味が隠されています。

▼子供は父親を殺し続ける

若き日のフロースガールは、アンジー・モンスターと交わってしまいます。その二人の子供が巨人グレンデル。アンジー・モンスターに育てられ成長したグレンデルは、フロースガールが治める街を襲撃します。

グレンデルとアンジー・モンスターを退治するために立ち上がったのが、勇者ベオウルフです。ベオウルフはグレンデルを退治しますが、母親のアンジー・モンスターの誘惑に負けて、交わりを持ってしまいます。

それから、何十年か後。今度は、ベオウルフの子供である火を吐くドラゴンが、ベオウルフ王が治める街を襲い始めます。つまり、街を襲っているようで、実際には「父親」を襲っていると考えられます。「子供（モンスター）が、父親を襲う」描写が、二度繰り返されるのです。これが『ベオウルフ』の物語の骨子です。「モンスターと化した子供が父親を襲う話」と要約してもいいくらいです。

若い頃犯した過ちのツケを、年老いてから支払わされる。そんな教訓を抽出することも可能ですが、私は、「子供が父親を襲いに来る話」の心理学的な意味に興味がわきます。それは言い換えると、「子供が父親を殺しに来る話」だからです。

「父親殺し」と「エディプス・コンプレックス」について知ると、これは俄然おもしろい映画になってきます。子供は「父親殺し」をして大人になる。つまり、「子供が父親を殺しに行く」ことは、子供が大人になるための通過儀礼であり、成長のためには、「必須」の行為なのです。つまり、グレンデルがフロースガール王を襲い、ドラゴンがベオウルフ王を襲う。それはまさに、心理学的な必然です。

▼母親は怖い

映画のラスト。子供を失ったアンジー・モンスターが、今度は、ベオウルフの側近だったウィグラーフを誘惑するところで終わります。おそらく、ウィグラーフも誘惑に負けてアンジー・モンスターと関係を持ち、何十年か先に、その子供のモンスターが襲撃してくるという無限連鎖を暗示しています。

これこそが、人間の生きる世界の象徴です。子供は成長し、父親に戦いを挑む。この繰り返しなのです。

『ベオウルフ』の恐ろしいところは、この女性の「執念」です。母親であるアンジー・モンスターは決して諦めません。子供を父親に、何度もけしかけるのです。ここに隠された心理学的意味も、また微妙で興味深いものがあります。

例えば、仕事が忙しくあまり構ってくれない夫。そんな夫を持つ女性（母）が、子供の「お受験」に熱中します。自分にとっての関心は、「夫」の昇進、「夫」の将来ではなく、自分の子供の進学、就職であり、その「将来」なのです。

「お受験」のために、塾や家庭教師に何十万円も費やします。家計は火の車で、夫は残業を余儀なくされ、憔悴していきます。妻は、自分のことを構わなくなった夫の愛情を代償するかのように、さらに子供の「お受験」に入れ上げていく……という。これぞ、現代版ベオウルフ。

映画『ベオウルフ』のグレンデルが、マザコンぽいのが笑えます。

アンジー・モンスターは交わる前は、すごいお色気でベオウルフを誘惑します。しかし、二度目にベオウルフと対面した時のアンジー・モンスターの態度は、とても冷たいもの、ほとんど他人です。本当は、身体を交えた関係なのですから、もう少し優しく接してくれてもよさそうなものですが、完全に「子供」命になっています。

これは、結婚する前は、とても優しくお色気攻勢を仕掛けるが、結婚して子供ができた途端に、別人のように態度を変えて、冷たくなる世の中の「奥様」たちを連想させ、とても怖いものがあります。

▼「聖杯」は何を象徴するのか？

『ベオウルフ』には、象徴的な意味が随所に隠され、現代に通じる教訓が秘められています。人間の本性。基本的な行動原理のようなものが、しっかりと描かれていることは、理解できたでしょう。

残された謎は、「聖杯」です。アンジー・モンスターの手元に「聖杯」があるうちは、彼女とその息子はおとなしくしています。しかし、その「聖杯」が手元からなくなった瞬間、それを取り戻しに子供の怪物が街を襲撃し始めます。なぜ、「聖杯」を求めて、モンスターはやってくるのか？

「杯」が象徴するもの。その答えは、実に簡単です。もしあなたが、映画『ダ・ヴィンチ・コード』を見たか、原作を読んだかのどちらかなら、すぐに答えることができるでしょう。

「杯」は、「女性」の象徴です。『ダ・ヴィンチ・コード』では、「聖母マリア」の象徴でもありました。それは、言いかえれば「母性」の象徴ということです。

ちなみに、ユング研究家の林道義は、「聖杯伝説」を元にオペラ化されたワーグナーの『パルジファル』についての研究で、以下のように述べています。パルジファルとは、聖杯を探す主人公の名前です。


「パルジファルの探索によって最終的に求められているのが器だとすると、器は母性的あるいは女性的なシンボルとしてよく使われますから、求められているのは女性的ないし母性的なもの、ということになります」

『ユングと学ぶ名画と名曲』（朝日新聞社）より

『ベオウルフ』の「聖杯」も、「母性」の象徴と考えるべきでしょう。『ベオウルフ』における「母性」とは、アンジー・モンスターそのもの。ユングの元型で言うならば、アンジー・モンスターは「太母元型」に当てはまります。

「太母元型」は、子供に対する、母親の「あたたかさ」「やさしさ」「柔和さ」「甘さ」を持ちますが、それが強まると「いつまでも子を独占しようという烈しい力」「抱え込み」「呑み込む力」などとなって表れ、子供の一人立ちを阻害します。「呑み込む母」の例を映画で挙げるとするならば、『ブラック・スワン』『サイコ』の母親がそうです。

「太母元型」では、「呑み込む力」というのが重要なのですが、アンジー・モンスターの「呑み込む力」「包み込む力」というのは、映像で十分に表現されていました。つまり、アンジー・モンスターは、非常に母性的な存在として描かれています。強すぎるほどの母性です。

そして「杯」の象徴もまた、「母性」。つまり「杯」は、アンジー・モンスターの分身と考えることができます。「杯」がアンジー・モンスターの元にあって、「母性」が完結するわけです。つまり、「杯」がないということは、「母性」が不完全だということ。したがって、グレンデルは、「杯」を取り戻すために、フロースガール王とその街を襲撃します。

要するに、息子と父が「杯」を奪い合う。「杯」は、「母」の象徴。息子と父が「母」を奪い合う。この図式は、「エディプス・コンプレックス」を思い出させます！

フロースガール王が、聖杯に蜜酒を入れてゴクゴクと飲み干すシーンがあります。それを、妻である王妃ウィールソー（ロビン・ライト・ペン）が、ネチッこい妬ましい視線で見ています。この視線の意味というのが、一度見ただけではよくわかりませんが、「杯」の象徴的な意味がわかった今、誰にでもスッキリと理解できます。王妃にとっては、アンジー・モンスターの洞窟から持ってきた「杯」は、王とアンジー・モンスターの関係（不貞）を連想させるもの。アンジー・モンスターの分身のように見えたわけです。

また、王妃はフロースガール亡き後、そのままベオウルフの妃になりました。フロースガールはベオウルフとは親子ではありませんが、後継ぎとして選んだので、義理の親子関係といえるでしょう。つまり、父と子で母を奪い合う構図（エディプス・コンプレックス）が、王妃をめぐっても存在していることに気づきます。

世界最古の叙事詩を基にした映画『ベオウルフ』は、「父親殺し」と「エディプス・コンプレックス」が描かれた、奥の深い作品だったのです。

★第5節

「父親殺し」の例4
親子戦争としての『宇宙戦争』

▼子供と「遊ぶ」のも父親の役割

父親として、子供に何ができるのか？　どう接したらいいのか？　と悩んでいるお父さんも、多いかもしれません。そんな時は、あまり深いことを考えずに、子供と一緒に「遊ぶ」ことです。

子供と遊ぶことが、父親としてそんなに大切なの？　と思うでしょうが、「遊び」は父親の最も重要な役割と言ってもいいでしょう。父親の役割は、「家庭」から子供を「社会」に引き出すことです。「内部的な家族関係」から「外部的な社会関係」への橋渡しをするということ。ちなみに、「内部的な家族関係」の中で、安定した性格形成を促すのが母親の役割です。したがって、母性が強すぎると、いつまでも「家庭」という安心でくつろげる場所から「社会」へ出ようとしなくなります。「ニート」「引きこもり」「不登校」など、社会に船出できない状態は、母性と父性の綱引きで、父性が弱いか、母性が強いかのアンバランスによって引き起こされる例が、多く見られます。

そこで、父親が「遊び」を通して、外の世界を見せてあげる。「社会」へ引き出さないといけないのです。家の中でテレビゲームをするのでは、意味がありません。一昔前ならキャッチボール。今だと、サッカーでしょうか。子供を率先して「外遊び」に連れ出すのが重要です。

▼キャッチされなかったボールが意味するもの

「遊び」と父性、で思い出されるのが、スティーブン・スピルバーグ監督『宇宙戦争』（２００５）でのキャッチボールのシーンです。

離婚したレイ（トム・クルーズ）は、前妻の都合で、高校生の息子ロビーと10歳の娘レイチェルをしばし預かることになります。子供たちとの久しぶりの再会。娘レイチェルは、「新しいお父さんは何でも買ってくれるの」とレイにとってつらいことをズバッと言います。レイは、クレーンの操縦士。肉体労働者で、金銭的には豊かではありません。父親の面目、まる潰れです。

今度は、息子に対して父親らしさを見せてやろうと、ロビーをキャッチボールに誘いますが、ロビーは露骨に嫌な表情を見せます。「キャッチボールをしよう」という呼びかけは、心理学的に読めば「久しぶりに会ったんだから、父親らしいことをさせろ」という意味になります。それに対して息子は「たまに会いに来たくらいで、父親をきどるな」とでも言いたげです。

このシーンでおもしろいのは、レイはニューヨーク・ヤンキースの帽子をかぶっているのに対し、ロビーはボストン・レッドソックスの帽子をかぶっていることです。息子の父親への反抗心が、ビジュアル的にもわかりやすく表現されています。

このシーンは、『クレイマー、クレイマー』のオマージュと考えられます。『クレイマー、クレイマー』でも、ニューヨークの野球チームを応援する父親と、母親の故郷ボストンのチームを応援して父親に反抗する息子の姿が描かれています。

渋々とキャッチボールを始めるロビー。その反抗的な態度が癪に障ったレイは、息子に向かって豪速球を投げます。しかし、ロビーは、そのボールを受け取らず、ボールはガシャーンと家のガラス窓を突き破り、ポッカリと丸い穴を空けるのです。「穴の空いた窓」の内側からの主観カットが印象的です（イラスト参照）。父と息子、ギクシャクした親子関係が、キャッチボールという「遊び」を通じて、見事に描きだされます。二人のつながりは、まさに「穴の空いた窓」のような状態だと。

　レイは父親的な強さをロビーに見せつけたかっただけなのですが、「キャッチボールで強い球を投げること」くらいでは、子供は父親に父性を感じないのです。

▼『宇宙戦争』は、父性をめぐる冒険

　二人の子供たちは、母の再婚により、新しい父親を得たとはいえ、本当の父親ではありません。「父性」に餓え、「父性」を望んでいたと思われます。しかし、不甲斐ないレイは、それを満たせないでいました。

　男の子にとって、「父性」は重要な意味を持ちます。自分の中の男らしさ、たくましさ、攻撃性、暴力衝動。それらを、父親の「父性」との葛藤、衝突、ぶつかり合いを通し、自分の中で折り合いをつけていく。そして、

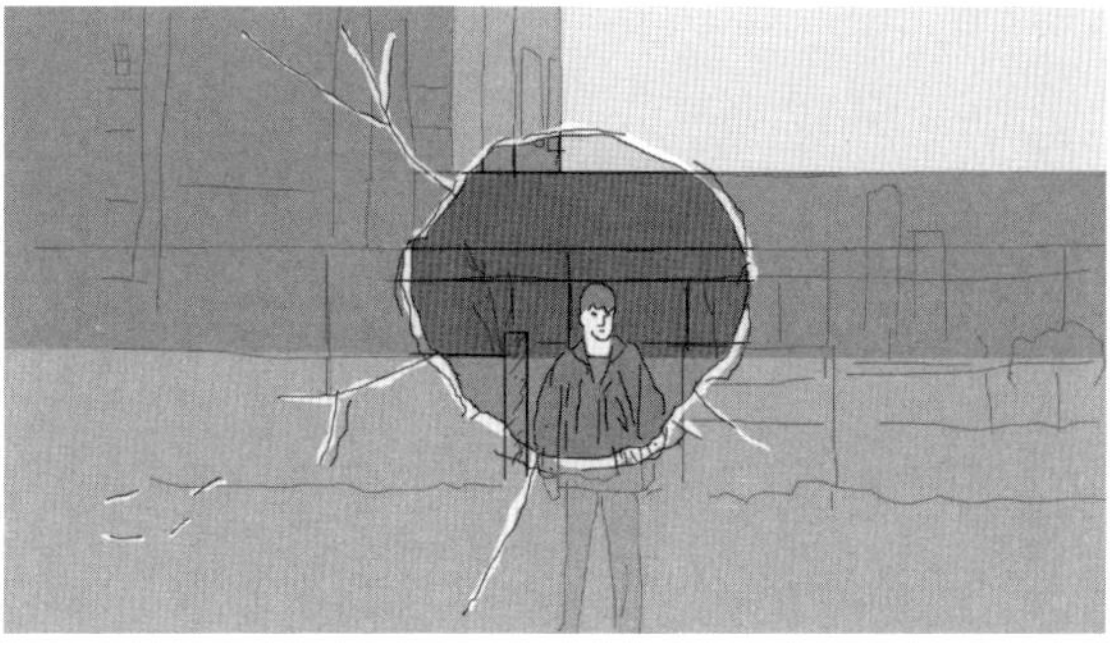

『宇宙戦争』　穴の空いた窓は何を象徴する?

一人の男性として、大人として育っていくのです。

そうした、親とぶつかりあう時期が、反抗期です。「反抗」という行為を通して、親との距離感を測り、確かめ、人との距離のとり方、社会との距離のとり方を学習していくわけです。

さて、キャッチボールの直後、宇宙人の侵略が始まります。たまたま一緒にいたレイと子供たちは、三人で宇宙人の攻撃からの逃避行をすることになります。

レイの行動は、逃げたり隠れたり。決して宇宙人と戦おうとはしません。もちろん簡単に勝てるはずもないので当然の行動ですが、反抗期のロビーにはそれが納得いかなかったのでしょう。レイには「強い父親」であって欲しい、力強くリーダーシップをとって欲しい。そして、キャッチボールではなく、宇宙人と戦うことを通して、父親としての力強さを見せて欲しかった。ロビーにはそんな願望があったはずです。

しかし、実際のレイはそうではなかった。結局、不甲斐ない父を見ているのに耐えられず、ロビーは「軍隊で一緒に戦う」と、レイの元を飛び出します。軍隊がこんな子供を加えてくれるはずもない、バカなことを言うな、と思う人もいるでしょうが、心理学的には非常に理にかなった行動と言えます。

これは、ロビーの「反抗」です。実際には、ロビーは軍隊で戦わずに、ちゃっかり母親の実家に戻っています。これをおかしいと指摘する人もいますが、全くおかしくありません。

なぜ彼は、「軍隊で一緒に戦う」と言ったのか。「軍隊」とは「強いもの」、男性的なもの。

つまり「父性」の象徴です。ロビーのこの言葉は、「強い父性のもとに、身を置きたい」という表明にすぎないのです。その真意は、「僕は、父親の力強い愛情が欲しいんだ」ということになるでしょう。子供が親に反抗して、不良グループに入ったり、暴走族に入ったりするのも、同様の心理が存在します。

つまり、本当に軍隊で戦うつもりだった、というよりは、父親に反抗するのが目的。父親に、「もっとしっかりしてくれ」というサインを出したわけです。だから、実際に軍隊で戦わなくても、何の不思議もありません。

▼宇宙人殺しと「父親殺し」

レイがそのサインに気づいたかどうかは、はっきりとしませんが、レイチェルと二人になってからのレイは、父親らしさを発揮します。レイチェルを守るために、狂気にとらわれたオグルビー（ティム・ロビンス）を殺すシーンが特にそうです。

オグルビーは、宇宙人への反撃を積極的に主張します。この映画で「宇宙人と戦う」のは、「父性」の象徴です。オグルビーは、強い「父性」を表しているわけです。実際、彼が宇宙人と戦うという考えに取り憑かれたのは、妻子を宇宙人に殺されたから。そして、レイチェルに異常な愛着を持つのは、自分の娘を愛していたからでしょう。

つまり、昔のオグルビーは良き父親だったはずで、良き父親像を象徴しています。しかし、そうした「父性」に基づく行動をとる彼を、レイは殺してしまう。「父親殺し」です。「父親との葛藤、衝突、ぶつかり合いを通し、自分の中で折り合いをつけていく。そして、一人の男性として、大人として育っていく。そうした、親とぶつかりあう時期が反抗期」だと前述しました。では、反抗期を経ずして、「父性」との葛藤を超えられずに大人になってしまうとどうなるのでしょうか。一人前の男性、自立した大人に成長できない、ということになります。それが、レイなのです。

レイが父親としてうまく振る舞えないのは、レイ自身が父親との葛藤を克服していないから。心理学的には、そう考えられます。つまり、レイが父親らしい父親、しっかりとした「父性」を備えた父親となるためには、その葛藤を超える必要がある。それが「父親殺し」、オグルビー殺しとして描かれているのです。

この後、レイには明らかに変化が見られます。トライポッドに捕獲されてしまったレイとレイチェルは、このままでは殺されてしまうと、その体内に手榴弾を持って入り、爆発させて破壊します。レイが初めて宇宙人と戦った＝父性を発揮したシーンです。

「父親殺し」を経た変化は、レイがトライポッドの体内に飲み込まれるシーンで、象徴的に描かれています。これは、ジョーゼフ・キャンベルが言うところの「クジラの胎内」です。旧約聖書のヨブ記、あるいは『ピノキオ』、『スター・ウォーズ　エピソード5／帝国の逆襲』で凍死寸前のルークがトーントーンの体内にかくまわれるシーンもそうです。「クジラの胎内」は、再生を象徴します。レイは、力強く父親らしい父親へと再生した、ということです。

宇宙人の弱点を発見し、命からがら前妻の両親の住むボストンのアパートにたどり着いたレイとレイチェル。レイチェルは母と抱擁し、再会を喜びます。そこには息子ロビーの姿も。ロビーの肩に手をかけるレイ。素直に再会を喜ぶロビー。そこには冒頭部の反抗的な態度はありません。ロビーは、たくましくなって帰還した父親に、父性を感じたに違いありません。

『宇宙戦争』は、スピルバーグ監督作品の中では、あまり評価が高いとはいえません。エンタテインメントとして見ると退屈で、アクションや特殊効果も今一つです。

しかしこれは、実は宇宙人と戦う映画ではなかったのです。主人公レイの父性をめぐる冒険、「父親殺し」を通して再生し、頼り甲斐のある父親への成長物語として見ると、俄然、おもしろい映画になるのです。

★

第6節 「父親殺し」の例5 『トロン：レガシー』と和解型父親殺し

「父親殺し」というのは、心理的に「父親を乗り越える」という意味で、実際に対立、対決したり、反抗したりということだけを示すものではありません。父親に憧れ、同じ道を進みながらも、父親以上の結果を出せれば、父親を乗り越えたということになり、それもまた「父親殺し」と言えるでしょう。「和解型の父親殺し」です。典型的なのは、『スター・ウォーズ』ですが、『トロン：レガシー』（２０１０）も、こうした作品の一つと言えます。

エンコム社のＣＥＯで天才的プログラマーであるケヴィンは、その息子サムが7歳の時、突然失踪します。「自分は、父に見捨てられたのではないか」と感じながら成長したサムは、エンコム社の筆頭株主でありながらその責任も果たさず、時に反社会的行動をとりながら、欲求不満を抱え、ウツウツとした生活を送っていました。社会人として責任ある行動を拒否した状態。27歳ではありますが、精神的には子供です。

ある日、父の友人アランが、父から謎のメッセージを受け取ったことをサムに告げます。父は、ひょっとして生きているかもしれない。父親失踪の手がかりを求めて、父が経営していたゲームセンター跡を訪れたサムは、そこで起動していた物質電子変換装置によって、コンピューター内部世界へと送り込まれてしまいます。

漆黒に包まれたコンピューター内の世界「グリッド」。父ケヴィンが作り上げた世界でした。その中で、サムの「父親探し」がスタートします。

ケヴィンは自分の現身とも言える人工知能「クルー」を作り出していました。クルーは、ケヴィンと外見がそっくりで、完璧性を求める性格もそのまま踏襲しています。しかし、不完全なものを許せない、不完全なものは排除するしかないという「完璧性」が暴走し、グリッドの支配者、暴君として君臨していました。

ケヴィンは、クルーの追撃を避けるため、グリッド内の荒野で隠遁生活を送っていましたが、20年ぶりに息子サムと出会ったことで、クルーと対決し、決着をつけようと決意します。

クルーは、もともとはケヴィンのコピーとして作られたものの、ダークな部分だけが暴走しています。それは、ケヴィンの「影（シャドー）」といってもいいでしょう。サムとケヴィンは協力してこれと戦います。

サムは、実際の父親とは協力関係を築きますが、「ケヴィンの影」であるクルーとは、全面的に対決します。実際の父親を殺すわけではなく、父親の善なる部分（良き父、Good Father）と協力し、父親の悪なる部分（悪しき父、Bad Father）を倒し、乗り越えていく。まさに「父親殺し」が物語の骨子となります。

ダース・ヴェイダーに残された良心「Good Father」を引き出し、ダークサイドに落ちた「Bad Father」を倒すという、『スター・ウォーズ』とも似た話です。

一連の物語を通して、サムは父親との葛藤、父親に関する問題を解決します。その証拠に、現実世界に戻ったサムは、父の会社「エンコム社」を引き継ぎ、社長として責任をもって会社を盛り上げていこうと決意します。「父親殺し」を通して、サムは子供から大人へと成長を果たしたのです。

子供と大人の違いは何か。それは、社会参画しているか、社会的責任を背負い、社会人として生きていく覚悟ができているか、ということです。

社会的責任を背負う覚悟を決めたサムは、真に「大人になった」と言えるのです。

「父親殺し」、そして父親を乗り越えて大人になるということ。

その心理学的なメカニズムが、映画の実例を通して、かなり明確にイメージできるようになったのではないでしょうか。

「父性」というものは、昔から神話にも描かれていますし、映画においても、戦前の映画から、最近の映画まで、外国映画にも日本映画にも、数え切れないほどたくさんの作品のテーマとして登場しています。

ただ、「父性」の描かれ方というのは、時代によってかなり違いがあり、また時代ごとに大きな特徴を持っているのです。そうした映画における「父性」の年代史を振り返りながら、「父性喪失」が、いかに進行しているのかを、これから明らかにしていきます。

第3章

父性の年代記
アメリカ編

©『宇宙戦争 』
4K Ultra HD+ブルーレイ:5,990円+税
Blu-ray:1,886 円+税／DVD:1,429 円+税
発売元:NBCユニバーサル・エンターテイメント

モノクロ時代のハリウッド映画は、勧善懲悪でハッピーエンドが定番。誰が正義の味方で、誰が悪役かが明確で、最後に必ずヒーローが勝つというパターンがほとんどでした。そうでない映画を探すのが難しいほどです。しかし、そういった単純なストーリーの映画は、流行らない時代に変わってきました。悪役と思っていた人が実は良い人だったり、正義の味方である主人公が敗北して終わるバッドエンドだったり……。

正義や善悪の基準、規範を示すのが「父性」です。規範をわかりやすく示す主人公が活躍する「父性」映画が当たり前だった時代が終わり、いつのまにか「父性」が消えてしまったのです。だとすると、それはいつ頃から失われ始めたのか？　そして、今どうなっているのか？　時系列から「父性」を俯瞰することによって、初めて「父性が失われてきている」と言えるはずです。映画に父性が当たり前のように存在していた時代。そして、父性喪失の転換点となる時代。そして、父性喪失の時代。具体的な映画作品を例にとりながら、時間軸に沿って父性の変遷を振り返ってみたいと思います。

★

第1節　当たり前の父性

「父性」が当たり前のように描かれていた映画、ということで私が連想するのは「西部劇」です。アメリカには神話というものがありません。どこの国にも創世神話が残っているものですが、アメリカにはない。もちろん先住民の神話や伝承はありますが、様々な民族の移民からなる「アメリカ人」にとって、心の拠り所となるような神話はないのです。

しかし、それに相当するものはあります。西部劇です。アメリカ開拓史と、国の成り立ち、いわば「アメリカの国造り」が描かれると同時に、正義、善悪、生き方など、生活や行動の規範が描かれています。

私は、規範を示すことが父性と考えますので、西部劇は「父性」そのものがテーマとなっている、とすら言えるでしょう。

▼少年の憧れ　～『シェーン』

「父性」を扱った西部劇で、代表作を一本だけ挙げるのは、非常に難しい問題です。ジョン・フォード監督、ジョン・ウェイン主演の『駅馬車』『捜索者』、ハワード・ホークス監督、ジョン・ウェイン主演の『赤い河』『リオ・ブラボー』、フレッド・ジンネマン監督の『真昼の決闘』、ジョン・スタージェス監督の『OK牧場の決斗』など、いろいろと検討しましたが、やはりたくさんの人に見られている名作で説明した方が、読者のみなさんに伝わりやすいでしょうから、ジョージ・スティーヴンス監督の『シェーン』（1953）を取り上げることにしました。

「シェーン、カムバーック」の名セリフで知られる、あの『シェーン』です。私が小学生の頃は、テレビの名画劇場で毎年のように放映されていましたので、何度見たかわかりませんし、カツラのCMにもそのパロディが使われるほどの知名度。

ところが先日、20人ほどの参加者があったある映画の会で、『シェーン』を見たことがあるか聞いたところ、たった3人しか挙手しなくて驚かされました。今の若い人は『シェーン』を見たことがないのかと驚きながらも、考えてみればもっともで、今の日本で西部劇に興味のある若者はいないということを確認しました。

ということで、まずはストーリーを詳しく説明しておきましょう。

ワイオミングの入植者、ジョー・スターレット（ヴァン・ヘフリン）の元に、流れ者シェーン（アラン・ラッド）が現れます。妻マリアン、息子ジョーイと三人暮らしのジョー。周囲の土地の全てを自分のものにしようとするライカー一味の圧力に悩まされていたジョーは、腕に覚えがあり頼りになりそうなシェーンに、しばらく働いてくれないかと頼み、シェーンはスターレット家の世話になることに。

ライカーの嫌がらせは悪化し、開拓民との対立が深まります。ジョーとシェーンは、酒場でけんかとなり、ライカー一味を殴り倒します。それに怒ったライカーは、人殺しのガンマン、ウィルスンを呼び寄せます。殺すか殺されるか、緊張感が高まり……。

一方、ジョーイ少年はシェーンに強い関心を抱き、接近していきます。シェーンが来た翌朝のシーン。ジョーイは、「ここに居て欲しいな。銃の撃ち方を教えて」と親しげに話しかけます。その後も「シェーン」「シェーン」と何かにつけてシェーンが気になり、すっかりそのとりこになってしまいます。間違いなくシェーンに強い「父性」を感じているのです。

その証拠となるシーンがいくつかあります。まず、シェーンの銃に興味を持ったジョーイは、それを真似て自分で木のレプリカを作ります。そして、何度もねだってシェーンに銃の撃ち方を指南してもらいます。銃口が火を吹き、耳をつんざく銃声に、目を見開き驚きの表情を見せるジョーイ。「すごいや、最高だね！」と興奮します。「すごい」というのは父性への憧憬を表す言葉です。その後のシーンでは、ジョーイが「バンバン」と言いながら、銃を撃つ真似をする描写が何度も繰り返されます。何かを「真似る」というのは、「そうなりたい」という気持ちの現れ。敬意、尊敬の念の現れであり、これも父性を感じている証拠です。私は小学生の頃、よく「仮面ライダーごっこ」をして遊びましたが、ごっこ遊びも「そうなりたいという憧れ」。正義の味方で、圧倒的な強さを持つ仮面ライダーに父性を感じていたのでしょう。

少年は、シェーンに父性を感じていた。しかしそれは、自分の父に対して父性を抱いていなかった、ということではありません。それも映画で描かれています。

ファースト・シーン。ジョーイが父親のライフルを構えて、鹿を射つ真似をしているところに、遠くから馬に乗ったシェーンが現れます。翌日の朝には、畑に入り込んだ鹿にライフルを構えて「バーン、バーン」と撃つ真似をし、「早く弾をくれないかな」と、実弾を撃つこと（強さ）への憧れを示します。その後も、ライフルを構えて撃つ真似をするシーンが登場します。つまり、ライフルをオモチャがわりに持ち歩くというのは、「強さ」への憧れであり、それが「父親のライフル」であるということから、父親に「力強さ」と父性を感じていたことが、わかりやすく描かれているのです。

そしてジョーイは、「シェーンが好きになったよ。パパと同じくらい」と母親に告白します。シェーンに父性を感じていたが、父親にも感じていたということが、セリフでも語られます。

▼西部劇は規範を示す

ライカーと入植者たちとの対立は、極限にまで高まり、一触即発の状態となります。入植者のリーダー格でもあるジョーは、その責任感からライカーと話し合いに行くと言い出します。ライカーは殺し屋も雇っているわけで、みすみす殺されに行くようなものだと、妻マリアンは必死で止めます。しかし、それを聞き入れようとはしません。問題解決のためには自分の命を賭けてでも戦わなくてはいけない。このジョーの必死の覚悟というのは、私が初めて『シェーン』を見た子供の頃には、よくわかりませんでした。なぜ、自分の命を捨ててまで、正義を貫こうとするのか。「妻や子供のため」とジョーは言いますが、自分が死んでしまえば、「妻や子供のため」にはなりません。マリアンがシェーンに好意を持ち始めたことに気がつき、自分が身を引くという意味はあったかもしれませんが、そのためだけに命を賭ける人はいないでしょう。

しかし、「西部劇が規範を示すものである」ということがわかっていれば、このジョーの命を賭けた判断の理由も、リアルに見えてきます。

一つのセリフがそれを明確に示しています。ライカーの元に行くのをやめさせようと必死に説得するマリアンに、ジョーは言います。

「お前に臆病者と思われて生きていくことはできない。それにジョーイに何て説明するんだ」

特に大切なのは「ジョーイに何て説明するんだ」です。「正義を実行する」こと以上に「正義を実行する父親を息子に見せる」のが重要なのです。それが、規範を示すということですから。『シェーン』を注意して見ていると、おもしろいことがわかります。それは、ジョーイ少年が、ほとんどの出来事の目撃者になっていることです。

シェーンとジョーがライカー一味と殴りあうシーンでは、最初から一部始終を見ています。また、ラストのシェーンとライカー一味のガンファイトのシーンも、ジョーイは物陰から全てを見ています。また、家まで押しかけて圧力をかけてくるライカー一味を、ジョーが毅然とした態度で追い払うところや、葬式のあと弱気になる入植者に対して「ライカーに俺たちを追い出す権利はない」と、決して諦めずに、堂々とした態度でリーダーシップをとる様子も、ジョーイはしっかりと見ているのです。

それらのシーンでは、随所にジョーイのアップが挿入され、そのリアクションを映し出します。映像的にも、「ジョーイの視点」が強調されています。

父ジョーもシェーンも、決して諦めない。決して悪に屈しない、正義を貫き通すわけですが、その毅然とした態度を、ジョーイ少年は目に焼きつけるようにしっかりと見ているのです。そして、ジョーもシェーンも、大人としての振る舞いを教えるかのように、一本筋の通った毅然とした態度を貫いていきます。

西部劇は、大人の世界。『シェーン』のように、準主役級の役柄として子供が登場するのは珍しいのですが、ジョーイの視点を入れることで、西部劇の「規範を示す」という側面が、明確に示される作品です。

▼シェーンがカムバックしなかった理由は？

ライカー一味とのガンファイト。シェーンは生き残りますが、すぐに町を去ろうとします。

ジョーイとの別れのシーン。「シェーン、カムバーック」という名セリフが耳に響き、映画は幕を閉じます。一見するとハッピーエンドのようですが、実はそうではないのです。このラストシーンで、シェーンは実は死んでいる、という説があります。

馬に乗り、遠くへ去っていくシェーン。その後に二つのカットが続きます。一つ目は、画面方向に向かってくる馬に乗り、前かがみになったシェーン。右手がだらりと垂れ下がり、人間的な動きが全くありません。それに続くシーンが、暗がりの中、馬に乗って遠くへ向かって移動するシェーン。この画面でフェードアウトして、映画は終わります。このラストカット、よく見ると墓石と十字架が見えます。つまり、墓場の中を馬に乗っているシェーンの姿で、映画は幕を閉じるのです。

『シェーン』のラストシーン　墓場を歩くシェーン

シェーンとの別れのシーンで、ジョーイの「血が。怪我しているよ」「本気だったら、撃たれなかったよね」のセリフから、銃撃戦で怪我を負ったことは間違いないようです。

シェーンとジョーイの別れのシーンはとても性急です。家に帰るのに「(馬の)後に乗せてよ」と言うジョーイに「できない」と断り、すぐにそこから立ち去ろうとします。スターレット家に立ち寄ることをかたくなに拒否して。わずか130秒の別れのシーン、DVDで見直すと、シェーンの余裕のない行動は、かなり挙動不審です。また、馬上の人となったシェーンは、「シェーン、カムバーック」というジョーイの必死の呼びかけにも全く応じません。

これらの一連の描写から、銃撃戦で瀕死の重傷を負ったシェーンは、ラストでは既に死んでいる、あるいは何とか馬には乗っているがまもなく死ぬことを意味している、というのが「シェーン死亡説」です。

とはいえ、「これだけではシェーンは死んでいるとは言えない」という反論もあります。DVDでは左手で手綱を握っているように見えますし、「死んでいるのに馬に乗ったままバランスをとるのは困難」という反論もあるでしょう。

しかし、「西部劇は規範を示すもの」という西部劇の基本コンセプトを知っていれば、このラストの解釈は必然的に決まってきます。

シェーンは、ジョーイの元をなぜ一刻も早く立ち去る必要があったのか？　それは、ジョーイの前で死に様をさらしたくなかったからです。一分一秒を急ぐような性急な別れは、それで説明がつきます。

父性とは強さです。ジョーイは最後にシェーンに言います。「本気だったら、撃たれなかったよね。抜くこともできなかったよね」。ジョーイは、シェーンに力強い存在（父性）を期待していました。それが目前で死に様をさらしてしまうと、ジョーイのシェーンに対するイメージは、完全に崩れてしまいます。「真っ直ぐで強い男になれ」という、シェーンからジョーイへの別れの言葉。そのためには、シェーンは「強い男」のイメージのまま、ジョーイと別れなければいけなかった。それが、規範を示すということに他ならないのです。

これが、シェーンはただ急いで去っていったというだけなら、実に浅薄な映画になってしまいます。「規範を示す」ために、そして永遠にジョーイの中で「強い父性イメージ」として残るために、自らの死を隠し通したからこそ、シェーンの父性がより輝きを増すのです。

ここまで言っても、まだ「シェーン死亡説」に納得がいかない人がいるかもしれません。なにしろ公開から50年以上たっても、議論が続いているわけですから。

シェーンの死を示す、もう一つ重要な証拠があります。映画には「伏線」があります。後で起きる重要な出来事に関して、事前に説明をしておく、予備情報を与えておくというのが「伏線」です。このラストの「墓場」には、実は伏線があるのです。

墓場は、映画の中で3回登場します。1回目は、殺し屋の犠牲になった入植者トーレーの葬式のシーン。ここで、墓場がスターレット家と町の途中にあることが説明されます。2回目が、シェーンが最後の戦いに向かうシーン。町に向かうシェーンをジョーイが全速力で追いかけ、墓場を駆け抜けるカットがあります。次のカットが馬に乗ったシェーンなのですが、なんと「墓場」のカットに「馬上のシェーンの姿」がオーバーラップするのです。

映画の世界には「モンタージュ理論」というのがあります。編集によって二つの異なるカットをつなぎあわせることで、何か特別な意味を託し、作家の意図を表現するのです。つまり、これはシェーンの死を暗示した伏線ということになります。

ラストシーンの墓場のシェーンは、突発的、偶発的に挿入されたわけではなく、事前に伏線として予備情報が提供され、死が暗示されていました。結論を言えば、ラストはシェーンが死んでいるか、まもなく死ぬほどの瀕死の重傷で

『シェーン』　墓場にオーバーラップする馬上のシェーンの姿

あったと考えられます。

もう一つ、このラストシーンについて重要な解釈があります。それはこのシーンは、シェーンという一個人の死を表現しているのではなく、「ガンファイト」の時代の終焉を象徴的に描いているのだ、と。シェーンとライカーとのやりとりでも、ガンファイトの時代が終わったことが語られています。

死に様を少年の前でさらさず、最後まで「強い男」であり続ける。死を目前にして、ジョーイに規範を示した。だからこそ、ラストの感動が大きなものとなるはずです。

規範を示すのが西部劇。「父性」が当たり前に存在するのが「西部劇」。その意味で、『シェーン』は父性的西部劇の代表作と言っていいでしょう。

▼西部劇はなぜ幕を閉じたのか?

１９５０年代から60年代初頭までは、第二の西部劇黄金時代と呼ばれます。そして、ジョン・フォード、ジョン・スタージェス、ハワード・ホークスといった名監督が、ジョン・ウェイン、バート・ランカスター、アラン・ラッドなどの名優を主役とした、たくさんの西部劇を作りました。一時期はハリウッドで作られる映画の三分の一を西部劇が占めるほどの人気を博しました。またテレビでも、『ローハイド』『拳銃無宿』『ララミー牧場』『ボナンザ』といった、たくさんのテレビドラマが放映されました。この流れは、50年代をピークに60年代まで。70年代に入ると、西部劇はほとんど作られなくなります。

西部劇に引導を渡した「最後の西部劇」と言われるのが、1969年、サム・ペキンパー監督の『ワイルドバンチ』です。この映画には、正義を遵守する規範を示すヒーローは登場しません。主人公は、列車強盗を生業とする強盗団「ワイルドバンチ」。ならず者、荒くれどもの集団です。アウトローの時代は終幕を迎え、時代の波に取り残された彼らは追い詰められ、壮絶な最後を遂げます。まさに滅びの美学。そのストーリーに、かつて一世を風靡した西部劇の終焉が、オーバーラップしていることは明らかです。

アメリカの創世神話とも言うべき、アメリカ人にとって非常に馴染みの深い西部劇が、なぜ作られなくなってしまったのか。

60年代は、マイノリティの人権が確立していった時代です。ネイティブアメリカンについても同様で、「インディアン」を白人に敵対する存在、野蛮で粗暴な民族として差別的に描いてきた西部劇でも、そうした差別と偏見への反省から、インディアンを悪役として描けなくなった、ということが衰退の主な理由として語られます。とはいえ、インディアンの登場しないマカロニ・ウエスタンも同時に衰退していくわけですから、それが最大の理由とは考えにくいでしょう。

一言で言えば、時流が変わったのです。60年代後半から70年代にかけて、アメリカは「カウンターカルチャー（対抗文化）」の時代へと突入します。既存の・主流の・体制的な文化に対抗する文化です。具体的には、ヒッピー文化や、69年のウッドストックに象徴されるような当時のロック音楽に代表されます。若者は自由・平等・個性に傾倒し、規範・正義・道徳・倫理という堅苦しいものは疎まれ、むしろ反発の対象となっていったのです。

では、なぜこの65年前後に、時流が大きく変わったのか？　ジョン・ウェインに象徴される「規範を順守する父性的な男性像」がもてはやされ、「強いアメリカ」を印象づけるアメリカ映画を量産してきたハリウッドが、手のひらを返したように、「父性的な男性像」を拒否する映画を量産し始めるのです。

その理由は、ベトナム戦争です。ジョン・ウェイン的男性イメージとベトナム戦争についての興味深い考察があるので、引用します。

過去10年から15年（１９６５〜70年）の間に、アメリカの男性は自己の母性原理を再発見したのです。

このことを別の本 "Home from the War"（戦争からの帰還）で書きましたが、そのとき私はベトナム戦争に参加した多くの米兵にインタビューしました。彼らはなんらかの形でベトナム戦争に志願したのですが、実際に戦争とはなんであるかを知った後では、戦争を憎悪するようになりました。あらゆる手だてを使ってそこから抜け出ようとし、事実そうしたのですが、もう一歩突っ込んで調べてみると、彼らが「ジョン・ウェイン型」と呼んでいるものによってつちかってきた男らしさの感覚を問い直さなければならないと分かったのです。ジョン・ウェイン型とは、頑丈で無口、女々しさなどひとかけらもなく、忠誠を誓うものをかばうためには、突然暴力をふるうこともある。「それは危険です。ぼくたちを戦争に引き入れたのもそれなんです」と若者たちは語り始めました。戦争を非常に誇張された形で、狭く男らしさと結びつけていました。この点を疑い始めると、彼らは自己の中にあるもっと柔軟な部分、情緒を感じとる側面、アメリカ社会では女に許されていても男には恥ずべきこととされていた人前で涙を見せる、そういう側面を探し求めました。これは、抑圧されていた母性原理の再発見になります。

『河合隼雄全対話Ⅲ　父性原理と母性原理』（第三文明社）よりR・リフトンの地の文を引用

西部劇によって作りあげられた「強いアメリカ」「正義を実行するアメリカ」というイメージが、ベトナム戦争を支えていたという興味深い指摘です。１９６５〜70年頃は、長期化するベトナム戦争による経済的、精神的な疲弊もあり、アメリカという国自体が自信喪失に陥っていく時期です。西部劇が時流と合わなくなっていったのは、当然のことでしょう。「力強い男性像」は自然に衰退していったのではなく、ベトナム戦争への批判とともに、否定の対象となり、意図的に切り捨てられていきました。そして、70年代には「ピース」や「自由」という新しい価値観のカウンターカルチャーの時代となり、「男女同権」を旗印にしたウーマンリブ運動で権威的な父親像は否定され、働く女性が当たり前となる「強い女性」の時代へと変わっていくのです。

★

第2節　父性の敗北

西部劇映画が全盛だった50年代、60年代には、しっかりとした父性が存在し、映画にも描かれていました。しかし、70年代の男女同権やカウンターカルチャーの時代になると「父性喪失」は進行し、父親探しの映画が増えていきます。

では、いつから毅然と規範を示す父親はいなくなったのでしょう？　その境目はいつになるのでしょうか？　「父性は映画に反映されている」ならば、「父性の喪失の境目も映画に反映されているはず。その作品を指摘しろ」という人もいるかもしれません。

実は、「父性の時代」から「父性の喪失」の転換点となる映画が存在します。言い換えるなら、映画史上初めて「父性の敗北」が描かれた作品です。公開時に大ヒットした話題作で、昔からの映画ファンであれば必ず見ている、若い映画ファンも名前くらいは必ず知っている作品。それは、ウィリアム・フリードキン監督の『エクソシスト』（１９７３）です。

エクソシストとは、悪魔祓いを行う人のことで、同名のこの作品は、それをテーマにしたホラー映画。そんな映画のどこに「父性」が描かれていた？　と思う人も多いでしょう。

確かに、少女が悪魔に取り憑かれ、二人のカトリックの神父が悪魔と対決し、悪魔を追い払う物語です。重要なのは、その裏に何が描かれていたのか、ということです。

▼『エクソシスト』はホラー映画ではない

可愛らしい12歳の少女リーガン。母親のクリスは人気女優で、リーガンと一緒にいられる時間はあまりありません。父親の姿は見られず、母子とは別居状態です。リーガンの誕生日。しかし、父親からは電話もなく、不安を強めるリーガン。クリスは父（夫）がいるはずのローマのホテルに電話をかけるものの、つながらないのです。

父親は、リーガンの様子がおかしくなり、悪魔に取り憑かれて大変な状態になっている時でも、その姿を全く現しません。リーガンは父親を慕い、愛していますが、それを受け止める父親は不在。映画の冒頭で描かれるのは、「父親不在」です。

孤独なリーガンは、ヴィジャボード（「こっくりさん」の西洋版）を使って誰かと語り合っています。誰と話をしていたのか？「キャプテン・ハウディ」の霊です。「キャプテン・フック」のような海賊船の船長を想起させます。

リーガンは、「海賊」の霊と話をしていたのです。なんと、『エクソシスト』にも海賊が登場していたのです！　前述のように、「海賊」は父性の象徴です。つまり、これは心理学的には、「リーガンが強く父性を求めていた」ことを表しています。彼女の強い父性への希求が、海賊の霊を呼び寄せてしまったのだ……と。

また、原作を読むとリーガンの父親の名前は「ハワード」。その影響を受けて「ハウディ」という名前をつけたのだろうとクリスは想像します。つまり、「キャプテン・ハウディ」という名前には、二重の意味で「父親」が盛り込まれているのです。

『エクソシスト』という映画は、リーガンの父性への希求を誰が満たすのか、という物語。つまり、リーガンの「父親探し」の物語と言い換えることができます。

まず映画の冒頭で、クリスの恋人の映画監督バークが登場します。バークはチャラチャラとした薄っぺらな男。頼り甲斐がなく、全く「父性」を感じさせません。リーガンの父親の代役は果たせそうにないのです。実際、リーガンもバークに対して強い嫌悪感を抱いていますし、悪魔に取り憑かれたリーガンに投げ飛ばされて、バークが最初の犠牲者となります。

次に登場する男性は、「カラス神父」です。親身にクリスの相談にのり、父親の代役になろうとするかのように、リーガンにも親しく接します。

話は変わりますが、神父とは英語で何というでしょう？

それは「father（ファーザー）」です。劇中でも「ファーザー・メリン（メリン神父）」、

「ファーザー・カラス（カラス神父）」と、ファーザーという言葉が何度も登場しています。神父というのは、クリスチャンにとっては尊敬の対象であり、なにか困った時に相談する相談相手でもあります。キリスト教の教えを通して、行動の善悪を教え、規範を示す存在でもあります。つまり、「神父」とは、非常に父性的な存在なのです。

メリン神父、カラス神父は、カトリックの神父です。キリスト教で「ファーザー」というと、すぐに思い出すものがもう一つあります。お祈りの時に「父と子と精霊の御名において、アーメン」という言葉が使われますが、この「父」とは誰のことでしょう？

それは「神」です。英語では唯一無二の「父」という意味で、「the Father」と「the」をつけて大文字で表記します。「God the Father」という言葉もよく使われますが、これは「父なる神」という意味です。キリスト教社会において、「父」の根本的なイメージは、「神（God）（一神教の神）」です。圧倒的な力強さを持った敬意の対象であり、間違いなくそこには「規範」があります。

一方、日本の神様は「母性」的なイメージが強いのです。もちろん男性の神様もいますが、伊勢神宮で祀られるのは「天照大御神」であり、家にある神棚の中心にもその御札を祀ります。それは「狩猟民族」と「農耕民族」の違い。「狩猟民族」では、狩猟や戦争には、力強いリーダーや規範が必要で、必然的に父系社会になりますが、「農耕民族」では「育てる」「育む」ことが重要であり、母系社会となるのです。

話が脱線しましたが、キリスト教社会においては、「父」の根本的なイメージは神であり、現実社会での「父性の喪失」は、メタファーや象徴という意味において、「神の喪失」として表現されるのです。

▼神は勝ったのか？ 負けたのか？

『エクソシスト』のラストシーン、これはハッピーエンドなのでしょうか？　それとも、バッドエンドなのでしょうか？

質問を変えましょう。悪魔と神の戦い。勝ったのは、どっちでしょう？

ラストシーンまでの流れをもう一度振り返っておきましょう。少女リーガンに取り憑いた悪魔。二人の神父は、祈りの言葉、十字架、聖水などを使って悪魔祓いの儀式を行いますが、悪

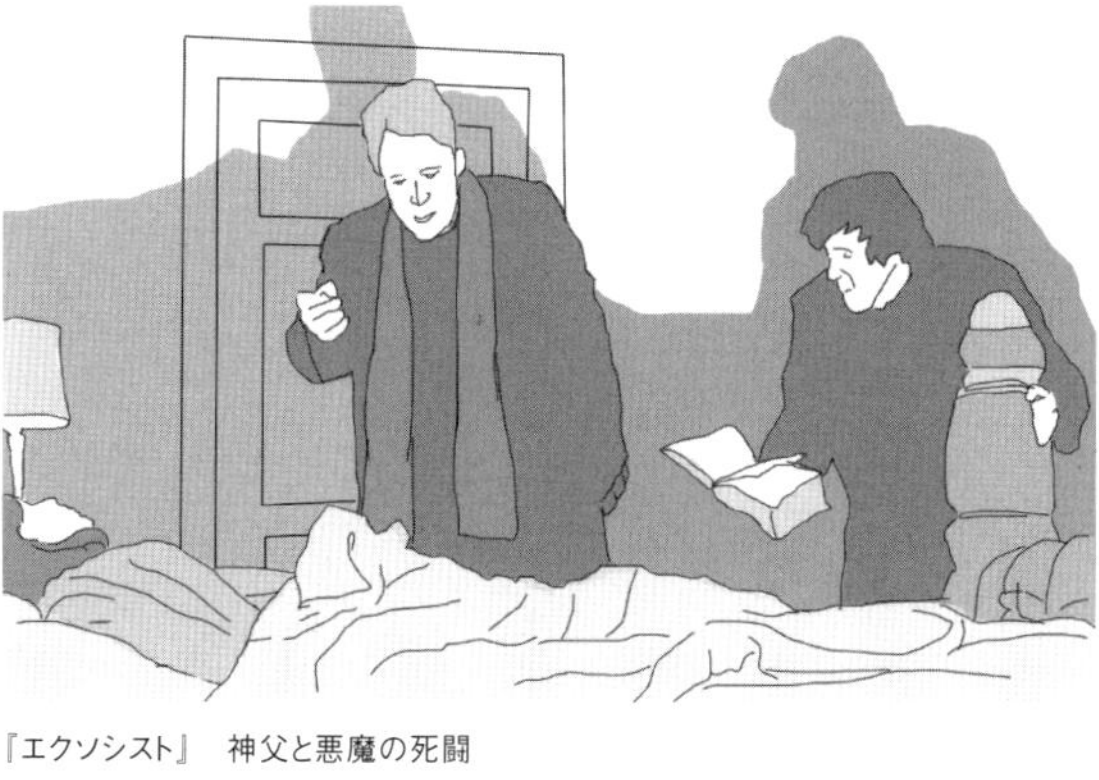

『エクソシスト』　神父と悪魔の死闘

魔はかなり強敵です。退散する様子は全くなく、リーガンに自傷行為をさせ、彼女の身体を痛めつけます。

神の祈りも聖水も十字架の効果も、全くゼロではないものの、悪魔を追い払うのには、全く役に立ちません。次第に疲労の色は強まり、二人の神父は憔悴していきます。もともと心臓病を患っていた悪魔祓いの権威であるメリン神父は、カラス神父が目を離したすきに、心臓発作を起こして倒れ、帰らぬ人となります。一人残されたカラス神父。悪魔との戦いに勝てない、と絶望します。その瞬間、彼の頭の中に奇策が浮かびます。いきなり「俺に取り憑いてみろ」と悪魔を挑発するカラス神父。悪魔は挑発にのって、神父に乗り移ります。

その瞬間、神父は窓から外に身を投げます。そこは2階の窓、下は石畳の急な階段。神父は即死です。しかし、悪魔に取り憑かれたリーガンは、もとの少女に戻ることができました。

ラストシーン。教区司祭のダイアー神父に見送られ、家を出る母親とリーガン。元の落ち着いた親子関係に戻ったラストに、ホッとした人も多いのではないでしょうか？　多くの人は「ハッピーエンド」で終わったと感じるでしょうが、私には、決してそうは思えないのです。悪魔と戦った二人の神父は死にました。バチカンでも有名な悪魔祓いのエキスパート、メリン神父は悪魔と戦って敗れ、二度と悪魔祓いができなくなりました。

そして、カラス神父がとった奇策とは、自らの命を犠牲にして、悪魔共々消え去ることでした。これを「自己犠牲」と考えれば、非常にキリスト教的な行動と言えます。自己犠牲を払ってでも人を救うことは、キリスト教の教えにかないますし、神の愛、無償の愛（アガペー）に基づいた自己犠牲の行為は、キリスト教の教えの中核でもあるのです。

しかし、これは自己犠牲といえるのでしょうか？　２階の窓から石畳に飛び降りれば、死ぬ可能性は極めて高い。神父が自らの「死」を覚悟したのは間違いないでしょう。つまり、これは「自殺」です。ご存知の方も多いでしょうが、キリスト教では、自殺は絶対禁止です。いかなる理由があっても自殺してはいけない、という教えなのです。その戒律を、キリストの教えを人に説くことを仕事とする神父が自ら破っているのです。一言でいえば、「破戒」です。

「自己犠牲」の精神は「キリスト教的」である。だから、カラス神父の行為は間違っていない、という人もいるでしょう。しかし、もしこれが「神」の勝利とするならば、「反則勝ち」です。

つまり、通常の「悪魔祓い」の正攻法では全く歯が立たないので、キリスト教のルールを破ってまでして、かろうじて「反則勝ち」で、ようやく悪魔を追い払った。これが「神」の勝利でしょうか？　「悪魔」の力に「神」の力が敵わなかったから、カラス神父は「破戒」という最終手段をとらざるを得なかったのです。

カラス神父は死にましたが、この悪魔は消滅したわけではありません。ただ、リーガンの元を去っただけで、またいつどこに現れるかわからないのです。これでも、キリスト教陣営の勝利と言えますか？

キリスト教の敗北。神父の敗北であり、神の敗北です。それは「父性の敗北」を象徴します。『エクソシスト』は、ハリウッド映画史上、初めて明確に「神の敗北」を描いた作品であり、同時にハリウッド映画史上、初めて決定的に「父性の敗北」を描いた作品なのです。

▼母と子の関係は修復されたか？

『エクソシスト』は、ホラー映画ブームのさきがけとなった作品として知られていますが、私は、徹底した人物描写、人間描写の映画だと思います。悪魔が正体を現して言葉をしゃべりだすのは映画の最後の方になってからで、前半部では延々と人物描写が続き、精神医学的に見ても、極めて精緻な人物描写がなされています。

主人公、クリス・マクニールの視点で、物語を振り返ってみましょう。売れっ子女優の彼女は仕事が忙しく、家を空けることが多い状態です。夫とは別居中で、娘のリーガンを愛していますが、召使に世話を任せることが多く、なかなか一緒の時間がとれません。しかし、自分なりに精一杯、面倒を見るようにしてきたはず……。

そのリーガンに異変が起きます。「父親不在」とリーガンの異常行動は、完全にリンクして描かれています。父親がいないので、異常行動が起きるのだ、という感じです。

悪魔の仕業とわかるのは、映画の後半です。前半では、リーガンを診察した精神科医は精神的なストレスのせいだと診断します。父親、あるいは両親の愛情不足ということです。

そこで、クリスは自分を責めます。リーガンがおかしくなったのは、自分の責任ではないのか？　自分が、十分にリーガンの面倒を見てあげなかったためではないのか？

クリスは精神科医に相談し、ダイアー神父にも相談し、ありとあらゆる手段を使ってリーガンを治そうと努力します。彼女の自責の念がそうさせたのでしょう。

つまり『エクソシスト』には、クリスとリーガンの「母子関係の修復物語」というストーリーラインが存在するのです。

一方で、映画の前半部、カラス神父の人物描写が同時進行します。神父の母親は、精神病院に収容されます。母親は息子に強制入院させられたと誤解し、「お前は息子ではない」と責めます。そして、まもなくその病院で亡くなりますが、神父は母親の死に目に会えません。結果として、母親を強制的に入院させて、放ったらかしにし、死なせてしまったのは自分の責任ではないのか、と強い自責の念を持ちます。酒とタバコに溺れ自堕落となり、神父をやめようと悩んでいました。そこに、「悪魔祓い」の助手をしないか、という話が待ちこまれるのです。

もう亡くなっているので、自分の母親との関係回復はできない。その代償として、クリスとリーガンの「母子関係の修復」を手伝うわけです。すなわち、『エクソシスト』は、カラス神父とその母の「母子関係の修復物語」でもあるのです。

▼少女の「父親」はどこにいた？

さて、『エクソシスト』の「母性」のテーマについて説明しました。今度は、「父性」です。カラス神父の母の話は詳細に描かれていますが、父は、考えてみると全く登場していません。おそらくは、既に亡くなっているのでしょう。ですから、彼が母親の面倒を見る必要があった。彼は母親との関係について悩みますが、本当は父親の助けや助言が欲しかったに違いないでしょう。

そこに登場するのが、悪魔祓いのエキスパートであるメリン神父です。十分な経験を持ち、人間性も豊かで、非常に頼り甲斐がある。マックス・フォン・シドーが圧倒的な存在感で演じたメリン神父は、この映画の中で、最も父性的な人物として描かれています。

カラス神父も、メリン神父には強い「父性」を感じたに違いありません。つまり、メリン神父は、カラス神父にとっての「父親の代理」として登場しているのです。最初は師弟関係としてスタートしますが、過酷な悪魔との対決という苦しい共同作業を通して、父子関係に似た密接な人間関係へと発展していたはずです。

クリスとリーガンとの「母性」の回復と、カラス神父の母親との関係修復。リーガンとクリスにとって、カラス神父は「代理父」であり、カラス神父にとっては、メリン神父が「代理父」。リーガン、クリス、カラス神父、メリン神父の四人の登場人物は、互いに母性と父性の問題を

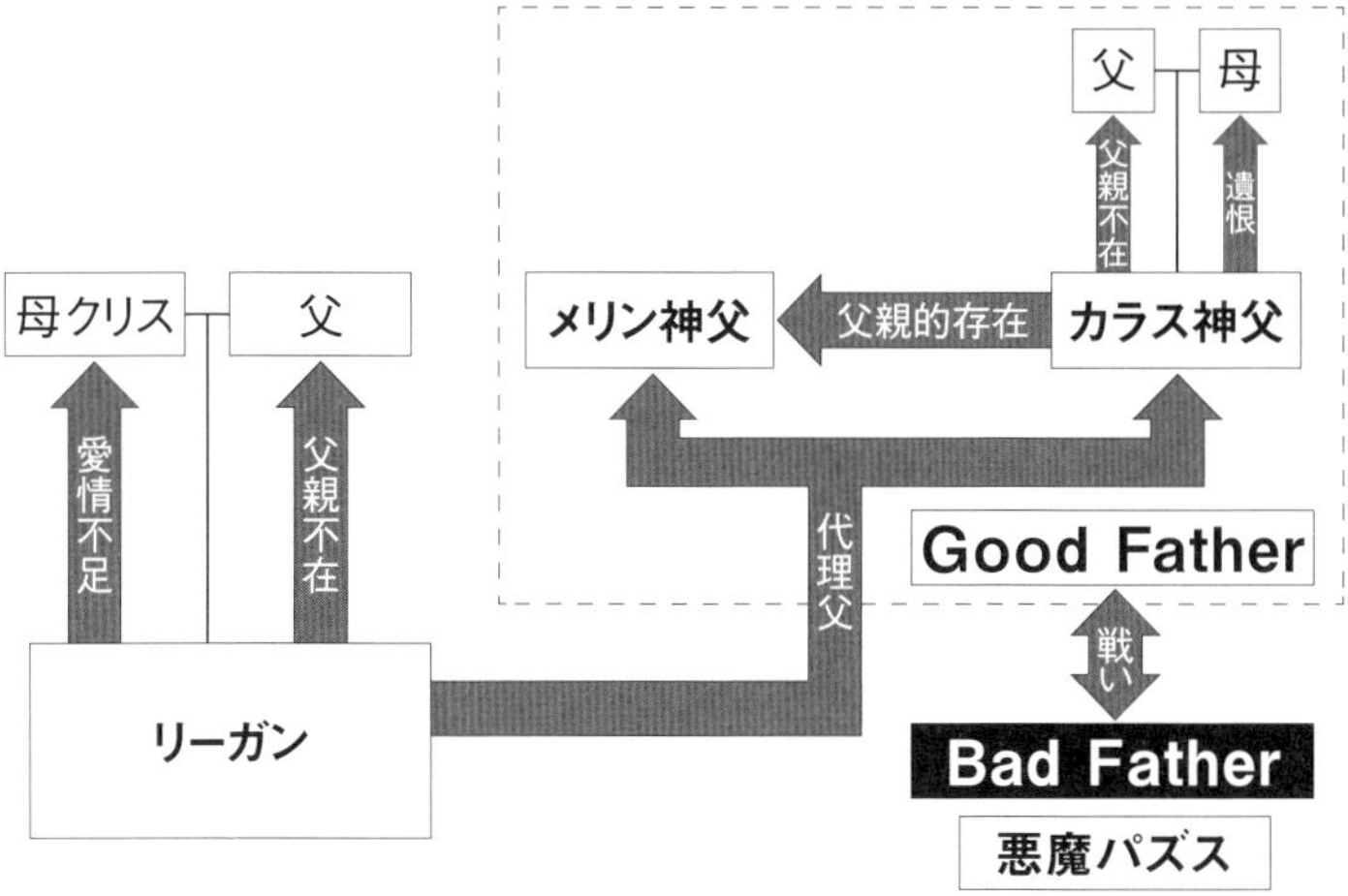

『エクソシスト』の人物関係図

抱え、それを互いに支えながら、正しい家族関係へと向けて修復、回復をめざす共同体を形成しているかのようです。これが、『エクソシスト』という映画の全体像です。

しかし、この家族関係の回復は、悪魔の攻撃で徹底的に邪魔されます。カラス神父は、母親についての自責の念を悪魔に見破られ、非常に動揺します。そして部屋から退出したその間に、メリン神父は殺されてしまいます。カラス神父は、自分の母親を救えなかっただけではなく、代理父であるメリン神父を、事実上、見殺しにするような形で死なせてしまうのです。

悪魔は、ただ人に憑依して、人間を困らせるだけではありません。恐ろしいのはそこではなく、「愛」による結束を妨害し、破綻させるところが、最も悪魔的なのです。

キリスト教で一番大切なのは「愛」です。代償を求めない、無償の愛が重視されます。したがって、神と対極の存在である悪魔にとって最も重要なのは、「愛」を邪魔し、破壊することなのです。

結局、カラス神父は自らに悪魔を憑依させ、窓から飛び降りて自殺することで、悪魔を追い払います。彼と母親の関係は修復されたでしょうか？　おそらく、されなかったはずです。家族関係の修復は果たされないまま、安らぎのない心理状態で、神父は死んでしまうのです。

ラストシーン。悪魔は去り、リーガンはもとの普通の少女に戻りました。しかし、空気は非常に重苦しい。窒息しそうなほどに。

なぜ？　二人の神父が死んだから。それもあるでしょう。

『エクソシスト』は、悪魔を追い払い、めでたしめでたしのハッピーエンドではありません。その最大の証拠は、リーガンの父親が姿を見せていないことです。

これは、リーガンの父親探しの物語。とするならば、この一連の事件を通して、リーガンは父親を発見できたのか？　父親候補だったカラス神父も、圧倒的に父性的な存在だったメリン神父も死に、「父」の象徴である「神」も悪魔に敗北しているのです。

もしこの映画が本当に「ハッピーエンド」なら、ラストでリーガンの「父親」が姿を見せなければいけません。それなら、大きな困難を超えて「父娘関係」は修復され、「家族愛」の勝利が高らかに宣言されます。助け合い、支えあう深い愛情。それは、キリスト教の「愛」のテーマともつながります。

しかし、実際の映画のラストに父親の姿はなく、電話すらかかってこない。映画の冒頭と同じく「分裂した父親不在の家族」が、そこに存在するだけなのです。「家族愛」も「無償の愛」も感じられない、「キリスト教の勝利」とは180度反対の「キリスト教の敗北」。実に殺伐としたエンディングになっています。

▼原作はハッピーエンドなのに……

映画『エクソシスト』は、「キリスト教の敗北」宣言である。ここまで証拠を挙げても納得できない人は多いと思います。そして、こう反論する人もいるはずです。「原作では、明らかにハッピーエンドに描かれているじゃないか」。

その通りです。ウィリアム・ピーター・ブラッティの原作『エクソシスト』を読んで、「これは、キリスト教の敗北を描いている」と主張する人は一人もいないでしょう。映画『エクソシスト』の脚本は、原作者本人が担当していることもあり、原作に非常に忠実になっています。唯一、ラストシーンを除いて。

原作のラストは、以下の点で映画と異なっています。
（1）リーガンの父親は、引越しの時、娘にバラの花を贈っている。
（2）ダイアー神父が、カラス神父の告解をし、罪を赦す場面。カラス神父は、原作では虫の息で生きているのに対し、映画では即死していて、罪が赦されたように見えない。
（3）無信仰だったクリスが「罪を贖うことができた」と、キリスト教への信仰の萌芽を予感させるセリフを言う。
（4）ダイアー神父とキンダーマン警部補の、映画にまつわるホノボノとしたエピソードがある。

特に重要なのは、父親から贈られたバラの花束の描写。原作では、リーガンの父親に変化が見られたという希望がもてるラストであり、「父性敗北」とは言えないのです。また原作では、カラス神父の自殺めいた行動を正当化する説明があり、カラス神父は虫の息でまだ生きており、ダイアー神父の告解によって母への罪も許され、キリスト教の勝利が高らかに宣言されます。それがどういうわけか、「父性の勝利」「キリスト教の勝利」の証拠を、全て消去するかのような、不気味なラストに改ざんされています。

特に不可解なのは、（4）の「ダイアー神父とキンダーマン警部補の映画にまつわるホノボノとしたエピソード」です。脚本にもあって実際に撮影されているにもかかわらず、編集でカットされました。このシーンが入っていれば、ラストの重苦しい雰囲気はかなり軽減され、それだけでハッピーエンドの雰囲気になったというのに（このシーンは、２０００年に発表されたディレクターズ・カット版には含まれています）。

この作品の本質に関わるラストシーンの改変について、原作・脚本のブラッティがかなり不服に思っていたことは、原作『エクソシスト』の笹川吉晴による解説にも記載されています。

事件を傍らから見つめ続けてきたキンダーマン警部補とダイアー神父との間にささやかな交流が生まれるラストシーンは、メリンからカラスに伝えられたその精神が彼らにも受け継がれていくだろうことを暗示して、この暗い物語に射す一筋の救いの光となっていた。しかし、小説の中で起こった出来事に対する作者の見解を述べたこれらのシーンは映画化に際して、先述したようにウィリアム・フリードキンによって削除された。その結果、完成した映画『エクソシスト』からは〝意志的な愛〟というファクターが抜け落ち、鋭敏さゆえの受難というよりも、性格的に弱い人間の悲劇というニュアンスが色濃く現れることとなったのである。

『エクソシスト』（創元推理文庫）解説より

フリードキン監督の改変によって、原作と映画とでは、テーマが本質的な部分で変わってしまっている。私は、「キリスト教の勝利」が高らかにうたわれている原作のテーマが、「キリスト教の敗北」という全く正反対のテーマに書き換えられたと考えます。

興行的に見れば、救いようのない重苦しいラストシーンの映画版『エクソシスト』は大成功したといえます。誰でも安心して見られる、明るいハッピーエンドのラストであれば、そうはならなかったでしょう。

ハリウッド映画史上初めて、明確な「神父の死」「神の敗北」によって「父性の喪失」を描き出した映画版『エクソシスト』は、結果として、当時の「父性の時代」から「父性喪失」の時代への転換という時流に見事にマッチした。だからこそ、興行的にも大成功したと考えられます。

「神の敗北」と「父性喪失」を衝撃的に描いた『エクソシスト』は、映画史に残るエポックメイキングな一本であることは間違いありません。

▼十字架が効かない吸血鬼!? ～『フライトナイト』

ホラー映画は、『エクソシスト』以前と以後に分類すべきである、というのが私の考えです。『エクソシスト』以前の映画では、神の力が圧倒的に強く、神の力を借りて悪魔やモンスターを倒すことができたのに対し、以後の映画では、それができなくなってしまいました。

「吸血鬼ドラキュラ」シリーズを思い出してください。吸血鬼の苦手なものは、十字架、聖水、ニンニク、太陽の光。こうしたアイテムを駆使して、吸血鬼を追いつめ、最後に木の杭を心臓に打ち込んでとどめを刺す。キリスト教の力の象徴「十字架」と「聖水」は、圧倒的なパワーを持っていました。それに対し、最近の吸血鬼映画では、これらのアイテムは、吸血鬼に大きなダメージを与えられなくなっています。

十字架が効かない吸血鬼が初めて登場した映画は、おそらく『フライトナイト』（１９８５）だと思います。新興住宅地に住む17歳の高校生チャーーリー。その隣に新しい住人ジェリーが引越してきました。しかし、ジェリーの行動はかなり不信です。

ある夜、隣の家をのぞいたチャーリーは、ジェリーが若い女性の首筋に噛みつくのを目撃します。隣人はなんと吸血鬼だったのです。隣家の殺人を目撃してしまう、ヒッチコックの『裏窓』のパロディです。

「隣の男は吸血鬼だ」と友人や警察に言っても、誰も信じてくれず、助けてもくれません。正体を知ってし

『フライトナイト』　吸血鬼に十字架をふりかざすが……

まったチャーリーは、ジェリーから命を狙われます。部屋に侵入され、首を締められたチャーリーは、ポケットから十字架を取り出し、ジェリーに向けてかざすものの全く効果がありません。「バカめ」と一蹴するジェリー。十字架の力を心から信じないと、吸血鬼に対する十字架の効果はないと、その前のシーンで説明されます。

信仰心の伴わない、物質としての十字架は、全く効果がない。確かにそうでしょう。つまり、現代人はキリスト教への信心を失ってしまった。信仰の喪失とキリスト教の権威の喪失。それが、「十字架の効かない吸血鬼」によって、象徴的に描かれるのです。

また同様のシーンがもう一度繰り返されます。映画における繰り返しは、強調です。ガールフレンドのエイミーがジェリーに連れ去られてしまい、ヴァンパイア・キラーのヴィンセントと救出に向かうシーン。ヴィンセントが「下がれ、悪魔の申し子」と十字架をジェリーにかざすと、ジェリーはその金属の十字架を握りしめ、グチャグチャにしてしまうのです。そして言います。「十字架の力を信じていなければ、役には立たん」。

さらに、ラストシーン。ジェリーを追い詰めたチャーリーとヴィンセント。ヴィンセントは木の十字架をジェリーにかざします。そこでジェリーは言います。「十字架の力を信じねば役に立たんぞ。ヴィンセント、忘れたのか」。最初は効果のなかった十字架。しかし、ヴィンセントがその力を信じ、改めて十字架をかざすと、吸血鬼は苦悶の表情に変化します。ようやく効果を表した十字架。朝6時。夜明けを迎え、屋敷に日光が入ります。死闘の結果、ジェリーは日光に焼きつくされるのです。

▼吸血鬼も父親だった⁉

最後には十字架がようやく効果を発するものの「十字架の力を信じなくては役には立たない」というセリフが、劇中三度も登場します。十字架の効かない吸血鬼が登場するエポックメイキングな作品です。アメリカの若者の教会離れや、信仰の喪失が、その背景にあると考えられます。

神は無力な存在として登場し、「神」の父性が否定される。では、この映画には「神」に代わる父性は、描かれていないのでしょうか？

「父性」というテーマで見直すと、意外な側面が見えてきます。何の取り柄もない、しょぼい高校生のチャーリー・ブリュースターは、母親と二人暮らし。離婚したのか、詳しくはわかりませんが、父親不在です。

ジェリーが吸血鬼と知ったチャーリー。しかし、「吸血鬼はその家の主人に招かれないと家に入れない」という言い伝えを思い出し、家にさえいれば安心だと思います。しかし、家へ戻ると母親が、ジェリーを家に招いていたものですから、顔面蒼白になります。

吸血鬼というのは、圧倒的な強さを備えた存在、つまり父性的存在ですが、破壊的、残虐的なネガティブな父性、つまり「Bad Father」のイメージとして登場します。父性不在のブリュースター家に、つけ入るように入り込むのです。

十字架も効かず、自分一人ではどうしようもないと判断したチャーリーは、テレビを見ていて助けを求めるのに適任の人物を見つけます。テレビドラマ「フライトナイト」のホスト、ヴィンセントです。ヴァンパイア・キラーを演じた彼なら、吸血鬼を倒せるに違いないと。早速、会いに行きますが、「自分はただの俳優で、吸血鬼を倒せるはずがない」と断られます。吸血鬼ものは時代遅れだと、番組を降板させられたヴィンセントは、今は家賃も払えない落ち目の俳優。自分に全く自信をもてずにいたのです。

ちなみに、ヴィンセントを演じるのはロディ・マクドウォール。テレビドラマ『猿の惑星』でチンパンジーのゲイランを演じ、大人気を博した俳優です。そうした本人の過去の栄光が、この役にうまく反映されています。

「みんなの憧れ」「そうなりたい」というのは、父性です。つまり、人気俳優であったヴィンセントは、過去の輝かしい時代には「父性的存在」であったはず。しかし、仕事を失った今、自分に全く自信がない、何をするにも臆病で、父性を失っていたのです。

隣人が吸血鬼でないことを証明するだけでいいと説得するエイミー。報酬にも負けて、ヴィンセントはジェリー宅に向かいます。最初は吸血鬼などいるはずがないと思っていたヴィンセントですが、鏡に姿が映らないジェリーを見て、本物の吸血鬼だとわかり怖気づきます。

誘拐されたエイミーを救いに、チャーリーとヴィンセントはジェリーの家に乗り込み、最後の決戦となります。死闘の結果、吸血鬼（Bad Father）を倒し、ヴィンセントは失っていた自信とやる気を回復、番組に再登場します。人気俳優（Good Father）へと復帰するのです。しょぼい高校生だったチャーリーは、吸血鬼（Bad Father）を殺す。つまり「父親殺し」によって、たくましい男性へと成長します。エイミーからも見直され、映画は二人のラブラブなシーンで幕を閉じます。

彼自身がブリュースター家の「父親」的存在になる。つまり『フライトナイト』は、主人公チャーリーの父性獲得の成長物語であり、ヴィンセントの父性回復の物語と見ることができます。「神」なき時代に、どこに父性を求めるのか。「仲間」の力を借りて、「自己成長」を果たし、自らが父性的存在になる。これが『フライトナイト』の答えです。

▼なぜスプラッター映画では、女性が生き残るのか？

『エクソシスト』の公開後、ホラー映画のブームが起こりました。６６６の悪魔の数字を持つ悪魔の子ダミアンが衝撃を与えた『オーメン』、悪霊が取り憑いた家に怪奇現象が次々と起こる『ヘルハウス』『悪魔の棲む家』『ポルターガイスト』などのオカルト映画や、『13日の金曜日』『悪魔のいけにえ』など、登場人物が次々と殺され、血しぶきが飛び交うスプラッター映画が、次々と作られたのです。

これらのホラー映画に共通するのは、反キリスト的であるということ。心霊現象に対して神父や神の力はほとんど無力で、それらに代わって霊能力者が活躍するというパターン。神や教会の力にすがれば何とかなる、というキリスト教の権威が存在していた『エクソシスト』以前とは、何かが大きく変わってしまったのです。

そして、スプラッター映画では、たいてい男性から殺されていき、最後に残るのは一人の女性。その女性が、『13日の金曜日』でも『エルム街の悪夢』でも『スクリーム』でも、逃げ惑いながら何か手がかりを見つけ、モンスターや敵を倒して生還する。これが王道パターンです。

なぜ最後に女性が生き残るのでしょう？　美人の女性がキャーキャー絶叫しながら生き延びる方が、男性とモンスターがシリアスな戦いを繰り広げるよりも、映像的におもしろいということもあるでしょう。しかし私は、そこに「父性不在」を見出すのです。

ホラー映画において、ほとんどの場合、「頼り甲斐のある男性」は登場しません。男性は無力で、モンスターや殺人鬼に早々に殺されてしまいます。

描かれるのは、「弱い男性」に対して「強い女性」です。70年代からアメリカで叫ばれた、男女同権、女性の権利拡大というフェミニズム運動。80年代には男女同権が確立し、「強い女性」のイメージも定着しました。メリル・ストリープやシガニー・ウィーバーのような「強い女性」が主役の映画が、圧倒的に増えてきます。

考えてみれば、『エクソシスト』以前のホラー映画（ホラー映画ではなく、恐怖映画、怪奇映画と呼ばれていた）は、ヘルシング教授の吸血鬼退治のように、強い男性がモンスターと戦い、最後にとどめをさすというパターンがほとんどだったはずです。

女性が最後まで生き残り、モンスターと熾烈な戦いを繰り広げるのが当たり前になったのは、『エイリアン』（1979）の頃からです。いずれにせよ、『エクソシスト』の時期を境に、モンスターと戦うのが「男性」から「女性」へと転換していることは間違いないのです。「弱い男性」と「強い女性」。時代をリードする強い女性を裏返せば、「父性不在」です。

神や聖職者が活躍しないオカルト映画。男性は早々に殺されるスプラッター映画。いずれのホラー映画にも「父性不在」の現実が、象徴的に描かれています。

▼教会離れと父性喪失

「神」の権威の失墜は、「父親」の権威失墜を象徴します。アメリカでは「若者の教会離れ」が非常に進んでいる、といいます。一昔前なら、日曜には家族そろって教会に礼拝に行く、というのが当たり前の習慣として存在していたアメリカ。それがいまやわずか数十％の人しか教会に行かないというほど、教会離れが進行しています。

『大草原の小さな家』というテレビドラマがありました。この中でよく出てくるシーン。日曜になると、家族全員で教会へ礼拝に行くのです。お父さんが「早く教会に行くから準備をしなさい」と言うと、子供たちは「はーい」と返事をして、馬車に乗り込みます。

子供を教会に連れて行くのは、父親の役割です。ディズニーランドではありませんから、子供がお父さんに「今日は、どうしても教会に連れて行って」とねだることはないでしょう。

現代では、お父さんが「今日は日曜だから教会に行くぞ」と言っても、子供は「友達と約束があるから行かない」と拒否するので、家族で一緒に教会に行かなくなってしまう。つまり「教会離れ」の裏には、父の言葉を尊重しない、無視し、反抗する子供たちの姿がイメージされます。そう、まさに「教会離れ」と「父親の権威失墜」は、不分離なのです。

★

第3節　父性の継承

▼ファミリーは継承されたか？　～『ゴッドファーザー』

父性の変遷を語るうえで、どうしても無視できない作品があります、それは1972年の『ゴッドファーザー』、そして74年の『ゴッドファーザー PART II』です。ファミリー（組織）

の継承をテーマにしたこの作品は、そのまま「父性」というものが次の時代に継承されるのか、をテーマにしています。

ゴッドファーザーと呼ばれるマフィアのボス、ヴィトー・コルレオーネ。厚い信頼を集め、圧倒的な存在感で一族を束ねる。「ゴッドファーザー」は、もともとは名づけ親という意味ですが、マフィアのボス、またはファミリーのトップへの敬称となっています。

ヴィトーには、長男ソニー、次男フレド、三男マイケル、長女コニーがいます。

敵対するファミリーの勢力が勢いを増すなか、麻薬ビジネスへの参入に反対したヴィトーは、銃撃されて瀕死の重傷を負い、組織をまとめることができなくなります。ソニーが代理を務めるものの、ボス不在となったファミリーは求心力を失い、一気に劣勢に立たされます。ヴィトー暗殺を指示したソロッツォを殺して復讐を果たすマイケル。さらにソニーも殺され、やむを得ず、カタギの生活を送るはずだったマイケルがファミリーの跡目を継ぐことになります。頭が切れ、判断も早く、行動力もあるマイケル。敵対勢力のボスを排除して組織の勢いも復活し、ファミリーは求心力を取り戻します。

しかし、ラストシーンは後味の悪いものとなっています。コニーの夫カルロが、ソニーの殺害に関与していたことがわかり、マイケルはカルロを殺すように命じます。仮にも義弟。それを知ったコニーは、激怒しマイケルに罵声を浴びせます。さらに、その場にいたマイケルの妻ケイは夫に強い不信感を抱き、「仕事に口を出すな」と言われても反抗するのです。

ヴィトーの死。ファミリー（組織）の父性は継承されましたが、ファミリー（家族）の関係は危機的な状態となった、ということです。

大家族の長として圧倒的な威厳を持つヴィトーに対して、核家族化していく次の世代の父親像のマイケル。特にラストで、妻ケイがマイケルに反抗するシーンは象徴的で、夫にも反論する「強い女性」、つまり夫（父親）の弱体化を暗示しています。

ヴィトーの死は1955年という設定ですが、父性の転換という意味では、映画が作られた70年代の「父性の喪失」の時代性が、そのまま映画に反映されていると考えられます。

『ゴッドファーザー』では、家族の危機は暗示的に描かれるに過ぎませんが、『PART II』では、さらに家族の崩壊がリアルに描かれます。マイケルは、裏切りが発覚した兄フレドと決別。妻ケイとの関係は冷えきり、子供を連れて家を出ようとします。ケイの流産が、マイケルの子供を欲しくないための意図的なものだと知って激怒し、ケイの顔を殴りつけます。

1作目と同様、敵対勢力を排除したマイケルは、組織の長としては「勝利」を手にするのですが、家族を全て失い、孤独と虚無をにじませた表情で映画は終わります。妻に対する暴力。「God Father」が「Bad Father」になってしまったのです。

そういえば、「God Father」「Good Father」は似ていますが、『ゴッドファーザー』シリーズは、「Good Father」が継承されずに「Bad Father」に変わってしまう話と要約できます。

父性の喪失と家族の崩壊が進行した70年代に、それを見事に描いた『PART II』が作られたのは、偶然であるはずがありません。

「ファミリーの継承」をテーマにした『ゴッドファーザー』シリーズ。映画史に残る傑作と評価されますが、私は「父性喪失」という時代の転換を描いた重要な作品として位置づけています。

1972年『ゴッドファーザー』
1973年『エクソシスト』
1974年『ゴッドファーザー PART II』

この年譜は非常に興味深いものがあります。

『ゴッドファーザー』では、あくまでも「父性喪失」の予兆が描かれ、『PART II』でそれが決定的なものになります。もし『PART II』が、『エクソシスト』よりも先に公開されていれば、映画史上初の「父性喪失」を決定的に描いた作品になっていたかもしれません。

こうした似たような作品が、ほぼ同時期に作られたのは、偶然のはずがなく、その時代に進行しつつある「父性喪失」の現実が、映画という媒体に写し取られているにすぎないのです。

★第4節　父性の探索「父親探し」ブームのスタート

▼元祖「父親探し」映画　～『スター・ウォーズ』

『スター・ウォーズ／帝国の逆襲』での、ヴェイダーとルークの決闘シーン。ヴェイダーは言います。"I'm your father."

ヴェイダーがルークの実の父親だった。そんなバカな。この告白に驚いたのは、ルークだけではありません、世界中の観客が驚かされ、「ヴェイダーは嘘を言っているのではないか」と、その告白を否定するような、様々な議論が巻き起こりました。

しかし、今の『スター・ウォーズ』を知らない若い人が、DVDで『新たなる希望』『帝国の逆襲』と順番に見たとしても、"I'm your father."の告白には、それほど驚かないのではないでしょうか。というのは、「父親探し」の結果、自分の最大の敵が実の父親である、あるいは「父親的な存在」である、という映画が90年代から現在までに、数えられないほど作られているからです。

これは神話の世界にもよく登場するパターンで、今考えると、それほど珍しくありません。しかし、当時はそのパターンが少なかった、いやほとんどなかったからこそ、世界中のスター・ウォーズ・ファンは予想もできなかったし、驚いたのです。

少し詳しく言うと、心理学的な意味、あるいは象徴としての「父親探し」や「父親殺し」というのは、『新たなる希望』が公開された1977年以前にもあったはずです。父親の仇をとる、父親的な強力な敵を打ちのめすなど。

しかし、ストーリーそのものが父親探しであり、「父性」とは何かという「父性探し」を中心テーマにドカーンとすえた映画というのはありませんでした。だからこそ「ヴェイダーはルークの父」という発想すら、できなかったわけです。

つまり、『新たなる希望』は、元祖「父親探し」映画です。そしてその後は、雨後の竹の子のように、たくさんの「父親探し」映画が作られるようになりました。『ハリー・ポッター』『ロード・オブ・ザ・リング』『ナルニア国物語』のように、長編大作と呼ばれるものは、ほとんど「父親探し」映画と言っていいくらいです。

なぜ、ここまで「父親探し」映画が作られ続けるのか。それは、『スター・ウォーズ』という大ヒット映画の成功パターンを真似たということもあるでしょうが、ここまで似たようなパターンが、『スター・ウォーズ』誕生から30年*以上たつ今も作られ続け、我々観客はそれに飽きることなく、むしろ反対にのめり込んでいくのには理由があります。

それは、現在が「父性喪失」「父性不在」の時代だから。しかもそれは、10年、20年前より進行しているわけですから、これからも「父親探し」映画が衰えることはなさそうです。

*本稿執筆時点。

★

第5節　瀬戸際の父性　～『クレイマー、クレイマー』

▼強い女性の時代への転換点　～『クレイマー、クレイマー』

アメリカにおける父性の転換点を語る映画として、どうしてもはずせないのが『クレイマー、クレイマー』（１９７９）です。『スター・ウォーズ／新たなる希望』の2年後の作品です。

１９６０年代のアメリカは、公民権運動の時代。つまり黒人を中心としたマイノリティの人権回復が強く訴えられた時代でしたが、70年代になると「女性の権利」、男女同権が強く言われるようになります。アメリカでは共働きが普通となり、結果として離婚の増加、子供の養育権をめぐる裁判が激増しました。『クレイマー、クレイマー』はそうした社会背景の中で作られた作品です。

原題は、「Kramer vs. Kramer」。「クレイマー対クレイマー離婚訴訟」の意味です。子供をおいて突然家を出ていく妻。シングルファーザーとして、残された子供を必死に養育する父。二人は子供の養育権をめぐって裁判に突入します。

別居と離婚。シングルファーザーの子育て。養育権をめぐる離婚訴訟。そうしたアメリカの新しい社会問題に、鋭くフォーカスをあてた最初の映画でした。公開されるや大反響を呼び、アカデミー賞では作品賞、監督賞、主演男優賞、助演女優賞、脚色賞の主要5部門を受賞しました。

▼子供から信頼される父親になる方法

まず、『クレイマー、クレイマー』の内容を振り返ってみましょう。

広告代理店勤務のテッドは仕事人間で、妻や息子のことも構わずに仕事に打ち込んでいました。ようやく手に入れた昇進のチャンス。しかし家に帰ると、妻ジョアンナから突然「あなたと別れるわ」と三行半をつきつけられます。寝耳に水とは、まさにこのこと。何がなんだかわからないテッドを残して、妻は家を出ていきます。

ここまではよくある話。この映画が他と違うのは、妻が子供をおいたまま家を飛び出してしまうところです。子供の世話も家事も、全くしたことがなかった仕事人間のテッド。翌日から子育てと家事で、パニックになるのです。

翌朝、テッドは息子ビリーの朝食に、フレンチトーストを作ろうとします。料理など全くしたことがないので手順もわからず、グチャグチャで真っ黒焦げのフレンチトーストができあがり、おまけに最後にはフライパンを床に落として、食べられないという始末。テッドが家事を一切してこなかったことが、このシーンだけで非常にわかりやすく表現されています。

子供の朝ごはんを作り、学校に送り届けて、そのまま出勤。帰りも子供をむかえに行き、夕食を作って、夜は絵本を読み聞かせるのです。男手一人で子供を育てることの大変さが、時に「笑い」を交えながら、丁寧に描かれます。

ビリーは最初、テッドに全くなついていません。何をするにしても「お母さんは……」と、母の話ばかり。テッドの言うことには、いちいち反発して、全く手におえません。それまでほとんど子供を構っていなかったのですから、当然のことです。

子供とどう接していいかもわからず、父親失格。しかし、やるべきことをやっていくしかありません。学校への送り迎え、食事……ビリーと一緒に毎日たくさんの時間を過ごすことで、コミュニケーションが徐々に深まっていきます。ビリーも少しずつ心を開き、テッドに信頼感を持ち始めるのです。

ビリーが朝食のお皿を出して、ドーナッツをのせる。テッドは牛乳を出し、コップに注ぐ。二人で一緒に朝食の準備をします。「共同作業」は、人間関係を親密化します。また、役割分担しなくても、阿吽の呼吸で共同作業ができる、ということ自体、二人の関係が親密なものになっているという証拠でもあります。

最初は子育てに戸惑っていたテッドですが、ビリーのことが可愛くて仕方なくなってきます。父親らしいことを全くしたことがなかったテッドが、子供の信頼を得て、子供から尊敬される「父親」へと成長していく話なのです。この一連の描写を見ていると、父親が子供にどう接すればいいのか？　父親と子供の関係性を深めるヒントがたくさんえられます。
結論から言うと、

- 真剣に、そして全力で子供と関わる
- できるだけ、たくさんの時間を一緒に過ごす
- 一緒にご飯を食べる
- 共同作業をする

などが、非常に重要であることがわかります。

▼失って初めてわかる子供の大切さ

『クレイマー、クレイマー』は、一言で言うと「父性回復」の映画です。「ダメ父」だったテッドが、「一人前の父」へと成長する。その過程で子供からの信頼と「父性」を獲得していく、という物語です。

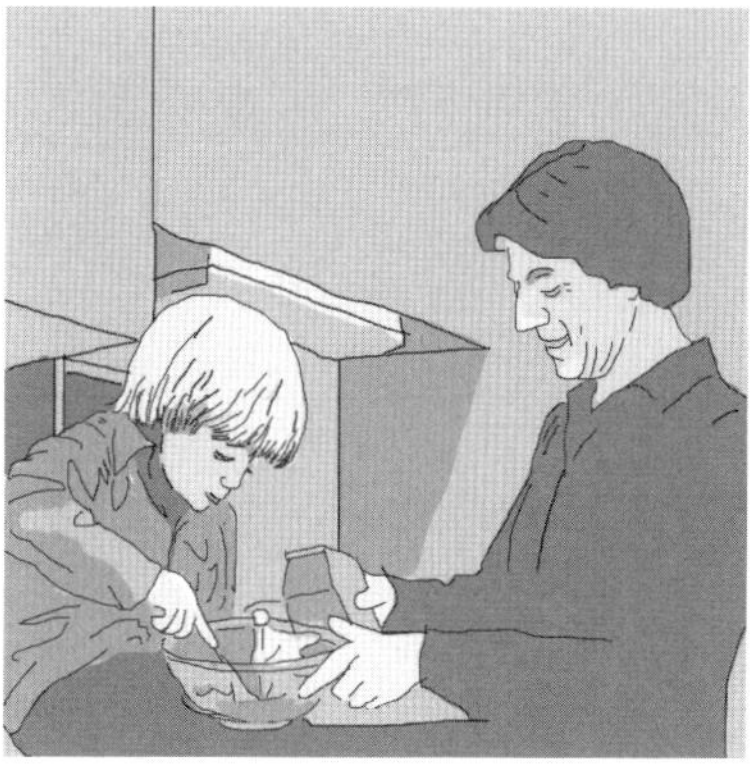

『クレイマー、クレイマー』　フレンチトーストを焼く二人

テッドが父性を獲得したことをうまく表現するシーンがあります。広告会社をクビになったテッドは、美術関係の仕事に転職。新しい仕事場にビリーを連れていく場面です。高層ビルが林立するマンハッタン島を一望できる素晴らしい眺めの仕事部屋。「ワーオ、凄いよ」と大はしゃぎのビリー。単に部屋が凄いと思っただけではなく、同時にこんな凄いオフィスで仕事をする父を「凄い」と思ったはず。それは、「父性」を感じている証拠です。ビリー

父子水入らずの蜜月も束の間、突然ビリーを引き取りたいと言い出すジョアンナ。ビリーへへの愛が深まっていたテッドは、絶対に渡せないと裁判になります。

子供を失うかもしれない、という危機に瀕して、テッドはビリーが自分にとってかけがえのない存在であるということを、強く確認するのです。

熾烈な暴露合戦を伴う厳しい公判。しかし子供の年齢が小さいこともあり、母親に有利な判決が出ます。結果、テッドは裁判に負け、ビリーの養育権は母親の元に。

ビリーとの18カ月の生活が終わりを迎えます。別れの朝、二人はフレンチトーストを作ります。ボウルに卵と牛乳を入れ、慣れた手つきでかき混ぜるテッド。パンを取り出してテッドに手渡すビリー。ここも共同作業です。二人の阿吽の呼吸。関係性の深さが、全くセリフなしで説明される、映画史に残る名シーンです。

子供は父親の背中を見て育つ、というのは父性が当たり前に存在していた過去の話。今の社会では、ただ黙っていても、子供から「父親」と思ってもらうことはできないのです。

愛し愛される。愛情を表現しないと、愛情というのは伝わりません。父親は子供にどのように愛情を表現するのか。この映画は、そのヒントを与えてくれるのです。

シングルマザー、シングルファーザー。親が一人で子育てをするというのは、最近では実に当たり前の風景になっていますが、『クレイマー、クレイマー』は当時、社会問題になるほど、センセーショナルな作品として受け止められたことに、驚かされます。

夫は仕事をして家計を支え、女は家事や子育てをする。そうした分担が完全に崩れ始める、「父親の役割」「父性のあり方」を考え直さなければいけない。その転換点が、ちょうどこの時代にあるのです。

▼『卒業』と『クレイマー、クレイマー』の最大の違い

ダスティン・ホフマンの代表作、1967年の『卒業』と比べると、『クレイマー、クレイマー』の作品の意味というのが、より明確になってきます。

自分の周りで起きる出来事に主人公が翻弄される様子を、美しい音楽と、時に笑いを交えながら描いていくという点では、共通点も多い両作。一方で、決定的な違いもあります。

『卒業』といえば、結婚式最中の教会から恋人を連れ出して走り去るラストシーンがあまりにも有名で、映画を見たことのない人も、このシーンだけはどこかで見たことがあるはずです。

しかし実際に『卒業』を見ると、このラストからイメージしていたような純愛映画からはほど遠い。むしろあまりにもドロドロとした、爽やかさとは無縁の映画であることに驚かされます。

大学を卒業し、コロンビア大学院への進学が決まっているベンジャミンは、将来を嘱望される青年。帰郷した故郷での卒業記念パーティーでも、熱い祝福を受けます。そのパーティーで、幼馴染のエレーンの母ミセス・ロビンソン（アン・バンクロフト）と知り合い、誘惑を受けます。一度は誘いを断るものの、卒業を前にし、宙ぶらりんで不安定な心理状態のベンジャミンは、自分の母親ほ

『卒業』　結婚式場からの連れ出し

『卒業』　バスの中でジロジロ見られる二人

どの年齢のミセス・ロビンソンと関係を持ってしまい、その後も何度も関係を重ねます。丁度、同じく帰郷していたエレーンとデートすることになり、その一途さに惹かれていきます。一方、ミセス・ロビンソンはベンジャミンに娘と別れるよう迫り、別れないなら彼と交わした情事をエレーンに暴露すると脅します。ベンジャミンは、エレーンに母親と関係を持っていたことを伝えますが、ショックを受けたエレーンは、ベンジャミンから距離をおきます。ベンジャミンが気付いた時は、エレーンは別の男性との結婚が決まっていました。結婚式のシーン。式場からエレーンを連れ出し、走り出す二人。

母親と関係を持っていた主人公が、突然娘に鞍替えして、結婚まで突っ走ってしまう。これを愛の力と言うか、浅はかと言うのか。サイモン＆ガーファンクルの名曲「ミセス・ロビンソン」は、実に軽妙で美しい調べの名曲ですが、劇中のミセス・ロビンソンは主人公を誘惑し不倫に誘い込み、そこから離そうとしない「どす黒い」存在として描かれています。

「卒業する」とは、「社会に出る」ということです。家にとどめようとする母性原理と、社会に引き出そうとする父性原理の綱引きの中、「母性」を断ち切って初めて社会に出ていくことができるのです。

しかし、ベンジャミンはどうでしょう。ミセス・ロビンソンのどす黒い母性にからめとられて冷静な判断力を失い、社会へ船出できない、むしろ難破状態に陥るのです。

ミセス・ロビンソンは、「呑み込む母」「Bad Mother」として、ベンジャミンの社会的船出の足かせとなります。それを断ち切り、決断したベンジャミンは、一見自分の判断で行動する「自立」した大人になったようですが、エレーンとは長く交際したわけでもなく、そんな関係性の中で、結婚式から連れ出すという暴挙に至るのは、「責任ある判断」というよりは「現状からの逃避」と言わざるを得ません。

結婚式からの連れ出しは、一見するとハッピーエンドのようですが、実はそうではありません。この後、もう一つ重要なシーンがあります。教会から走り出した二人は、バスに乗り込みます。他の客は二人を「なんだこいつら？」的な冷たい視線でジロジロ見ます。そこで映画は終わるのです。

二人はこれからどうやって生活していくのでしょうか。大学院生のベンジャミンと大学を中退したエレーナ。将来は全く見えません。社会はそんなに甘くはないのだ、という厳しさを暗示させるラストです。

『卒業』を心理学的に一言で説明するならば、主人公が「Bad Mother」に呑み込まれて判断を誤り、社会的船出に失敗する映画といえます。『卒業』は完全なる「母性映画」なのです。

1967年の母性映画『卒業』。その12年後、79年の父性映画『クレイマー、クレイマー』。ダスティン・ホフマン主演のこの二作品を見比べると、この12年間にアメリカでの父性喪失が進行し、「父性が求められる時代」に変わった、と言えるのではないでしょうか？

★

第6節 父性の喪失

『スター・ウォーズ』シリーズ以来、『ハリー・ポッター』シリーズに代表されるように、「父親探し」の映画がたくさん製作され、現在も作られ続けています。

その間、「父性喪失」に歯止めがかかる様子もなく、特に9・11アメリカ同時多発テロ事件（2001年）以降のアメリカは自信喪失に陥りました。2009年に黒人初の大統領、バラク・オバマの登場。この時は、オバマはアメリカを立て直す救世主のように、国民の期待を一身に集め、強烈な指導力を持つリーダー、父性的な存在として期待されたものの、国民が満足するような目覚ましい結果にはつながっておらず、日本と同様に、アメリカでもリーダー不在、父性不在が進行しているように思えます。そうした「父性喪失」が進行した現在、最近のアメリカ映画において、「父性」がどう描かれているのかを考えてみましょう。

▼警察に追われる二人のヒーロー

それぞれの時代を映画から分析する場合、誰も知らない映画を例に挙げても、あまり意味がありません。ヒットした映画は、多くの観客が関心を持った映画と言い換えられます。人々が興味や共感を抱いた話題作やヒット作に、その時代の空気感が反映されているはずです。

2012年、日本の夏休み映画では、二本の作品が話題になりました。『アメイジング・スパイダーマン』と『ダークナイトライジング』です。偶然でしょうが、この二つの作品には非常に多くの、それも重要な共通点があります。それが2012年の時代性、つまり「父性喪失」を色濃く反映しているということです。

ヒーローというと「正義の味方」のイメージですが、このスパイダーマンとバットマンは、世間的にはむしろ「悪者」として、警察から追われる立場として登場します。

『アメイジング・スパイダーマン』では、主人公のピーターは父親が残した遺伝子融合の技術によって、偶然にもクモの能力を身につけます。ベン叔父の死に直面し、その犯人捜しも兼ねて、ニューヨークの街中を跋扈する犯罪者と戦い、彼らを強力な糸で動けないようにして、警察の逮捕を助けます。

しかし警察には、彼の好意は全く無視され、むしろ逆に捜査妨害をする悪者として逮捕されそうになり、完全なる「悪者」にされてしまうのです。

前作『ダークナイト』(2008)のラストで、バットマンは犯罪撲滅をめざす熱血的な判事デントを殺した罪をすべて自分で引き受け、姿を消します。それから8年後が舞台の『ダークナイト・ライジング』では、デントの名を冠して制定された「デント法」の下、ゴッサム・

シティからマフィアによる組織犯罪は消え去り、平穏な日々が訪れていました。デントは「光の騎士（ホワイトナイト）」と呼ばれ、犯罪撲滅の英雄、シンボルとなっていました。

一方、バットマンは、デント殺しの容疑者として追われており、「闇の騎士（ダークナイト）」と呼ばれるのです。バットマンが久しぶりに姿を現すシーンでは、警察は証券取引所の襲撃犯を放置して、パトカー数十台でバットマンを追跡し、その逮捕に躍起になります。

実は殺人者と化していたデントが「正義」のシンボルとなり、真に「正義」を実行したつもりのバットマンは、殺人容疑をかけられ「悪」のシンボルにされてしまう。新たなる強敵ベインが現れる中、バットマンことブルース・ウェインは、「正義とは何か？」「善悪とは何か？」に悩み、マスコミからのバッシングに心を痛め、再びバットマンとして活躍することに踏み出せないでいます。

「正義」と思ってやったことが「悪」とされてしまう。正義や善悪の基準がなくなっている。つまりそこに描かれるのは「規範の喪失」です。「規範を示す」ことが「父性」です。つまり、『アメイジング・スパイダーマン』『ダークナイト・ライジング』の二作ともに、規範が失われた社会、つまり「父性喪失」の社会が描かれていることがわかります。

ピーターもウェインも自信を喪失し、落ち込みます。物語は、彼ら自身が、自らの中に自信と確固たる信念を取り戻せるか、つまり自らの「父性」を獲得できるのか、という展開になります。スパイダーマンはリザードマンとの対決によって、そしてバットマンは自己犠牲的行為でゴッサムを救うことで、市民からようやく正義の味方、尊敬の対象として受け入れられるようになります。

『アメイジング・スパイダーマン』では自信を取り戻したピーターが、再びスパイダーマンとして活躍する、意欲的なラストで幕を閉じます。

一方『ダークナイトライジング』は、そうではありません。ゴッサムを救ったヒーロー、バットマンの銅像の除幕式のシーンは滑稽です。「悪」の象徴とバッシングされていたバットマンが、今度はゴッサムの救世主、正義の味方として崇め奉られるわけです。昨日までデントを正義のヒーローとして奉っていた市民は、いきなりバットマンに鞍替え。市民に必要なのは、ただの「正義の象徴」です。バットマンの銅像は偶像崇拝の偶像にすぎず、心からの敬意や尊敬の念は、そこからは全く感じられません。

「規範」は、バットマンの活躍によって取り戻されたわけではなく、海藻のようにゆらゆらと変化する、日和見的なものです。つまり、このバットマンの銅像に「規範の喪失」が強烈に象徴されているのです。

▼正義よりも自己主張　~団結しないヒーローたち

アメリカにおいて、「規範の喪失」は歴然と進んでいるようです。この二作品と同時期に公開された『アベンジャーズ』（2012）が、またそれを示します。

この作品は、宇宙から侵攻してくる最強の敵と戦うために、アイアンマン、キャプテン・アメリカ、マイティ・ソー、ハルク、ブラック・ウィドウ、ホークアイの最強のヒーローたち6人が集結。「アベンジャーズ」として敵と戦うというものです。こう説明すると、勧善懲悪のヒーローものを予想しますが、実際の物語は私達の予想を完全に裏切ります。

宇宙からの敵が迫る中、個性的で我の強いヒーローたちは、自分の主義主張を貫くために、他のヒーローたちとぶつかりあい、言い争いとけんかに明け暮れます。映画の前半は、子供のけんかのような彼らの仲違いの描写が延々と続くのです。仲間から犠牲者が出て、ようやく彼らは一緒に戦う決意を固めます。

従来のアメコミのヒーローといえば、「正義の味方」のイメージ。地球が危機に陥れば、個人的な利害や主義主張は捨て、民衆のため、世界のために戦うのが当たり前だったはずが、この映画に「正義のため」という発想はないのです。つまり、「規範の喪失」です。彼らの傍若無人ぶりは、既存のルールが全く通用しない、無法状態と同じです。

アベンジャーズの指揮をとるのが、諜報機関S.H.I.E.L.D.の長官ニック・フューリー。サミュエル・L・ジャクソン演じる強面のフューリーは、過去の作品では強い指導者として登場しますが、本作では個性的で我の強いヒーローに振り回されっぱなしで、いいとこなしです。唯一、全員が団結するシーンで心に染みるいい話をするくらいで、あとは完全に裏方に回り、陰ながら彼らを支えます。フューリーは父性的な役割を担っておらず、そもそもそういう役柄は『アベンジャーズ』には登場しません。

ここで描かれるのは、「規範の喪失」「父性の喪失」です。オバマ大統領の支持率低下でリーダーを失ってしまったアメリカ、かつての「強いアメリカ」という目標も失い、政治的、経済的に迷走するアメリカを、象徴しているようでもあります。

このように、普通の娯楽映画の中にも、そういったテーマが、当たり前のように描かれているのが、最近の作品の特徴と言えるでしょう。

▼悪の規範喪失　～暴走する悪役たち

『ダークナイトライジング』に話を戻しましょう。悪役ベイン。ダース・ヴェイダーを思い出させる、マスクとこもる不気味な声。圧倒的な暴力性と破壊力が、恐怖を誘います。

ベインは、ゴッサムで中性子爆弾を爆発させ、街を消滅させようと計画します。しかしその理由は、実のところよく理解できなかった人も多いと思います。人々に恐怖と絶望を体験させる、と一応説明されますが、自分は脱出するのならまだしも、自らの命を捨ててまでそれを成し遂げようとする意味があるのか、いま一つ理解できません。

しかし私は、この「悪を遂行する理由が不明」という点が、重要な描写だと感じました。一昔前の悪役というのは、なぜ「悪」を行うかの理由がわかりやすかった。権力、金、復讐、世界征服、自らの残虐性を満足させるため……しかし最近は、「なぜ、そんなことをするのか?」「なぜ、そこまでやるのか?」が理解できない、ブッ飛んだ悪役が増えているのです。

このベインもそうですし、『ダークナイト』のジョーカーもしかり。ジョーカーは「秩序」のアンチテーゼとして登場しています。何をしでかすかわからない、その常軌を逸した行動が全く予測不能で、バットマンも完全に翻弄されます。彼の行動を説明するなら「狂気」という言葉以外に見つかりません。ちなみに、英語で"joker"は、トランプのババですが、"joker in the pack"で「予測不能」という意味になります。

常軌を逸した悪役で思い出されるのが、『ノーカントリー』(2007)でハビエル・バルデム演じた殺し屋アントン・シガーです。2008年のアカデミー賞では、作品賞、監督賞、助演男優賞、脚色賞と、主要部門を独占。他にも多くの映画賞を受賞しました。最後まで画面から目が離せない、手に汗握るスリリングな作品ですが、なぜここまで大絶賛されたのか。その理由は、公開当時は私もわからなかったのですが、今考えると非常によくわかります。

麻薬取引にからんだ大金を偶然手に入れた男が、その大金の捜索を依頼された冷酷無比の殺し屋シガーに追われることに。感情を全く表に出さないシガーは、顔を知られた人間や事件に関係した人間を、情け無用に次々と殺していきます。

シガーの行方を追うのは、トミー・リー・ジョーンズ演じる年老いた保安官ベル。ベルは凶悪化する犯罪を憂える、良識のある、まさに「善良」な保安官として登場します。きちんとした規範を持ち人々から信頼される、父性的な人物です。

しかし、彼の捜査は常に一歩遅れで、シガーの殺人の抑止に全く役に立ちません。ベルはシガーの前では全く無力なのです。映画のラスト、シガーは捕まることなく姿を消します。ベルの無力感を象徴するような「夢」を告白し、救いのない重苦しいムードで映画は幕を閉じます。冷酷無比の殺人を続け、その残虐性を暴走させるシガーは、究極の「Bad Father」と言えます。規範を持った良識ある保安官ベルは、「Good Father」のお手本のような存在。

ほとんどのハリウッド映画は、ラストがハッピーエンドか否かに限らず、「Good Father」が「Bad Father」を打倒する映画を作り続けてきました。しかし、この『ノーカントリー』は違います。

ベルがシガーに殺されることはないものの、シガーは行方不明のまま物語は終わります。「Bad Father」の暴走を「Good Father」はなすすべもなく見守るだけなのです。その点において極めてエポックメイキングである点が、アカデミー賞やその他の映画賞の受賞につながったのではないでしょうか。

「Good Father」、つまり「良き父親像」＝「父性」が全く無力化してしまった、というそのテーマ性に、シガーの残虐性以上の戦慄をおぼえます。ある意味『エクソシスト』に通じる衝撃的な作品なのです。

ちなみにシガーは、２０１１年、アメリカの「エンターテインメント・ウィークリー」誌が発表した「映画史に残る悪役50人」第15位にランキングされています。『ザ・ライト―エクソシストの真実―』（２０１１）の中で、悪魔が存在するのは神が存在する証拠である、というくだりがあります。悪魔と神がコントラストをなすように、悪と善はコントラストをなします。

強烈な「悪」が描かれれば、それを排除することは正義であり、誰にもわかりやすい「規範」が成り立つわけです。「理解不能」で「止められない暴走する悪」に対しては、「規範」の示しようがない。規範不在の時代だからこそ、「悪」の描写も、複雑で理解不能なものへと変貌している、ということです。

シガー、ジョーカー、ベイン。映画の世界では「悪役」自体がルールに縛られず、さらに暴走していますが、その背景に「父性喪失」が存在するのは明らかでしょう。

アントン・シガー 『ノーカントリー』　**ジョーカー** 『ダークナイト』　**ベイン** 『ダークナイトライジング』

理解不能な悪役たち～　『Bad Father』の暴走

年代	代表的な作品		アメリカの状況	父親の変遷
1950年代	1953『シェーン』 第二期西部劇全盛時代	当たり前の父性	東西冷戦 強いアメリカ	**当たり前の父性**
1960年代	1967『卒業』	呑み込む母性	公民権運動 ベトナム戦争 カウンターカルチャー	
	1969『ワイルドバンチ』	最後の西部劇		
1970年代	1972『ゴッドファーザーPART I』	父性の継承	女性の権利	**父性の敗北（転換点）**
	1973『エクソシスト』	父性の敗北		
	1974『ゴッドファーザーPART II』	〃		
	1977『スター・ウォーズ新たなる希望』	父親探しの始まり		
	1979『クレイマー、クレイマー』	崖っぷちの父性		
	〃『エイリアン』	強い女性、戦う女性		
1980年代	1981『普通の人々』	強い父親を探す息子		**父親探しの時代**
	ホラー映画ブーム			
	1986『フライトナイト』	神（父）の権威の失墜		
1990年代	1999『ファイト・クラブ』	究極の父性映画		
2000年代	2001『ハリーポッターと賢者の石』	「父親探し」の継続	2001年9月11日 アメリカ同時多発テロ	**父性喪失の時代**
	2007『ノーカントリー』	Bad Fatherの暴走		
	2008『ダークナイト』	〃		
2010年代	2012『ダークナイトライジング』	〃		
	『ものすごくうるさくて、ありえないほど近い』	亡父からのメッセージ探し		
	『ヒューゴの不思議な発明』	〃		
	『TIME／タイム』	〃		
	『アメイジング・スパイダーマン』	〃		

第4章

父性の年代記 日本編

アメリカ映画の父性の年代記と同様に、日本映画を題材に、その「父性」がどのように描かれてきたのかを時系列に沿って説明しようと思ったのですが、対象となる映画があまり思いつきません。

前述のように、映画から社会を見る――映画からその時代のメンタリティを分析する場合、ほとんどの人が知らないマニアックな作品を例に挙げて論じても、信憑性がありません。ですから、アメリカ映画に関しては、できるだけ知名度の高い映画、たくさんの観客に見られている映画（ヒット作）、あるいは映画賞受賞など社会的に評価されている映画を中心に、論を進めてきました。

しかし、同じ条件で日本映画を考えると、当てはまる映画が非常に少なく、多くの場合アニメ作品だったりします。実写の日本映画で国民的映画というものがあるかと言われると、黒澤明監督の作品などは、多くの映画ファンが強く同意するでしょうが、ここ数十年、アニメ作品以外でそうした作品はほとんど思い浮かびません。

一方、宮崎駿のアニメは国民的アニメである、ということに異論を唱える人はいないでしょうし、『巨人の星』『機動戦士ガンダム』『新世紀エヴァンゲリオン』などは、世代によっては見たことがない人もいるでしょうが、作品名くらいは、ほとんどの人が知っているはずです。

そこで、「父性の年代記　日本編」とは言いながらも、実写映画ではなく、アニメ映画、テレビアニメを中心に論を進めていきたいと思います。

★第1節　頑固親父がいた時代

「地震・雷・火事・オヤジ」という言葉があったように、一昔前には「ガンコオヤジ」「カミナリオヤジ」がいたものです。子供が何か悪いことをすると「コラー！」と厳しい口調で叱りつけ、時にゲンコツが飛んでくることも。自分の子供を叱りつけるのは当然として、ご近所さんにも必ず「カミナリオヤジ」がいて、子供の行き過ぎた悪さを厳しく叱り飛ばすのです。

これは単におっかないオヤジというだけではなく、「愛情のある叱り」であり、子供に規範を示す、つまり社会のルールを教えるために雷を落としていたはずです。

「ガンコオヤジ」「カミナリオヤジ」の象徴ともいえる存在が、『巨人の星』の星一徹です。『巨人の星』は、主人公・星飛雄馬が、かつて巨人軍の三塁手だった父一徹により、幼年時から野球のスパルタ教育を施され、努力と根性で「巨人の星」を目指す物語。アニメのエンドロールに使用された「ちゃぶ台返し」は、あまりにも有名です。

一徹というキャラクターは、日本で最も有名な父親像の一つと言えるでしょう。

身を粉にして高度経済成長期を日雇い労働者として支え、同時に息子を一流投手に育てあげ、後に彼の乗り越えるべき最大の壁として立ちはだかる一徹。力強い父親像であるとともに、自分の果たせなかった夢を息子に実現して欲しいという想いゆえの過剰な特訓。シゴキともいうべき激しい練習を課し、人から「鬼」とまで呼ばれる一徹は、「厳しすぎる父親」に見えます。ただ、戦争や戦後の復興期の苦しい時代を生き抜いてきた世代にとっては、学問やスポーツなど、自分が実現できなかった夢を子に託すのは、時代的にはごく当たり前の傾向で、当時としてはこうした「厳しい父親」は珍しいものではなかったはずです。

アニメ『巨人の星』のテレビ放送は、1968年から71年まで。70年代を過ぎ、日本が豊かになるに従い、ホームドラマの影響や、核家族化の進行によるコミュニケーションの変化で、親子の距離が縮まるなか、星一徹の父親像は「昭和中期における理想の父親像」から、「時代とズレた父親像」へと変化していきます。「強い父親像」に対する拒否感が生まれ始めるこの時期から、父性喪失はスタートしているのかもしれません。

興味深いのは、2012年の携帯電話のCMキャラクターとして星飛雄馬が選ばれ、同時期にパチンコのキャラクターにもなっていることです。ちょっとした『巨人の星』の盛り上がりが見られるわけですが、特訓やシゴキ、努力や根性といった世界観が、今の若い人には「古臭い」のではなくむしろ「新鮮」に受け止められている、ということなのでしょうか。

▼『ALWAYS　三丁目の夕日』〜密な家族と地域コミュニティのあった時代

昭和中期の家族がどういうものだったか、それを若い人にイメージしてもらうのは、非常に難しいでしょう。しかし、映画の力を借りれば簡単に実現できます。『ALWAYS 三丁目の夕日』（2005）を見れば、当時の「家族のあり方」がよくわかるはずです。かつて存在した家族のあり方を示すことで、家族、父親、母親が、どうあるべきかを考えさせられます。

昭和33年（1958）、東京の下町。東京タワーが建設中で、家に初めてテレビや冷蔵庫がやって来た時代。鈴木オートの鈴木家と、その向かいで駄菓子屋をやっている売れない小説家の茶川。二つの家族が巻き起こすドラマが、当時の風景をリアルに再現した情感あるCG映像とともに、感動的に描かれます。

鈴木オート社長の鈴木則文（堤真一）は、「うるせー、バカヤロー」「なんだと、コノヤロー」と口が悪く、短気ですぐにかっとする、口より先に手が出る「カミナリオヤジ」です。それでいて、社員の六子（堀北真希）に気を配ったり、茶川にお金を貸したり、面倒見がよく頼り甲斐があります。妻のトモエ（薬師丸ひろ子）は、優しさにあふれた働き者。六子にも母親のように接しますが、夫が暴走した時のストッパーにもなるしっかり者の一面もあります。日本の優しいお母さんを絵に描いたような存在です。息子の一平は、毎日のように外で友人と遊び回る元気な小学生。多少生意気なところもありますが、流行には敏感で、典型的な下町のヤンチャな子供像として登場しています。短気だが頼り甲斐のある父親と優しい母親、ヤンチャな息子という、当時のありがちな家族が描き出されます。

売れない小説家の茶川（吉岡秀隆）と水商売のヒロミ（小雪）。ヒロミは昔の友人の子、淳之介を突然預かることになります。さらに淳之介は、茶川の家で世話になることに。この三人のドラマはフィクション性が強いのですが、だからこそ逆に、そこにテーマ性が強く現れます。茶川の家に来た淳之介は、茶川が自分の大好きな冒険小説の作家だと知り、羨望の眼差しで見るようになります。茶川の小説に憧れた淳之介は、自分でも小説を書きためていました。

茶川に対して、敬意・尊敬の念を抱いていて、さらに「茶川のようになりたい」と思っていた。つまり、茶川に対して強い父性を感じていたわけです。

最初は淳之介の面倒を見るのを重荷に感じていた茶川も、徐々に淳之介が可愛くなってきます。ヒロミが作ったライスカレーを、三人で小さなちゃぶ台を囲んで食べるシーンは印象的です。家族の団欒。夫婦でも親子でもない、全く他人の三人。しかし、普通の家族以上の強い結びつき、温かみをそこから感じるのです。

映画の後半、淳之介の実の父を名乗る金持ちの社長が現れ、淳之介を引きとると言い出します。最初は喜ぶ茶川も淳之介のいなくなった寂しさから、淳之介が自分に必要な存在であることを確認し、後を追います。

もともとは、赤の他人だった茶川と淳之介。しかし、一緒に生活するうちに、実の親子と同様、あるいはそれ以上の関係へと深まっていたのです。父と子の愛情。父親として子供に何をすべきか、どう接するべきかが、擬似的な親子関係だからこそ、より鮮明に浮かび上がります。

▼だらしのない茶川が規範を示す!?

茶川は生活もギリギリで非常に貧しく、お調子者で場当たり的。全く頼り甲斐がありません。しかし、印象的なシーンが一つあります。何も言わずに自分の母を探しに出て、夜遅く帰宅した淳之介をいきなりビンタして「何やってんだよ、バカヤロー!」と厳しく叱るのです。その後、「お前とは赤の他人なんだからな」と、思いと正反対なことを言いながら、淳之介を強く抱きしめ、頭を撫でます。愛情のある叱り。感動的なシーンです。

ダメなことはダメ。きちんとルールを守りなさい。茶川は淳之介に規範を示しました。一見ダメ父にしか見えない茶川ですが、父親として二つの役割をきちんとこなしているのです。一つは「規範を示すこと」、もう一つは「尊敬される」ことです。

もちろん鈴木もそうです。怒りっぽく短気で言葉も悪いですが、息子に対して、物事の善悪をきちんと示しています。そして、お調子者で生意気な一平も、第3作『ALWAYS 三丁目の夕日'64』(2012)では、父親の後を継いで鈴木オートを大会社にすると宣言します。つまり、父親のようになりたい。父に対する敬意を持っていたことが示されます。

『ALWAYS』を見ると、日本にかつて存在していた理想的な家族、父親像、母親像を知ることができます。そしてその父親像は、今そのままの形では通用しないとしても、「規範を示す」こと、「尊敬される」ことの二点においては、時代を越え、今の父親にも必要な要素として提示されていると思います。

『ALWAYS』は、興行収入30億円を越え、2006年の日本アカデミー賞では、13部門の内12部門で最優秀賞を獲得しました。このように多くの人から評価され共感を集めたのは、単に時代背景が懐かしい、懐かしい風景が見られるといった表面的なものではなく、今にも通じる「家族のあり方」が、多くの観客の心に響いたからではないでしょうか。

▼「大家族」と「地域コミュニティ」の消失

昔は兄弟がたくさんいました。自分の親にも、祖父母にも。ですから、叔父さん、叔母さん、いとこなど、たくさんの親戚がいて、毎週のように誰かが遊びに来たり、立ち寄ったり。老若男女、年齢も性別も様々な人達と会う機会が、日常的に多かった。叔父さんに遊んでもらったり、いとこと遊んだり、子供たちとっては、それが格好のコミュニケーションの訓練の場となっていたのです。

また、地域コミュニティもありました。話を聞いてくれる近所のおじさん、おばさんという人々もいました。ご近所さんから頂きものをして、また別なものをお返しするというのも、日常的にありました。歳の差を超えて、近所の子供同士が一緒に外で遊ぶということも多かったはずです。そこも、やはりコミュニケーション訓練の場なのです。

それが、まず核家族化によって、大家族というものが崩壊。徐々に少子化も進み、一人っ子が増えてくる。そうなると、一つの家族の中に子供と父親、母親と一対一の関係性が二つできるにすぎません。親戚といっても、時々、祖父母が遊びに来るくらいでしょう。

子育ても、母親と父親が100%担わないといけません。大家族なら、必ず家に誰か彼かいて、子供の面倒を見てくれる。もし母親が子育てで悩んでも、経験豊かな誰かが親戚や近所にたくさんいるわけですから、こういう時はどうするのか、気軽に質問できたはずです。

今でも、幼稚園や保育園の母親同士で「ママ友」がいると思いますが、母親同士はライバル化し、下手に相談すると、翌日にはママ友全員にその話が広まってしまって痛い目に遭った、という話も聞きます。

地域コミュニティの崩壊。その崩壊前の家族と地域のコミュニティが描かれているのが、『ALWAYS』なのです。

★

第2節 母性アニメとしての『機動戦士ガンダム』

テレビアニメといえば、子供の娯楽というイメージで見られていました。それを大人の鑑賞にも堪えられる水準にまで高めたのが、1979年から放映された『機動戦士ガンダム』だと思います。再放送から人気が盛り上がり、一時はガンプラ（ガンダムのプラモデル）が、あまりの売れ行きで店頭から完全になくなり、社会現象ともいえるブームを巻き起こしました。

▼アムロの父親と母親は？

『ガンダム』の母性と父性を語る前に、主人公アムロ・レイの両親について考えてみましょう。アムロの母親、父親といっても、おそらくかなりのガンダム・ファンでない限り、その名前やキャラクターの顔、そしてアムロとの関係性を記憶している人は少ないと思います。父親は3回、母親はわずか1回しか登場していないからです。

アムロは、父テムと母カマリアの一人息子として生まれます。幼い頃に両親は離別し、アムロは父親と共に宇宙へ移民します。父親は、地球連邦軍の技術士官・大尉であり、ガンダムの設計にも関わっていました。二人の関係に、何かギスギスしたものを感じます。

アムロによれば、父親は「(自分を)一度もぶったことがない」。父親のガンダムの設計図を見て「親父が熱中するわけだ」と語っています。仕事に熱中し、家を空けることが多かった父の、愛情に飢えていたと考えられます。

第1話で、ジオン軍の攻撃を受けて父は宇宙空間に投げ出され消息不明となりますが、アムロに父を気遣う言葉はありません。サイド6で、父子は久しぶりの再会を果たします(第33話)。父親は酸素欠乏症の後遺症を患っており、以前の精悍さはありません。自作したガンダム用の回路部品を息子に手渡しますが、それは時代遅れの古い型式であり、アムロは変わり果てた父親の姿に落胆し「こんなもの!」と投げ捨てます。力強い父親を期待したアムロと、その現実とのギャップ。アムロは、父親に父性を感じていなかったのでしょう。

母親との関係は、さらに冷えきっています。第13話。避難民キャンプでボランティアの介護活動をしている母親と、アムロは久々の再会を果たします。

しかし、偵察に来たジオン兵に対し銃を発砲、一人に重傷を負わせたアムロを見て驚いた母親は、昔の優しかった頃に戻って欲しいと諭します。その言葉に反発して走り去るアムロに絶望の言葉を投げかけ、男手で育てたことが原因ではと夫を責める言葉を洩らします。アムロは、過酷な戦争の渦中で生きる自分を受け容れぬ母との断絶を感じ、ホワイトベースのクルーとしてよそよそしく敬礼し、キッパリと別れを告げるのです。母親と息子との温かな交流は全く感じられません。

アムロと家族の関係を象徴する興味深いやりとりがあります。第41話「光る宇宙」、ララァ（176ページで解説）との心の会話の中で、ララァはアムロの心中を見事に見破ります。

「なぜあなたはこうも戦えるの？　あなたには守るべき人も守るべきものもないというのに」

「私には見える。あなたの中には家族も故郷もないというのに」

アムロには、家族も故郷もなかった。アムロにとって、父親も母親も守るべき関係性にはないということが明白にされるのです。

アムロは母親の愛も、父親の愛も受けぬままに育った孤独な存在だった、ということです。

▼シャアの父親と母親は？

一方、アムロとライバル関係となるシャア・アズナブルの両親は、どのような人物だったのでしょうか？

シャア（本名キャスバル・レム・ダイクン）の父は、ジオン共和国創始者ジオン・ズム・ダイクン。地球にとどまる特権を持つ人々と、宇宙移民スペースノイドの間で対立が深まる中、彼はスペースノイドの地球からの自治権獲得を訴えます。それが大きな支持を得て、スペースコロニーサイド3をジオン共和国とし、独立を宣言。しかしその後、ザビ家に暗殺され、共和国はザビ家の独裁国家・ジオン公国へと変貌します。シャアは、ザビ家への復讐を心に誓い、自分の素性を隠してジオン士官学校に入り、ジオン軍に配属されると復讐のチャンスを狙います。

ジオンは、非常にカリスマ性があり、人々からの信頼もあつい。シャアが固く復讐を誓ったのは、父親への敬意と愛情を強く持っていたからに他ならないでしょう。

母親アストライア・トア・ダイクンは、夫の暗殺後、ザビ家に迫害され、幽閉されて衰弱死しています。地球に逃れたシャアは10歳から母親なしで育っており、母性愛の不足が疑われます。

▼父性で決まる性格形成

ジオン共和国の開祖という、カリスマ的存在感のある父親を持ったシャア。彼も力強さとリーダーシップを持った父性的存在へと成長します。

一方、存在感のない父親に育てられたアムロは、はっきりとしたビジョンを持てず、その場で皆に望まれる行動をとる、人に流されやすい性格です。自分が何をしたいのかもわからず、非常に消極的な、かなり自我の弱い人間として登場しています。そうした自分に苛立ちながら、「戦争」という厳しい環境に身を置き、自分がニュータイプ（直感力に優れた革新的な新人類）であることを自覚してからは、背負った運命に気付き、他者を理解し、大人へと成長していきます。

あくまでもザックリとした傾向ですが、しっかりとした父性のある環境で育てられれば、ビジョンを持った子供が育ちます。「父親のようになりたい」と父に敬意を払うことで、同じ職業を選択したり、父の進んだ道を同じように選びます。

一方、悪い人間ではなくとも、特に際立った個性のない、ごく普通の父親に育てられた子供は、ビジョンを持てないまま育っていきます。自分が何をしていいのか、どういう方向に進んで行けばいいのかもよくわからず、目標喪失に陥りやすい。自発性も育たないので、自分で判断、決断できない人間になるかもしれません。

力強い父親と存在感のない父親。シャアとアムロ、それぞれ典型的な父親を持つ二人は、その父親の「父性」の影響を受けて、そうした性格が形成されていったことが想像できます。

▼ララァと海のような母性

父性、母性の切り口で言えば、私は『ガンダム』（ファースト・ガンダム）とは、「母性」の作品ではないかと思います。それは、シリーズ後半で重要な役割を果たす、非常に母性的なキャラ、ララァ・スンが登場し、彼女をめぐってシャアとアムロが三角関係のような微妙な関係になるからです。

エルメスのララァは、サイコミュという遠隔攻撃を得意とし、ニュータイプ能力が非常に強く、姿を見せずに戦艦を次々と沈め「ソロモンの亡霊」とも呼ばれます。

ララァが母性的存在であることは、いくつかのシーンと映像で、繰り返し表現されます。例えば、黄色のワンピースを着たララァ。彼女のワンピースが広がり画面一杯を覆いつくす映像が何度も登場します。「包みこむ」、すなわち母性原理。ララァが母性的存在であることの映像的表現と言えます。そもそも、ジオン軍という軍隊組織の中で彼女がワンピースで登場するのも異例です。シャアは資材部から配給がこないと言い訳しますが、ドラマ的に、彼女の母性的な側面を強調するためのワンピース姿を何度も登場させていると考えられます。

あるいは、ララァとアムロとの「精神的邂逅」のシーンで、何度も「波」あるいは「海」のイメージが登場します。これは「母なる海」すなわち「母なる大地」と同じく「太母元型」のイメージとなります（詳しくは『崖の上のポニョ』、２０３ページで解説）。

また「私を救ってくれた人のために戦っているわ」「あなたを倒さねば、シャアが死ぬ」といったララァのセリフからは、シャアを守り、保護する存在なのだとわかります。もちろん、包み込むような守る愛情は、母性を示します。

次に、シャアとララァの関係を見てみましょう。シャアは、ララァと二人だけでいる時には仮面を外していることから、二人はかなり気心の知れた関係であり、「ララァが言うのならな」「ララァを手放すわけにはいかん」などのセリフから、シャアにとって彼女が特別な存在なのだとわかります。また直接的な描写、キスシーンもあることから、二人が恋愛関係にあることも間違いないでしょう。

一方、アムロとララァの関係はどうだったでしょう。ニュータイプとして覚醒したアムロは、同じくニュータイプのララァと意識を共鳴させます。「精神的邂逅」とも呼ばれるこのシーンで交わされる二人の言葉——ララァの「なぜ今になって現れたの」、アムロの「この僕達の出会いは何なんだ」「君ともこうしてわかりあったんだから」などのセリフから、急速に二人が惹かれあっていくのがわかります。心の距離を縮めていくアムロとララァ。二人の会話に割って入るシャアの「ララァ、奴との戯言はやめろ！」は、まさに嫉妬そのものです。

アムロとシャアの決戦。アムロの能力はシャアを凌駕し、シャアにとどめを刺そうとするアムロ。しかし、ララァは自らの身を挺してシャアを守ろうと、そこに割って入ります。ララァの乗ったエルメスは爆発。シャアは、「ヌアーーッ」と大声で叫び、右手で思いきりコクピットを叩きます。滅多に感情を爆発させることのないシャアにとっては、意外な行動です。

心が通じ合ったと思ったララァを、自らの手で殺してしまったアムロは言います。「とりかえしのつかないことを、とりかえしのつかないことをしてしまった」。そして、号泣します。そう、アムロにとっても、シャアにとっても、ララァはかけがえのない存在だったのです。シャア、ララァ、アムロの三人がいわゆる恋愛の「三角関係」にあることは誰の目にも明らかで、ここで終わってしまうと、ガンダム・ファンからは百も承知なことを、とお叱りを受けるでしょう。ここから、樺沢オリジナルの見方が始まります。

▼シャアはマザコンだった⁉

基本に戻りますが、アムロとシャアは、そもそもどんな関係だったでしょうか？

〝赤い彗星〟シャアは、アムロより圧倒的に強い存在であり、最初は全くかなわない、超えられない壁として登場します。アムロにとって宿命のライバル、いわる「父性的存在」と言えます。そもそもシャアは、ジオン軍内部においても圧倒的な強さで一目置かれ、部下の信頼を集める「父性的な存在」でした。

シャアはアムロにとって「父」。そのシャアと恋愛関係にあるララァに、アムロは恋愛感情を抱き、シャアから奪いとろうとする。まさにこれは、エディプス・コンプレックスです。

さらに、映画『機動戦士ガンダム 逆襲のシャア』（1988）では、アムロと最後の死闘を繰り広げる中で、シャアはララァについて「私の母親になってくれたかもしれない女性」と語りました。

このセリフで「シャア＝マザコン」疑惑が生じ、多くのガンダムファンを驚愕させましたが、それほど驚くことではないのです。既に説明したように、テレビ版の中でララァが「母性的存在」であることは、充分すぎるほど描かれていることから、自然なセリフと言えます。

「母親」を恋愛対象にする心性こそが、エディプス・コンプレックスの本質。つまり、アムロ

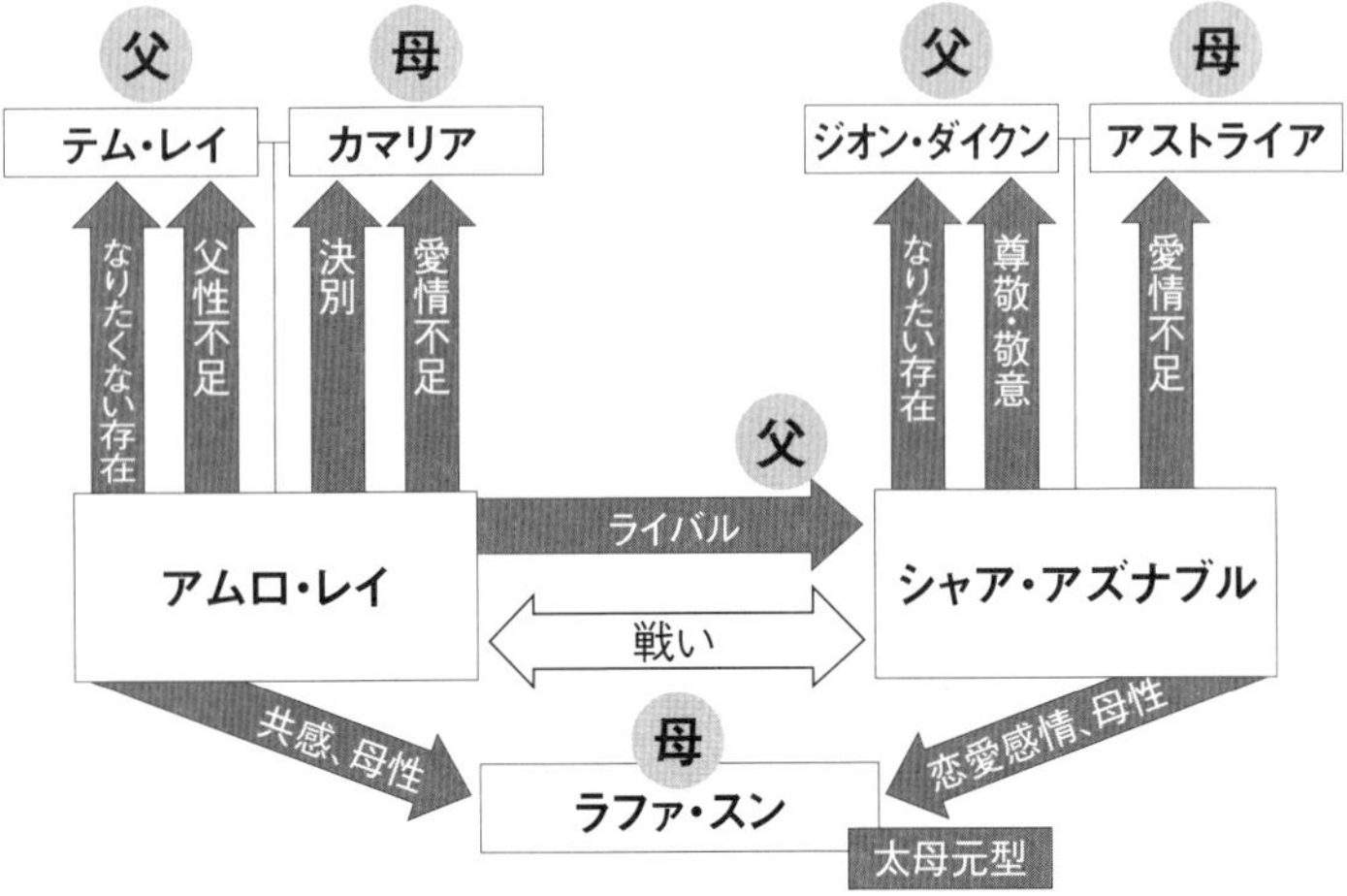

『機動戦士ガンダム』の人物関係図

ではなく、シャアを主体に考えたとしても、「母親的存在に恋愛感情を抱く」という、エディプス・コンプレックスが見えてくるのです。

愛する人を殺してしまったアムロの自責と後悔。愛する人を殺された悲しみと、殺したアムロへの怒り。二人がその後、ララァへの感情を引きずりながら生きていくことは、続編『機動戦士Zガンダム』でも描かれています。ララァが「太母元型」なら「呑み込む」というマイナスの性質も持っているはずで、この二人の生き方は、完全にララァに「呑み込まれている」とも言えるでしょう。二人にとって、ララァは「永遠の女性」となったのです。

▼殺しあうことの無意味さ

ファースト『ガンダム』の最終話となる第43

話「脱出」。宇宙要塞ア・バオア・クーの激戦の中、アムロとシャアの最後の戦いは、サーベルを使った肉弾戦へと突入します。

刃を交える中、「ニュータイプは殺し合う道具ではない」というララァからのメッセージを得る二人。結局、決着はつかぬまま。右肩に重傷を負ったアムロは、「ララァのところへ行くのか……」と死を覚悟しますが、ララァからのこのメッセージを受け取ります。

ニュータイプの能力を使ってホワイトベースの仲間を誘導し、仲間との再会を果たすアムロ。「ごめんよ、まだ僕には帰れる所があるんだ。こんな嬉しいことはない。わかってくれるよね？　ララァにはいつでも会いに行けるから」――これが、ファースト『ガンダム』における、アムロの最後のセリフです。

アムロとシャア。ここでは二人がララァとの深い精神的なつながりを持っていることが示されると同時に、ララァという母性的なキャラクターを通して、仲間の大切さと殺し合うことの無意味さという、『ガンダム』の重要なテーマが強烈に打ち出されて、物語は終わります。

一言で言うと、『ガンダム』は母性のアニメなのです。

★第3節 父性アニメとしての『エヴァンゲリオン』

▼全員が抱える「家族喪失」のトラウマ

1995年放映開始のテレビアニメ『新世紀エヴァンゲリオン』は、謎だらけのストーリー展開、精神的に追い詰められる主人公たちのリアルな心理描写、自分に自信をもてない気弱な主人公碇シンジ、感情を表さない綾波レイ、「ツンデレ」という言葉を生んだ惣流・アスカ・ラングレーなどの魅力的なキャラクター、あらゆる面で斬新な内容が様々な反響を呼びました。

作品のテーマや社会状況の反映（アイデンティティの探求、アダルトチルドレン、不登校、引きこもりなど）から、いわゆる文化人からも注目され、ふだんアニメを見ない一般人にも受け入れられ、社会的ブームを起こしたのです。2007年からは『ヱヴァンゲリヲン新劇場版』も順次公開され、コンビニにグッズが並んだり、パチンコになったりと、現在でも多くのファンに支持されている人気アニメです。

この複雑で壮大な物語『エヴァンゲリオン』を敢えて一言で説明すると、父性または母性の問題を抱えた人物たちが、それを補完しあう物語ということになります。主要な登場人物を一人ずつ見ていきましょう。

●碇シンジ

エヴァンゲリオン初号機のパイロットである主人公。4歳の時エヴァ初号機の起動実験で、母親の消滅に直面します。その後、人に預けられて育てられたため、父親に捨てられたと感じており、家族の愛情を知りません。十分な母性愛も父性愛も受けられずに育ちました。自分の存在価値に疑問を抱き、自信を持てない。繊細で内向的な性格です。

父ゲンドウは厳格で権威的。シンジが14歳の時、父から突然ネルフ本部に呼ばれ、エヴァ初号機の専属パイロットとして着任しますが、父の前では萎縮してしまい、自分の思うことも言えずに、もがき苦しみます。そんなシンジに、さらに厳しい要求をつきつける父。シンジは傷つきながらも、父に認められたいという気持ちもあり、葛藤しながらも、エヴァのパイロットとして少しずつ成長していきます。

●葛城ミサト

シンジの同居人。ネルフの戦術作戦部で部長を務める、シンジの保護者的存在。15年前、14歳の時に、父親が隊長を務める葛城調査隊と同行した南極で、セカンドインパクトに遭遇。南極での唯一の生存者にして、セカンドインパクトを最も近くで目撃した人物となります。その精神的外傷から心を閉ざし、長く失声症を患います。彼女の父親は仕事人間で、研究に没頭するあまり家族をないがしろにしていましたが、セカンドインパクトでは自分の命と引き換えに娘を救います。父性愛の不足と希求。父性的なキャラクターである加持リョウジと恋人関係に

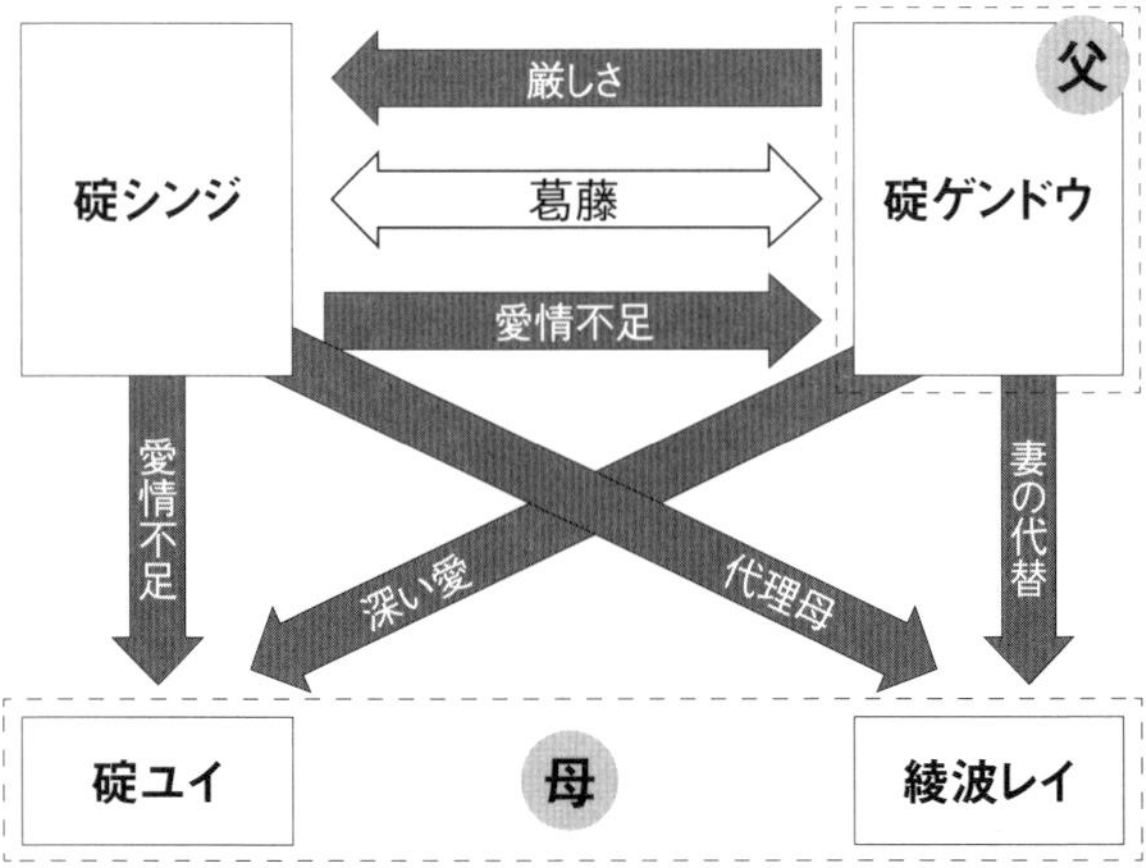

『エヴァンゲリオン』の人物関係図

あったのも、納得がいきます。

●惣流・アスカ・ラングレー

エヴァ弐号機のパイロット。勝気で負けず嫌い、いつも強気な発言を繰り返す。容姿端麗で、14歳にして大学を卒業した秀才です。プライドの高さが災いして徐々に自信喪失し、過酷な運命をたどることになります。

彼女の母親は、エヴァ接触実験の失敗で精神崩壊をきたします。人形を実の娘だと思い込んでアスカを全く見なくなり、ついには自殺しますが、その直前「一緒に死んでちょうだい」とアスカを誘います。彼女はその深いトラウマによって、「もう泣かない」「誰にも負けられない」と決意。転じて、周りから必要とされる価値ある自分でいなければならない、という一種の強迫観念を根底に持ち、危うさと紙一重の強さを兼ね備えた性格となります。

彼女の陽気な性格は、心理学的には「躁的防衛」と考えられます。辛いことがあったのに、やたらと明るく振る舞う人が、あなたの友達にもいませんか？　外面は明るく振る舞うことで、内面の苦しさを覆い隠そうとする心性です。明るく振る舞えなくなった瞬間、その心の防衛は全て崩れてしまいます。最初、心の強い女性に見えますが、それは心が強いのではなく、心が弱いから、重大なトラウマを抱えているからこそ、強固な心の壁を構築するかのように、強気に振る舞う必要があったのです。

●赤木リツコ

ネルフの技術開発部に属する科学者で、エヴァンゲリオン開発責任者。その母ナオコは、同じネルフの科学者で、スーパーコンピューターシステム「ＭＡＧＩ」の開発者。母の「女手一つで育てた」「ずっと放任で育てた」のセリフから、父親は不在で、母も仕事中心で娘に母親らしいことはしていないと考えられます。

この母子のやりとりの場面は、一見親しげに見えるものの、その関係はかなり微妙です。実は、母はゲンドウと愛人関係にありましたが、捨てられたショックから「ＭＡＧＩ」完成直後に自殺します。娘は母の後を継ぎ、「ＭＡＧＩ」の管理・運営担当者となりますが、彼女もまたゲンドウの愛人となるのです。母を自分のライバルとみなし、その愛する者を奪いとり自分のものにする。エレクトラ・コンプレックスと見ることもできます。これはエディプス・コンプレックスの女性版です。女児が父親に対して独占的な愛情を抱き、母親に対して強いライバル心を燃やす心理を指します。良好な母娘関係なら、こうはならないはず。科学者としての母は尊敬する一方で、女としての母を憎んでいたことが疑われます。

●綾波レイ

エヴァ零号機のパイロット。無口で無表情、感情をほとんど表に出さない少女です。基本的に他人に興味を示しませんが、シンジには徐々に心を開いていきます。彼女の出自自体が、『エヴァンゲリオン』の重要な謎の一つになっていますし、一言では説明できないので、後で詳しく述べます。

これでわかるように、主要な登場人物は、父性不在、母性不在の問題を抱え、父性愛、母性愛が著しく欠除した環境で育ち、さらに母親、または父親を自殺か事故死で失っているのです。

▼父性と母性の補完計画

95年に放映されたテレビ版『エヴァンゲリオン』は、当時のアニメファンの心を掴んで一世を風靡。特に再放送は、大きく盛り上りました。しかし『エヴァンゲリオン』に心を掴まれたファンも、その最後の2話「第弐拾伍話」「最終話」では、ほとんどの人が驚愕、唖然としました。いろいろな謎が解かれるはずのエンディング。しかし、「人類補完計画」「ゼーレ」

「使徒」などの謎に対する説明は一切なく、シンジの深層心理だけを描いた意味不明なシーンが連続していたのです。このラストに、ほとんどのファンは混乱し、賛否両論の大論争が起きました。

しかし、私はこの最終2話を見て「なんてわかりやすいんだ。こんなにわかりやすく説明してしまっていいのか」と思いました。心理学的に見て、これほどわかりやすく、直接的な説明はないからです。

シンジは、なぜいつも父親の前で萎縮していたのか？　自分自身に価値を見いだせず、いつもネガティブにしか考えられなかったのはなぜか？　戦うことが大嫌いなのに、なぜエヴァに乗り続けていたのか？　そして、何を望んでいたのか？　こうした「シンジの心理的な謎」に対して、完璧なまでに答えを出しているのです。

この最終2話は、心理学で言うところの「生きられなかったもう一つの人生」を映像化したものです。「もし○○だったら、自分の人生はもっと素晴らしいものになっていたのに」という感覚は誰にでもあると思いますが、そうした心の引っかかり。ユングはこれを影（シャドー）と呼び、自分の人生に様々な影響を与えている、と言っています。

一つひとつ解説すると長くなりますので、最も重要なシーンを一つだけ解説しましょう。

「最終話」に、シンジの家庭での朝の様子が描かれたシーンがあります。死んだはずの母ユイが台所で朝食を準備し、ゲンドウは新聞を読んでいます。ゲンドウと入れ替わりにシンジが登場し、朝食を食べます。三人同時には食卓を囲まないものの、わかりやすい「家族団欒」のシーンと言っていいでしょう。どこの家にもあるような朝の一場面。そこには、父親がいて、母親がいて、子供がいる。

これが全てを説明しています。この「家族団欒のシーン」は、シンジの「生きることのできなかったもう一人の自分」であり、彼の願望が描かれたものです。第弐拾弐話「せめて、人間らしく」では、アスカがドイツの母親からの電話に出てドイツ語で長電話をするのを見て、シンジは言います。「母さんか……」「いいなぁ、家族の会話」ただ家族と楽しく会話をかわす、それだけを羨むシンジの姿が描かれます。

シンジが欲していたのは、何だったのか？「家族の団欒」「家族の絆」です。

そして彼に足りなかったのは、家族の愛。母親の愛と父親の愛。萎縮した性格、ネガティブな性格は、父親に自分を肯定されたことがなかったから。父親と普通に食事をしたかった、つまりごく普通の親子関係を求めていたのに、それが満たされなかった。

彼は母親に肯定されたこともありません。幼児的な万能感を育てるのが母親の役割ですが、母親が早くに亡くなったため、そうしたポジティブな体験をしていないのです。当然、自分に自信が持てない性格になるでしょう。

それまでのシンジの全行動、全セリフが、ごく短い「家族団欒」の願望シーンによって、全て説明されていると思います。「人類補完計画」の謎については説明されませんでしたが、シンジが補完して欲しかったものは、極めて明確に描き出されているでしょう。

シンジにとって『エヴァンゲリオン』は、父性と母性の補完計画だった、ということです。

▼綾波レイをめぐる三者関係は……

エヴァンゲリオン零号機のパイロット、綾波レイ。シンジはレイに関心を抱き、またレイも、二人の絆が深まるとともに、徐々に感情を見せ始めます。

レイは、シンジの母ユイと容姿がそっくりです。ゲンドウはレイに特別な感情を抱いていました。自らの命をかえりみず、レイを助けるシーンもあります。また、ほとんど感情を表さないレイが、ゲンドウとは楽しげに話をしたり、笑顔も見せています、ゲンドウの眼鏡を大切に持っていたといった描写から、レイもゲンドウに特別な感情を持っていたのでしょう。

物語の後半で、レイはユイの現身、クローン的な存在だと明らかにされます。自分の理想の女性ユイを求めていたゲンドウの願望は、満たされるはずがありません。レイもまた、自分が使い捨ての道具としてしか見られていないと感じたのか、次第にシンジに惹かれていきます。

シンジがレイに惹かれているのは明らかです。「母親」のイメージを重ねているのです。学校の掃除当番で雑巾を絞るレイに「なんだかお母さんって感じがした」と言います。

また、シンジとゲンドウが一緒に墓参りをするシーンでは、母ユイの墓前で「綾波、そこにいるのか」（心の声）と呟き、その直後「綾波を……、母さんを、何をするつもりなのさ、父さん！」とゲンドウに言います。「綾波＝ユイ」であることをシンジは勘づいていたようです。妻の現身であるレイに理想の女性ユイを重ねるゲンドウ。そして、母とうり二つの女性、レイに恋心を抱くシンジ。父親と母親を奪い合う構図は、エディプス・コンプレックスです。

シンジ、レイ、ゲンドウの三者関係を「三角関係」と考察する人もいますが、エディプス・コンプレックスと考えると、非常に腑に落ちるのです。

自分の考えも言えない内気でネガティブな少年・シンジが、厳格な父ゲンドウと対立、葛藤しながら、成長していく物語。主要な登場人物のほとんどが、父性、または母性の問題を抱えている。『エヴァ』は、家族の愛情、父性、母性の重要性、特に「父性」に大きくフォーカスを当てた、初めての本格的「父性アニメ」として、エポックメイキングな作品といえるでしょう。

★

第4節　日本における父性喪失の原因は？『サマーウォーズ』

▼なぜ今の時代に「大家族」なのか？

2009年公開の『サマーウォーズ』は、日本のアニメ界に細田守監督という新しい才能が生まれたことを強烈にアピールし、〝ポスト・ジブリ〟最有力アニメと評価され、多くの人の支持を集めました。

高校2年生の健二は、ふとしたことから憧れの先輩夏希の実家、長野県上田の陣内家で、夏休みを過ごすことになります。そこに、インターネット上の仮想世界OZでの人工知能ラブマシーンのアカウント乗っ取り事件に端を発し、さらには日本中のインフラ崩壊、人工衛星の原発への墜落という世界破滅の危機が迫る。その大きな危機を健二と陣内家の家族が救うという物語です。

上田の風景描写や、仮想世界OZの奇抜な映像の美しさ。緻密に描かれるディテール、テンポのいい展開、広げられた大風呂敷がうまく収束してくるストーリー。なにより大家族が協力、一致団結して、世界の危機を救うというテーマが素晴らしいのです。

健二が夏希の実家を訪れる最初の場面。いきなり、健二は驚きます。夏希の祖母栄の90歳の誕生日を祝うために、26人もの親族が一堂に会していたからです。

全員が集まる食事シーン。そこには、家長たる祖父の姿はないものの、凛とした祖母の栄が背筋をピンと伸ばして座っています。こうした大家族は、一昔前では珍しくなかったはずですが、現代では珍しい風景で、東京から来た健二は、異世界に迷い込んだような戸惑いを感じます。陣内家では、女性たちは台所で忙しく働く一方、男性たちはのんびりとして影が薄い。家長の不在と合わせて「父性不在」を感じさせます。

しかし、ラブマシーンの暴走を止められるのは、健二と陣内家の家族しかいないという状況になると、陣内家の男性たちは別人のように発奮します。力強さを発揮して、健二に協力を惜しまないのです。巨大なスーパーコンピューター、大型発電機を搭載した漁船、自衛隊の通信車などが、家族の手によって次々運び込まれる場面は壮観です。

大家族の一致団結と協力によって、世界の危機を救う。今ではなくなりつつある「大家族」をテーマにしたというのは、異色でありながら、慧眼だと思いました。映画のキャッチコピーに〝「つながり」こそがぼくらの武器〟とあるように、「つながり」が重要なテーマとして描かれます。それを描くために「大家族」をもってくることには、非常に大きな意味があるのです。

▼大家族の食卓　～失われた日本人の原風景

『サマーウォーズ』の中で私の好きなシーンを一つ。健二が陣内家にやってきます。そこにはたくさんの家族がいて、さらに後からどんどん集結してきます。

次男で漁師の万助は、発泡スチロールに入った何箱もの生きたイカを持ち込みます。女性陣の活躍で、このたくさんのイカは、イカ刺しや焼きイカに調理され、夕食の食卓にのり、大家族がそれを一緒に食べるのです。

このシーン、どこかで見たような感覚、デジャブにとらわれました。大家族が集合する時、自分の地方の名産や土産物を持ち寄るのは、実によくある光景だと思います。私も子供の頃は毎年、お正月とお盆は父親の実家である北海道森町（駅弁「イカめし」で有名）に帰省するのが常でした。父親は五人兄弟なので、この時期にはだいたい親戚が一堂に集まって、20人以上の大人数で食卓を囲むのが普通でした。

『サマーウォーズ』における陣内家のような大家族というのは、別にそれほど珍しいわけでもなく、30～40年前では、ごく当たり前の風景だったのです。

私が小学生の頃（約40年前）に帰省したある年の話。近所の漁師さんが、発泡スチロール一杯にイカ飯用のスルメイカを差し入れてくれました。それを見た私は、ビックリ。多分、50杯以上のイカが入っていたからです。こんなの全部食べられるのかと。

早速、祖母を中心に、うちの母や叔母たちが共同作業で調理にかかります。夕食の食卓には、大皿で山盛りのイカ飯が登場。これが大好物の私は、お腹一杯食べました。

家族の共同作業によって作られたイカ飯のおいしさ……。みんなでそれを次々と食べ、結局、夕食が終わるまでには、山のようにあったイカ飯はすべてなくなっていました。40年前の体験ですが、今でもありありと覚えています。

祖母は既に亡くなっていますが、「絶品のおいしいイカ飯を作ってくれた、やさしいおばあちゃん」という強烈なイメージが、私の脳裏には焼きついています。

イカの差し入れ。厨房で働く女性たち。大家族が集まる食卓の上にのせられたイカ料理。まさに、40年前に私が経験した一場面が、あまりにも見事にスクリーンに再現されていたのに驚かされると同時に、感動に包まれました。

30～40年前には、当たり前に存在していた日本の文化。それが、今や、失われつつあるという寂しさ。「大家族」と、家族、親戚のつながり。一人の人間をたくさんの家族が支えていた、温かい時代が、そこに間違いなく存在していたのです。

▼核家族化とコミュニケーション不全

私は以前から、コミュニケーション能力の低下、不登校やひきこもり、育児・教育の問題、少子化など、現代の日本の抱える問題の少なくない部分が、大家族制の崩壊（核家族化）や地域コミュニティの消失と、深く関係していると考えていました。

家族の問題、家族間のコミュニケーションの問題。そこを突き詰めていくと、核家族＋少子化で、父親と母親と子供という三人が一つの屋根の下に住むという「小さな家族」が普通となった。子供からすれば、家には父と母しかいないわけで、せいぜい時々遊びに来る祖父母と接するくらい。夫婦共働きとなると、昼間は親と接する時間もなくなり、大家族で育てられた子供と核家族で育てられた子供とでは、コミュニケーションの量が何倍も違ってくるのです。

今から「大家族制」に戻すのは不可能な話ですが、『サマーウォーズ』では「大家族」を舞台にすることで、家族のつながり、助け合いの大切さが見事に描かれています。また、それだけでなく、男性の活躍を通して、「父性」というものも描かれていると思います。

「陣内家の人間にハンパな男はいらない。じゃなきゃ家族や郷士を守れるものかい」「陣内家の男は強くなきゃいけねえ」といったセリフから、いざという時に家を守るのは男性というビジョンが強く打ち出されています。

ラブマシーンと最終的に対決するのは、健二と佳主馬という二人の少年です。このネット好きでコミュニケーション下手な内気な少年たちが、一連の事件を通して、頼れる存在、すなわち父性的存在へと成長していくのです。

騒動のさなか、祖母栄は急逝しますが、その遺言には「家族同士、手を離さぬように、人生に負けないように。もし辛い時や苦しい時があっても、いつもと変わらず、みんな揃ってごはんを食べること」と書かれていました。

「ごはんを一緒に食べる」という意味がわかりづらいかもしれませんが、「食卓を囲む」というのは、家族コミュニケーションの基本であり、家族がつながる場所なのです。ですから、みんなでごはんを食べなさいということは、「コミュニケーションを密にして仲良くしなさい」と同じことを意味します。

衛星墜落が迫るなか、大家族が全員で食事をするシーンがあります。世界の危機を前に悠長なと思うでしょうが、家族の「つながり」の大切さが、見事に映像的に表現されているシーンなのです。

ラブマシーンとの最終対決は、なぜか花札コイコイ勝負という意外さ。戦うのは夏希。順調に戦っていたのも束の間、たった一回の敗北で絶対的なピンチに陥ります。その時、ネット上の一人が「アカウントを預けます」と、夏希に力を貸す発言をします。自分の身を挺した協力。その自己犠牲の精神が世界中に次々と拡散し、1億人を超える人達が夏希や健二たちの味方となるのです。

「家族のつながり」から始まり、これがネット上の見えないつながりにまで広がっていく。ネット上のつながりも大切ですよ、という提起がされているところに、非常に意味があります。

これも私が以前から主張していることですが、「大家族」がなくなり、「地域コミュニティ」がなくなり、我々のコミュニケーションの広がりというのは非常に疎いものになってしまった。それを補完し代替するものは、今のところインターネット上のコミュニティ、ソーシャルメディア上のつながり以外には、見当たりません。

家族を大切にしましょうというだけではなく、「大家族」なき「核家族」化した今の時代、ソーシャルメディア上の「つながり」が新しい希望になるという提起は、現実的であると同時に、非常に今日的であり、具体的です。Facebookをいつも利用している私としては、非常に心に響く提言に聞こえました。

★第5節『崖の上のポニョ』とウロボロス

▼母性映画としての宮崎駿作品

日本映画から父性を考えるとするなら、やはり日本アニメ界の巨匠、宮崎駿の作品を入れないといけない。そう思って宮崎作品を思い浮かべてみると、父性の映画というのが少ないことに気づきます。

『風の谷のナウシカ』『もののけ姫』『となりのトトロ』は、「自然」をテーマにしています。「再生」「育む」というモチーフは、「母なる大地」という言葉があるように、「母性」的なものです。

登場する「父親」は、『となりのトトロ』のやさしいお父さんだったり、『千と千尋の神隠し』のマイペースなお父さんだったり、『崖の上のポニョ』のフジモトのように少し頼りない父親だったり。

それは今時の「パパ」という言葉に代表される「草食系の父親像」という点からすると現代

的といえるのかもしれませんが、いわゆる父性的でたくましい無骨なキャラクターというのは、『紅の豚』のポルコ・ロッソくらいでしょうか。『紅の豚』のキャッチコピーに、〝カッコイイとは、こういうことだ〟というのがありますが、「カッコイイ」と思わせるのが父性であるとは、既に述べたとおりです。

『天空の城ラピュタ』のパズーや『未来少年コナン』のコナンは、少年の成長物語と見ることができますが、その物語の基盤に「再生」「育む」というテーマが大きく存在していて、作品としては「母性」的なイメージが強いのです。

他にあるとすれば、『ルパン三世　カリオストロの城』。ルパン三世というキャラクターは、典型的な「アウトロー元型」。「泥棒」を稼業としながらも、彼のポリシーは常に貫かれており、最後はお宝よりも大切なもののために全てをなげうつ。「いい奴」的な行動をとります。

つまり、宮崎作品の多くは「母性」がテーマなのです。こうして「母性映画」を作り続けてきたことが、母性原理が強い日本社会で広く受け入れられ、国民的アニメを何本も生み出せた理由の一つだと私は考えます。

しかし、2008年『崖の上のポニョ』を見た時に思いました。「ついに来たか」。ついに、宮崎駿が父性をテーマにした映画を作ってきたかと。

ちょうど、時代は父性映画が盛り上がりを見せる時期です。「母性映画」から「父性映画」への舵取りという意味で、時流にマッチしたテーマといえるでしょう。2011年公開の宮崎駿脚本、宮崎吾朗監督の『コクリコ坂から』は、まさに「父性」をテーマにした映画になっており、２００６年の『ゲド戦記』とあわせて、ジブリ作品が「母性映画」から「父性映画」へと舵取りを変えたことは明らかです。

▼「生まれてきてよかった」～生きる目標と父性

海辺の町で暮らす5歳の少年・宗介は、ある日クラゲに乗って家出してきた魚の子供・ポニョと出会います。すぐに仲良くなる彼らですが、ポニョはかつて人間だった父フジモトによって海へ連れ戻されてしまいます。ポニョは父の魔法を盗んで再び宗介のもとを目指しますが、それがもとで大きな騒動へと発展していきます……。

〝生まれてきてよかった。〟これは、映画宣伝用のキャッチコピーです。劇中にそういうセリフはありませんが、映画のテーマをよく表している言葉だと思います。

『ポニョ』には、いくつものテーマが込められていますが、メインは「生」「生命」と言えるでしょう。そういえば、『千と千尋の神隠し』のキーワードは「生きる力」でした。その意味で、テーマ的な連続性が見られます。

「海」は、生命が誕生した場所です。そして、今もたくさんの生命が海から誕生しています。映画冒頭では、クラゲが幼生から成体へと姿を変えます。その他の海の生物たちもたくさん登場していて、「生命力」が見事な映像で表現されています。

しかしながら、最初の頃のポニョの表情は、「生」のエネルギーにあふれているわけではありません。無目的というか、成り行き任せというか。家出したのは、外界への好奇心ゆえであり、自分の意志は感じられるものの、人間の世界に来たのは、クラゲの背中に乗っていたらたまたま偶然に……という感じです。

ポニョに生気があふれてくるのは、宗介と出会い、そして別れてからです。「宗介に会いたい」という想い。そこから、「人間になりたい」（生きる目的）が生まれ、ポニョの生きるエネルギーは爆発します。

荒れ狂う波の上を猛烈な勢いで駆け続けるポニョの姿。躍動する「生」で輝き、そして爆発的な「生」のエネルギーに充ちあふれているではありませんか。

最近、「生きる実感がない」「生きていて楽しくない」「生きる目的が見出せない」という若者が多いといいます。「目的喪失」「目標喪失」です。

目標や目的が持てなければ、人間は将来に向かって頑張ることができません。成り行きまかせになり、「無気力」に支配されるのも当然です。

では、子供が「目標」や「目的」を持つために必要なことは、何でしょう？ それは「父性」です。父親の役割は、子供を家庭から外界に引きずり出すことです。「父性」があって初めて、生きる目的が見えてくるのです。

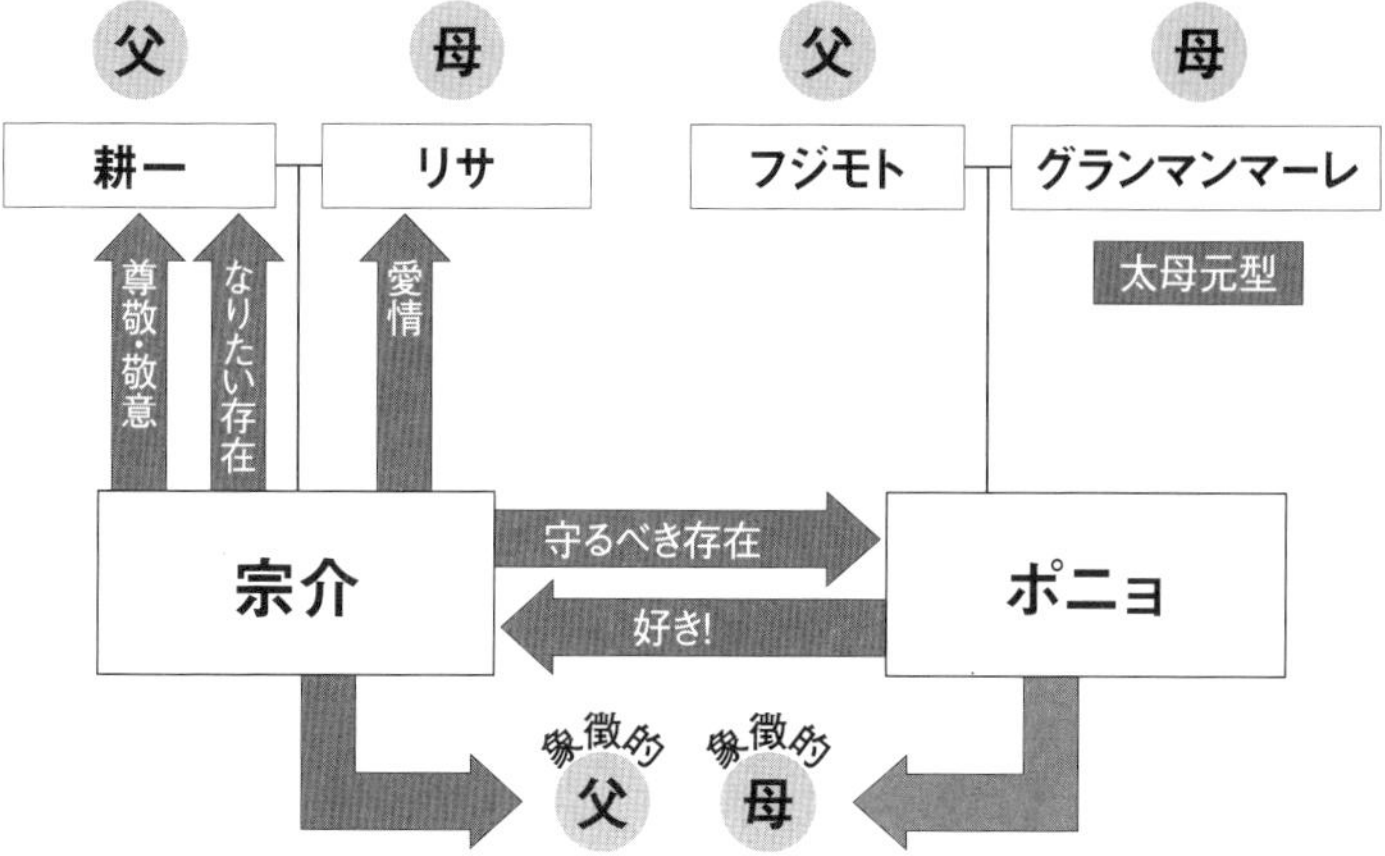

『崖の上のポニョ』の人物関係図

その意味で、ポニョは宗介と関わることで、生きるエネルギーをみなぎらせ、「生きる目的」を発見します。

▼宗介の父はなぜ陸に上がらないのか?

宗介の父耕一は、貨物船の船長。仕事が忙しく、なかなか家に帰ることもありません。しかし、宗介は父親が大好き。その分身とも言える船のオモチャと船長の帽子は、彼の大切な宝物でした。

ある日、帰って来る予定の日なのに、耕一が帰れなくなります。やけ酒してふて寝する母リサ。宗介は信号灯を使って父親と連絡をとり、さらには母親と父親の仲をとりもとうとします。この年齢で、信号灯を使いこなすというのは凄いことです。当然、その使い方は、父親から学んだはずです。

「船のオモチャ」「船長の帽子」とあわせて、宗介は父の「船長」という仕事に尊敬の念を持っていますし、信号灯を使いこなせるのは「そうなりたい」から。宗介が、父に対して強い「父性」を感じていることは間違いないでしょう。

なのに、父はいつも家にいない、という点が問題です。劇中、耕一が家に戻ることは、結局一度もありませんでした。この家には、事実上、父親はいないわけです。

▼「死」があって輝く「生」

『ポニョ』では、「海」を舞台に、「生」「生命力」のテーマが描かれていますが、同時に「生」の反対……「死」というものが、映画のあちらこちらで姿を見せます。

ジャムの瓶から出られなくなったポニョ。トンネルを抜けて衰弱してしまったポニョ。「生」の象徴的な存在でありながら、何度も死にそうな状態になります。

また、「子供」対「老人」という対比があります。リサが勤める「ひまわりの家」の老人たち。宗介は、彼らの人気者ですが、車椅子に乗り自力では歩くこともできないお年寄りたちと、生き生きとして闊達な宗介は、実に対称的です。

この足腰が弱って歩けなかったお年寄りたちも、映画終盤では「海」から「生」のエネルギーを得て、普通に歩けるようになります。「復活」「再生」です。

耕一の「小金井丸」が、船の墓場に呑み込まれそうになるシーンでも、「死」の臭いが漂います。そこに浮かぶ「巨大な満月」も、「死」「冥界」（あの世）のイメージです。また、「海底」の世界は、「生」が生まれる場所でありながら、光がない薄暗い世界として描かれ、「冥界」的な雰囲気を持っています。

洪水後の世界。これほどの大災害が起きても、悲惨な「死者」は描かれません。子供向けの絵本的な映画だから……ということもありますが、「洪水後の世界」は、「冥界」つまり「死後の世界」だという解釈も成り立ちます。

こうした「死」や「冥界」のイメージが随所に登場しているからこそ、ポニョや宗介の輝かしいばかりの「生」のイメージが、コントラストとして強調されるのです。

▼「包み込む母」と「呑み込む母」

ポニョの母親「グランマンマーレ」。その正体がよくわからなかったという人も、多いかもしれません。しかし、その名前が既に全てを説明しています。

これは、心理学者ユングの言う「Great Mother」（グレートマザー、太母）をイタリア語にしたものです。

「グレートマザー」とは、絶対的な優しさと安全感を与えてくれる、「母なるもの」のイメージです。すべてを受容し包容する、大地の母としての生命的原理を表します。実際の母親に投影される場合もありますが、むしろそれを超えて、「大地の女神」「母なる大地」として表現されることが多いでしょう。『ポニョ』では、「大地」ではなく「海の母」として表現されます。

「グレートマザー」には二つの側面があります。一つは生命や出産という明るい側面（善母、Good Mother）であり、もう一つは呑み込むものとしてのイメージから、死や冥界に例えられる暗い側面（悪母、Bad Mother）です。

悪母としての「グレートマザー」は、童話『ヘンゼルとグレーテル』の魔女や日本の山姥が、代表例として挙げられます。映画なら、『ベオウルフ』でアンジェリーナ・ジョリーが演じたモンスターや『ブラック・スワン』の母親もそうです。。全てを包み込み、呑み込んでしまう「悪母」のイメージです。

このように、「グレートマザー」は、「生」と「死」の両方のイメージを合わせ持つ存在と言えるのです。

『ポニョ』において、「海」は「生命の源」「生命が生まれる場所」であり、ポニョの生みの親でもある「グランマンマーレ」は、生命・生みのイメージとしての「グレートマザー」です。

『ポニョ』の解釈の一つとして、「海」は冥界や幽界といった「死の世界」を象徴しているという見方があります。その場合、「グランマンマーレ」は、冥界の主という「悪母」としての「グレートマザー」のイメージを担うことになります。「グランマンマーレ」＝「グレートマザー」だとわかれば、その正体は、自ずとわかってきます。すべてを受容し包容する「太母」たるグランマンマーレ。人間の姿で描かれますが、「命の源である海」「母なる海」そのものなのです。

▼「意識の起源」と「自我のめざめ」

『ポニョ』を見ていて、ある思いが私の頭の中をよぎりました。これって、「ウロボロス」ではないのか……。『ポニョ』における「命の源である海」は、「グレートマザー」そのもの。この全ての始源を表すイメージとして、「ウロボロス」があります。原初を宇宙論的・人類史的・系統発生的にシンボル化したもので、「己の尾を噛んで環となった蛇」「尾を飲み込む蛇」として図案化される場合もあります。この「尾を飲み込む蛇」は、

ウロボロス　尾を飲み込む蛇（竜）

無限大の記号「∞」のモデルとなっています。

『ポニョ』における「海」。それ自体が命と意識をもってうごめく、この「海」は「ウロボロス」として描かれているのではないか……というのが私の仮説です。

ユングの弟子であるエーリッヒ・ノイマンは、著書『意識の起源史』の中で、世界の神話を研究した結果、母子未分化のカオスの状態から、広大な無意識の海に意識が出現し、様々な危険と試練を経て無意識を統合する過程が、創造・英雄神話に見事に表現されていることを明らかにしました。

実は、『崖の上のポニョ』は、多くの神話と同様に、「個人の自我意識の発達の過程」を、内包しているのです。そして、その壮大な「神話の構築」を、宮崎駿は意識的にやってのけたのではないのか、と思うのです。

自我が自らをウロボロスとの同一状態から切り離し始め、母胎内での胎児状態である原結合でなくなると、世界に対する自我の新しい構えが生じてきます。

ポニョが、「魚」から「人間」へと変身し、「海」（ウロボロス）から逃れて陸に上がる過程に、「ウロボロス」から切り離された「自我」「自我のめざめ」が象徴されているのです。

暴風雨で大洪水となった状態は「カオスの状態」であり、危険と試練を乗り越えたポニョは、魚から人間になる、つまり母「グランマンマーレ」の庇護から一人立ちするわけですが、それこそが「個人の自我意識のめざめ」と言えます。

つまり、『崖の上のポニョ』は、「個人の自我意識のめざめ」という映像化困難な抽象概念を見事に映像化してしまった、どえらい作品。ある意味、「一つの神話」を作り上げた、と言えるのではないでしょうか。

▼初源に属するものとは何か？

これだけでは証拠不十分かもしれません。宮崎が意図的に「ウロボロス」と意識の問題を描いていたという証拠を挙げておきましょう。『ポニョ』のチラシやパンフレットに載っている「宮崎駿監督企画意図」からの引用です。

『少年と少女、愛と責任、海と生命、これ等初源に属するものをためらわずに描いて、神経症と不安の時代に立ち向かおうというものである』

宮崎はここで、「初源に属するもの」という言葉を用いています。一体何なのでしょうか？「ウロボロス」を説明するのに、「源始」または「始源」という言葉がよく使われます。「ウロボロス」は、全ての源であり、始まりであるからです。「初源」という言葉は広辞苑にも載っていないので、宮崎の造語と思われますが、「初源に属するもの」とは、「源始に属するもの」、つまり「ウロボロス」を指しているのではないでしょうか?

次に、「初源に属するものをためらわずに描く」ことと、「神経症と不安の時代に立ち向かう」ことの関連性がよくわかりません。正直、日本語としてうまく通じていないのです。しかし、宮崎が描きたかったものをきちんと踏まえて改めて読めば、全てを完全に理解できます。

なぜ、「初源に属するものを描く」と、「神経症と不安の時代に立ち向かう」ことができるのでしょうか?

「神経症」と「不安」で連想されるのは、無意識という概念を初めて提唱し、精神分析の創始者でもあるシグムント・フロイトです。フロイトは1894年に、「神経衰弱症から、ある極立ったまとまりを持つ症候群を分離する根拠―不安神経症」という論文の中で、世界で初めて「不安(Anxiety)」と「神経症(Neurosis)」という概念を提唱します。

無意識の中で抑圧された願望が不安を惹起し、神経症という病気の原因となる。そして、無意識の中の観念を意識化することが、神経症の治療に効果があるとして、精神分析を行っていくのです。

「神経症と不安の時代に立ち向かう」ためには、我々は意識と無意識、そして自我の問題と直面しなくてはいけません。だからこそ、太母(ウロボロスの支配下)からの自我の自立を描くことに、重要な意味が出てくるのです。自我のめざめ、あるいは自立、個性化。これを現実社会に照らすならば、母親の庇護からの自立です。

母親の庇護から自立できない状態――母性愛に依存してしまうと、社会に出立できない状態、「不登校」「引きこもり」「ニート」などの要因となります。安全な家庭から、現実社会へと引き出す役割を担うのは、「父性」であり「父親」です。

しかし、ポニョの父フジモトは、実に頼りない存在。宗介の父耕一もそうです。これは意識的にそのように描かれているのでしょう。

ポニョを現実社会（人間の社会）に引き入れる役割は、間違いなく宗介が担っています。「僕が守ってあげるからね」。『ポニョ』の中でも最も重要なセリフの一つです。家族を守る、愛すべき人を守る。力強さで守るのは「父性」です。彼の行動力もまた、「父性」そのものです。劇中、しっかりとした父性を発揮するのは、フジモトでもなく、耕一でもなく、宗介その人なのです。

誰の力も借りずに、自らが「父性」的な役割を担って立つ。一言で言えば、「自立」です。しかし、今の子供たちは、「自立」できないために、「不登校」「引きこもり」「ニート」といった諸問題が起きてくるのではないでしょうか。

「宮崎駿監督企画意図」には、次のような一節もあります。

「誰もが意識下深くに持つ内なる海と、波立つ外なる海洋が通じあう」

これは、「母性の庇護化にある家庭」から、「波立つ外なる海洋（＝社会の荒波）へ船出しよう」ということを意味しているのでしょう。

「生まれてきてよかった」――言い換えるなら、「ウロボロス」に属する未分化から自立できてよかった、という喜び。魚から人間になったのは、「人間として生まれた」、つまり「自我のめざめ」、個体としての誕生を象徴しているように思えます。

これは誕生してよかったということでもあるし、ポニョが「人間になれてよかった」ということでもあるでしょう。二本の足を持った人間として生まれ、「自立できてよかった」と。

二本足でしっかり大地に立つことができる存在となる『ポニョ』は、魚から人間になる物語ではありますが、そこには「父性」の力をかりて、「子供」から「大人」へと自立する古来より神話などで描かれ続けた、普遍的な物語が象徴的に描かれていたのです。

▼「世界の破滅」と「世界の始まり」

『ポニョ』のラストシーン。ポニョが人間になって、宗介と結ばれるハッピーエンド。

アッサリしたラストだなあ……。そう思った人も多いでしょう。実は私も、エンド・クレジットが出た瞬間は、そう思いました。しかし、このラストシーンは、一筋縄では理解できない複雑さを持っています。

子供たちに向けた第一義的な意味としては、「ポニョが人間になって、宗介と結ばれてよかったね」ということでいいでしょう。しかし、大人である我々は、このラストに隠された宮崎監督の海のように深いテーマを読みとらなくてはいけません。

大洪水によって、世界は破壊されました。そこに生まれたのは、デボン紀の生物たち。これは「生命の誕生」という意味で、第二の「天地創造」、第二の「ビッグバン」と言ってもいいでしょう。世界の破壊・破滅と同時に、新しい世界が誕生したのだと。「世界の破滅」＝「世界の始まり」。これは、世界中の神話に、繰り返し描かれていることです。

映画で例を挙げると、『マトリックス』3部作『マトリックス レボリューションズ』のラストです。終末的な破壊シーンの後の、ほのぼのとした夜明けのシーン。旧世界、古い秩序が完全に破壊され、新しい秩序、新しい世界の始まりが示唆されます。

ここで「ウロボロス」の円環構造を思い出してください。原初の完全性を表すシンボルの一つ、「円」を図象化したのが、ウロボロスの「尾をくわえる蛇」です。

円は、自己完結的なものであり、始まりも終わりもありません。円は対立物を包含した完全なるものであり、始源であり終末でもあります。つまり、ウロボロス的に言っても、「世界の破滅」は、すなわち「世界の始まり」を意味するのです。

大洪水による世界の破滅。それは、新しい世界の創造であり、「世界の始まり」となります。まさに、『ポニョ』のラストシーンそのものです。大洪水、第二のビッグバンを乗り越えて生き残った宗介とポニョは、新世界のアダムとイブと言えるでしょう。

そしてさらに、最後にポニョが5歳の人間の女の子になった、と説明されるように、それは現代に生きる「全ての子供たち」なのではないでしょうか？

「子供たちに伝えたいことがある」という宮崎監督の言葉。環境破壊で滅びゆく現実の地球。その世界を救う救世主は、実は子供たちしかいないのだ……と。

「生まれてきてよかった。」このキャッチフレーズのように思える世界を作っていくのは、「子供たち」本人でなくてはいけないのです。

宗介とポニョが大人の力を全く借りなかったように、子供たちは大人の力に依存するのではなく、「自立」して、自分の力で生きていかなければいけない。私は、そのようなメッセージを、父性的な存在である宮崎監督から受け取りました。

『崖の上のポニョ』は、子供向けのアニメではありません。宗介が父性を発揮し、大人へと成長するばかりでなく、人類の父「アダム」になってしまうという、壮大な神話として見ることもできるのです。

★第6節　母性から父性への潮流の変化

日本の国民的アニメと言えば、みなさんはどんな作品を思い出すでしょう。私は『サザエさん』と『ドラえもん』が浮かびます。

考えてみれば、『ドラえもん』は、究極の母性アニメかもしれません。ドラえもんは、のび太が抱える問題を「ひみつ道具」で解決します。のび太はそれを使いすぎたり、不適切に使ったためにしっぺ返しを受ける、というのがいつものパターンです。

のび太の要望を、ドラえもんが断ることはありません。「ねえ、ドラえもん助けてよ」の言葉に、多少渋ることはあっても、「しょうがないなあ、のび太君は」と、どんな難題も解決します。さらに、のび太がどんな大きなトラブルを引き起こしても、決して怒ることなく尻拭いをしてくれます。

ドラえもんが「ノー」と言わないものだから、のび太はちょっとした問題でも、すぐに頼ってしまいます。受容的で寛容、寛大。全てを包みこむ存在。ドラえもんの態度は「母性」そのものですが、あまりにも母性が強すぎるために、のび太のドラえもんへの完全なる依存状態が出来上がっています。

この過保護ぶりは度を越していますが、視聴者の多くは特に違和感ももたずに、おもしろく楽しんでいるはずです。日本は母性原理に支配されている国なので、こうした過剰な母性にも、拒否反応や違和感を持つことなく楽しめるのかもしれません。

一方、『サザエさん』。いつも明るく朗らかで、竹を割ったような性格。おっちょこちょいで、時々失敗もするけれども、憎めない性格のサザエさん。思ったことをズバズバ言ったり、バーゲンセールでは物おじしないたくましさを見せるなど、たくましい部分もありますが、笑いとユーモアあふれる明るい『サザエさん』一家が、一昔前の「理想的な家族」と言われたように、サザエさんは優しさ、温かさのある母性的なキャラクターとして、日本人に受け入れられているからこその、長寿番組となっているのでしょう。

80年代までのアニメ作品を見ると、その多くが母性をテーマにしているか、非常に母性的な女性が主要な登場人物として出てきます。『宇宙戦艦ヤマト』のスターシャ、『銀河鉄道999』のメーテル、『天才バカボン』のバカボンのママ、『めぞん一刻』の音無響子、『風の谷のナウシカ』のナウシカ、『ガンダム』のララァなど、枚挙にいとまがありません。「オタク＝マザコン」というステレオタイプな見方が広がったのも、こうした母性的なキャラクターに熱中するアニメオタクが多かったからでしょう。

逆に父性的な作品として思い出されるのは、『巨人の星』『あしたのジョー』『ルパン三世』（ルパンは典型的なアウトロー元型）、『紅の豚』などがあるものの、母性アニメが中心だったはずです。

そうした母性アニメが主流だった日本のアニメ世界も、『エヴァンゲリオン』以降、「父性」をテーマにした作品が急に増えていきます。ジブリ映画『ゲド戦記』『崖の上のポニョ』『コクリコ坂から』、〝ポスト・ジブリ〟細田守監督の『サマーウォーズ』『おおかみこどもの雨と雪』と、父性を意識した作品が増えていることがわかるでしょう。

母性から父性への潮流の変化。父性喪失の時代、「父性」的な作品が社会的に望まれているから、そうした作品が作られ、また興行的にも成功しているのではないでしょうか。

年代	代表的な作品		日本の状況	父親の変遷
1960年代	68-71『巨人の星』 69-『サザエさん』	昭和の父親像 昭和の家族像	『ALWAYS三丁目の夕日』で描かれた頑固親父と地域コミュニティ健在の時代 64年東京オリンピック高度経済成長の時代	頑固親父の時代
1970年代	70-71『あしたのジョー』 73-『ドラえもん』 74-75『宇宙戦艦ヤマト』 78-79『宇宙海賊キャプテンハーロック』 78-81『銀河鉄道999』 79-81『機動戦士ガンダム』	 早すぎた海賊アニメ	マイホームブームと核家族化の進行 70年代後半~80年代前半 校内暴力、家庭内暴力。荒れる子供たち	母性アニメ全盛時代
1980年代	81-82『機動戦士ガンダム』(劇場) 81-86『うる星やつら』 84『風の谷のナウシカ』(劇場) 86-88『めぞん一刻』 88『となりのトトロ』(劇場)		バブル景気全盛期 80年代後半からひきこもり、不登校が社会問題化	
1990年代	92『紅の豚』(劇場) 95-96『新世紀エヴァンゲリオン』 97『もののけ姫』(劇場) 99『ONE PIECE』	 父性アニメ決定版 海賊アニメ	91年バブル崩壊 その後の失われた10年 96年『父性の復権』(中公新書)父性への関心高まる	
2000年代	06『ゲド戦記』(劇場) 〃『ヱヴァンゲリヲン新劇場版』スタート 07-11『カイジ』シリーズ 08『崖の上のポニョ』(劇場) 09『サマーウォーズ』(劇場)	父親殺し。ジブリ映画 父性への舵取り 大家族の喪失	01年9月11日　アメリカ同時多発テロ ニート、パラサイトシングルの社会問題化	父性アニメの時代
2010年代	11『コクリコ坂から』(劇場) 12『おおかみこどもの雨と雪』(劇場) 〃『ももへの手紙』(劇場) 〃『虹色ほたる~永遠の夏休み~』(劇場)	父性は家の外にある 父性なしの子育て 父親探し 〃	11年3月11日　東日本大震災 いじめ、いじめ自殺の社会問題化	

注)「劇場」の記載がないものは、いずれもテレビアニメの放映時期

第5章

各論「父性」をめぐるいくつかの論点

©『オペラ座の怪人』Blu-ray：1,886 円＋税／ DVD：1,429 円＋税
発売元：NBC ユニバーサル・エンターテイメント

★第1節　父性は自分の中にある

▼究極の父性映画　〜『ファイト・クラブ』

「樺沢さんの一番好きな映画は何ですか?」という質問をよくされますが、非常に困ります。好きな映画は山ほどありますから。でもだいたい「ここ20年の洋画なら、『ファイト・クラブ』です」と答えます。

そうすると次に「『ファイト・クラブ』のどこが好きなのですか?」と聞かれるのですが、自分にとっては圧倒的におもしろく、圧倒的に引き込まれる映画であることは間違いないにもかかわらず、その魅力が今までうまく語れませんでした。

「暴力衝動というものを、非常に深いレベルで描いているから」と答えてはみるものの、この映画へ入れ込む私の強い「想い」は、そこには全く表現されていないのです。

しかしながら、本書を書いた今、自分がなぜこの映画に圧倒的に魅了されていたか、その理由が非常によくわかってきました。それは、「父性」について本質的な部分を精緻に描き出していたから。究極の父性映画として完成されているから。映画の「父性」を探し続けてきた私がやっとたどり着き、探し当てた「父性映画」が、『ファイト・クラブ』だったのです。

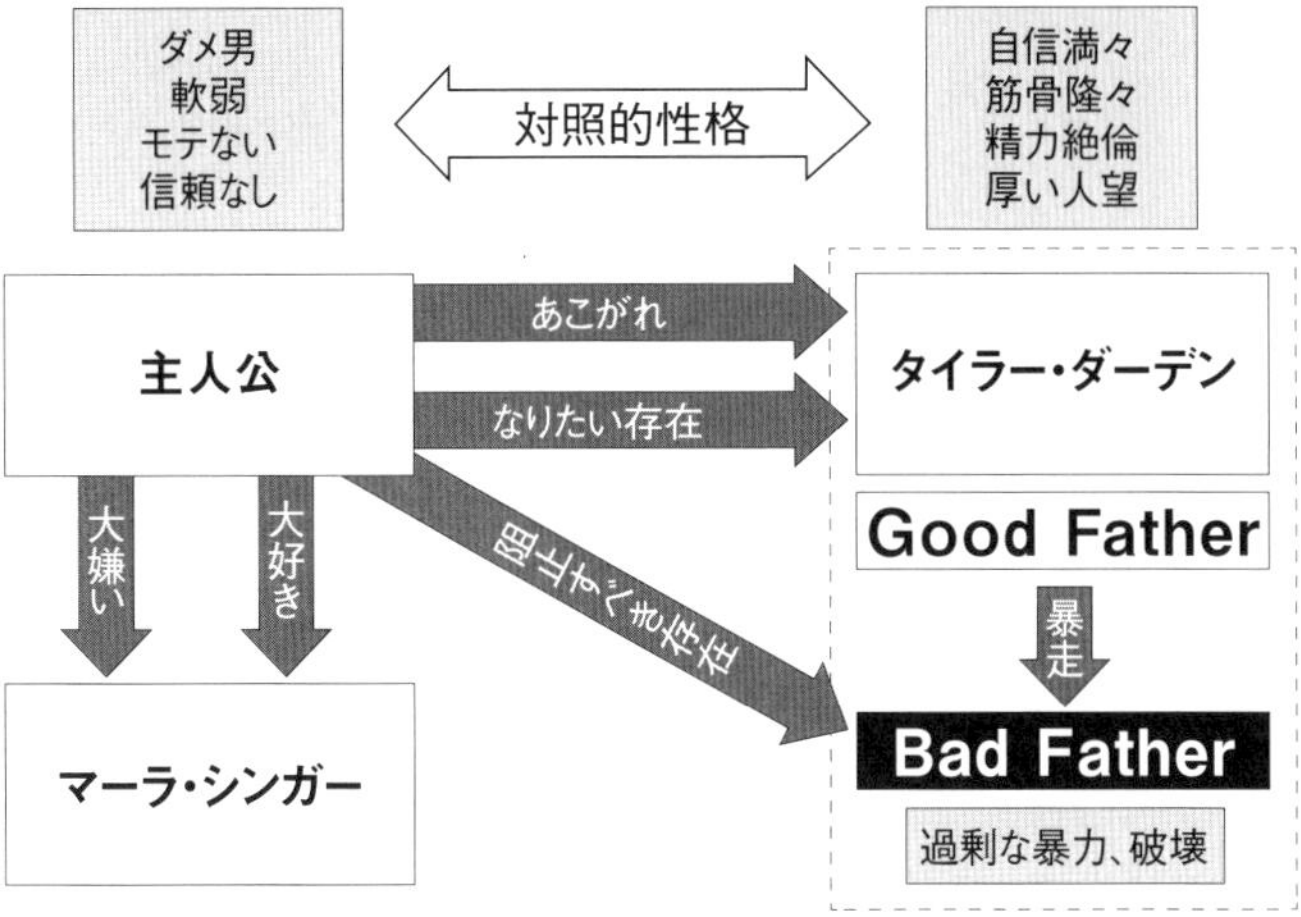

『ファイト・クラブ』の人物関係図

▼『ファイト・クラブ』にルールが8つもある理由

交通事故調査員の主人公は、日々の生活に生き甲斐を感じられず、またひどい不眠症に悩まされ、うつうつとした生活をしていました。癌でもないのに、癌患者の自助グループに通い始め、束の間の安息感を得ることをおぼえましたが、そこで出会った毒のある女性マーラ・シンガーがその安息を破壊します。

さらに、偶然出会った男タイラー・ダーデンと一緒に素手で殴りあう「ファイト・クラブ」を立ち上げ、ファイトをしている瞬間は生きる喜びを感じるようになっていきます。

『ファイト・クラブ』には、三人の主要人物が出てきます。エドワード・ノートン演じる主人公、タイラー（ブラッド・ピット）、マーラ（ヘレナ・ボナム＝カーター）。不思議なことに劇中では主人公の名前が登場せず、クレジットには、ノートンは「Narrator」（語り手）と表記されています。ここでは、「主人公」と表記することにします。

主人公とタイラーは、非常に対照的です（人物関係図参照）。ダメ男で軟弱な主人公に対して、自信満々で筋骨隆々のタイラー。精力絶倫で人望もあり、主人公の持ち得ないものを全て持っているのです。非常に男性的なイメージです。

二人を対照的に描いた理由は、最後に明かされます。

主人公は、タイラーに感化され、近づいて行く。身体を鍛え、闘いに強くなっていくという肉体的な面だけではなく、精神的にもタフになり、表情も生き生きとしてきます。タイラーは、主人公にとって「理想の自分」であり、「そうなりたい存在」であったはず。「そうなりたい」という感情と「父性」が直結することは、既に何度も説明した通りです。

劇中、興味深いシーンがあります。ファイト・クラブを立ち上げたタイラーが、クラブのルールを作っていくシーンです。

ルール1　ファイト・クラブについて口にしてはならない。
ルール2　ファイト・クラブについて口にしてはならない。（筆者注　ルール1と2は同じ）
ルール3　力が尽きたら「ストップ」の声でファイト終了。

ルール4　ファイトは1対1。

ルールは毎週増えていき、最終的には8つにも及びます。

父性とは規範を示す存在です。ファイト・クラブのルールを作り上げ、それをメンバー全員に徹底的に守らせる。それは、まさに父性的行為と言えます。

このようにタイラーは父性的存在として描かれます。主人公にとって究極の「父性」と言えるでしょう。

▼なぜ平和主義者のガンジーと戦いたいのか？

タイラーと主人公の次のようなやりとりがあります。

「闘いたい有名人は誰だ？」「……ヘミングウェイ」「じゃあ、歴史上の人物だったら？」「ガンジー。お前は？」「リンカーン」「ウィリアム・シャトナー」

「非暴力」で有名な「ガンジー」を、闘いの相手として引き合いに出すとは、かなり笑えるシーンです。普通ならモハメド・アリやマイク・タイソンといった肉体的に「強い」イメージの人物が出てくるはずですが、彼らが挙げたのは、そうは思えない、リンカーンやガンジーといった歴史上の人物、有名人だったのです。

4人の偉人の共通点は?

さて、「ガンジー」「ヘミングウェイ」「リンカーン」「ウィリアム・シャトナー」。この四人の共通点は何でしょう?

マハトマ・ガンジーは非暴力主義の提唱者で、イギリスからの独立運動を指揮した「インド独立の父」。インドでは親しみを込めて「バープー」(父親)と呼ばれています。

アメリカ第16代大統領、エイブラハム・リンカーンは、南北戦争で北軍を勝利に導き「奴隷解放の父」と呼ばれています。

「武器よさらば」「老人と海」などで知られる作家アーネスト・ヘミングウェイは「パパ・ヘミングウェイ」の愛称でも知られるように、アメリカの父親像の代表とされる人物。

ウィリアム・シャトナーは、聞き覚えがない人も多いでしょうが、テレビシリーズ『スタートレック(宇宙大作戦)』で、宇宙船エンタープライズ号のカーク船長を演じた俳優といえば、思い出すのでは。カーク船長は正義感と人間味あふれる熱血漢で、時に感情的になりながらも、決して諦めることなく危機や困難の解決にあたり、クルーからの信頼も篤い。つまり、エンタープライズ号の父親的存在です。

ガンジー、ヘミングウェイ、リンカーン、シャトナーの共通点は、「父親」です。つまり、主人公やタイラーは、何と戦いたかったのか？　その答えが「父親」だと、明確に示されているのです。つまり「父親殺し」をしたかった、というわけです。

「父親殺し」をせずに成長しないとどうなるのか？　目的、ビジョン、夢を持てない無気力な人間になりがちである、と既に説明した通りです。映画冒頭の主人公の姿を思い出してください。高価な北欧家具に囲まれた高級アパートに住む主人公は、金銭的には不自由のない生活をしていましたが、交通事故の調査というやりがいのない仕事に辟易とし、気の抜けたつまらなそうな表情で、毎日を無気力に過ごしていたではありませんか。将来のビジョンも目的も、全くない。つまり、「父親殺し」をしないで成長した人物像に、見事なほど当てはまります。

▼「悪しき父」は暴走する

力強くたくましい父親像。映画前半のタイラーは、主人公にとって「そうなりたい」と思わせる存在、つまり「Good Father」を具現化した存在として登場しています。しかし、ファイト・クラブのメンバーが増え、軍隊的な雰囲気になり、タイラーが「メイヘム（撹乱）計画」をスタートすると、クラブ自体が暴走し始めます。最初は子供のいたずら的な行動だったのが、爆弾の大量生産を始め、ビルを破壊するというテロ行為にまで暴走していくのです。

過剰なまでの暴力、破壊、攻撃性。そしてそれがコントロールできなくなり暴走する状態は、「Bad Father」を象徴します。「Good Father」だったタイラーが、行動のエスカレートとともに「Bad Father」に転化してしまうのです。

自分がなりたかった「Good Father」に対して、そうなりたくない反面教師的な意味合いを持つ「Bad Father」。タイラーと一緒にファイト・クラブを大きくしてきた主人公ですが、今度はその計画を食い止めようと必死になります。

映画を見ているとタイラーがなぜ「メイヘム計画」を推し進めようとするのかがいま一つ不明確です。しかし、「父性」が拡大するとともに「Bad Father」に変質し、暴走し始めた、と考えれば、その行動の変化は非常に腑に落ちます。

▼人は自分と似た人間を嫌悪する

もう一人の重要な登場人物が、マーラ・シンガーです。主人公は、彼女を「腫瘍のような女」と呼び、異常なほどに毛嫌いします。

なぜそんなに嫌っていたのでしょうか？　そして、その大嫌いだったマーラに、いつのまにか強い好意を抱くようになっていたのは、なぜなのでしょう？

コインランドリーの服を盗んで古着屋に売り、老人給食サービスの弁当をくすねて、なんとかその日の生活を食いつなぐ、最低の女。高級マンションで高価な家具に囲まれて暮らす主人公とは、全く人種が異なります。

しかし、二人とも同じように自助グループに通い、そこに束の間の安息を求めます。マーラも主人公同様、生きている実感がないのです。何のために生きているのか、目的も持たない。自殺しようと睡眠剤を飲んでも、主人公しか電話をかける相手がいない、友達もいない孤独な人間。不全感に包まれ、幸せとは縁遠い存在。

二人は、表面的には全く別の人間です。しかし心の内面は、そっくりなのです。主人公がマーラを嫌った理由。それは、自分の心の中の嫌いな部分が、彼女に投影されていたからでしょう。マーラを見ることとは、「生きている感じがしない自分」「自己に対する不全感」を直視することに等しいのです。

自分と性格が似ている人物に対して、自分のコンプレックスを客観的に見せつけられるようで、その人物を嫌ってしまう。心理学では、これを「近親憎悪」と言います。

では、そのマーラを、主人公はなぜ好きになったのでしょうか？　映画の後半で、彼女と激しくセックスするタイラーに対して、主人公は嫉妬を抱きます。これは、彼女に対する愛情の表れです。そして、ラストシーンで二人は結ばれます。嫌悪や憎しみが、なぜ愛情に変化していったのか？

マーラというキャラクターは、主人公のネガティブな部分のコピーとして登場しています。主人公の心の中にある、嫌なものの表象がマーラなのです。分身のようなものです。したがって、マーラを好きになるということは、自分自身の中にあった嫌いな部分を、愛せるようになったことを意味します。彼女に対する嫌悪が愛情に変わったということは、自分自身に対するコンプレックスを乗り越え、生身の自分自身を好きになれた、ということなのです。

タイラーが主人公の父性的存在として描かれていることは、前述のとおりです。そのタイラーがマーラとセックスするのを見て、強烈な嫉妬心が湧き上がります。タイラーからマーラを奪い取りたい。父親が愛する存在に対して嫉妬心を抱き、それを奪い取りたいという心理。これは、まさしくエディプス・コンプレックスではありませんか。

タイラーを殺す、つまり「父親殺し」によって、マーラを手に入れたいという願望は、ラストシーンで見事に成就します。

▼議論百出！ ラストシーンの解釈は？

主人公はタイラーの行動を調査していていく中で気づきます。タイラーは自分だった、と。

『ファイト・クラブ』を父性探しの映画と見るなら、最終的に父性はどこにあったのかというと、「自分自身」にあった、ということになります。

タイラーのビル爆破計画を阻止しようと必死の主人公は、彼と殴り合いになります。これは、「父親と戦う」ことの象徴です。

そしてクライマックスで、タイラーと対峙する場面。タイラーの暴走を阻止し、タイラーの存在を消すにはどうすればいいのか。主人公は、銃を口に当てて、引き金を引きます。自分の顎を撃ちぬいたのです。その瞬間、タイラーの姿は消えます。つまり、タイラーを殺した。「父親殺し」です。マーラと二人きりになった主人公は、マーラに言います。

「俺を信じろ。これからは全てうまくいく」

この時の主人公の目には、自信とやさしさがあふれています。さっきまでとは、目の輝きが違うのです。目前の高層ビルが爆発し、崩れ落ちます。

「出会いのタイミングが悪かった」とつぶやく主人公。

この瞬間、神経質な女マーラは、信じられないほどやさしい表情を浮かべます。主人公とマーラの心が通じ合った。生きている実感を持てずに、もがき苦しんでいた主人公とマーラは、この瞬間に圧倒的な充実感と、生きている実感を得たに違いありません。

主人公の気持ちを理解したマーラ。二人は自然に手を取り合います。次々と崩れ落ちるビル。幸せそうな二人の後ろ姿。

「父親殺し」を果たした主人公に、タイラーを生み出していた時のエキセントリックな雰囲気は微塵もありません。父親的な力強さ（父性）と、包み込むような圧倒的な優しさ（母性）を兼ね備えた、非常に調和のとれた人間へと成長しているのは明らかです。「父親殺し」による精神的な成長が、映像的に見事に表現されています。

また、トゲトゲしたイバラのような存在だったマーラが、血だらけの主人公を見て、ナイチンゲール精神を発揮し、やさしく血を拭き取ります。その時の彼女はまた、実にやさしい表情を浮かべるのです。「母性」とは無縁だったマーラが、母性を発揮しています。

二人の後ろ姿。ズボンを脱いで上着がダラーッと下に垂れた主人公は、まるでスカートをはいているかのように見えます。まるで、二人の女性が並んでいるかのように。血しぶきが飛ぶ激しい殴り合い、暴力、破壊衝動――全編を通して「父性」が描かれてきた『ファ

『ファイト・クラブ』のラストシーン

イト・クラブ』ですが、このラストシーンでは「母性」が急浮上します。

この二人の後姿から何が連想されるでしょう？　人によっていろいろなイメージがあるでしょうが、私には「父性と母性のバランス」が視覚化されているように思えてなりません。父性だけではダメだ！　父性と母性のバランスがとれてこそ、人の心は安定するのだと。

タイラーと主人公の人格的な統合。実は、もう一つの統合がラストシーンで描かれます。前項で、マーラは主人公の嫌な部分を表象した分身のような存在だと説明しました。彼女を愛せるようになったということは、自分を愛せるようになったということ。さり気なく手をつなぐ主人公とマーラ。心が通じあったことが映像的に表現されています。

崩壊するビル群を見つめる二人、画面は乱れ、暗転して映画は終わります。このラストシーンの解釈には、諸説あります。彼らがいたビルの地下に大量の爆薬があり、時限装置がセットされていたことから、このビルが崩壊した、つまり彼らは死んだと考える説。

一方、タイラーが爆破まで「あと30秒」と言ってから、目の前のビル崩壊が始まるまでに、なんと3分以上の時間が流れています。少なくとも、タイラーの言った時間に主人公がいたビルの爆発は起きていないのです。「あと3分」「あと2分30秒」。タイラーが何度も繰り返したカウントダウンは、何を意味していたのでしょうか？　原作には「何も爆発しない。ぼくは舌で銃身を生き残った頬によけて言う。タイラー、さてはニトロとパラフィンを混ぜたんだろう。パラフィンがうまくいった試しはないよ」とあるように、彼らがいたビルは爆発しません。映画でも、タイラーの予告した時間に爆発が起きなかったのは事実ですから、爆破が失敗したという見方もありえるでしょう。

しかし、主人公の後頭部に突き抜けた傷は極めて重傷で、そのまま放置すれば死ぬのは間違いありません。原作では「天国ではぼくは眠れる」と、主人公の死が予見されています。ビルが爆発したかどうかは別として、彼に死が迫っていることは間違いなさそうです。

これは、ハッピーエンドなのかバッドエンドなのか？　幸せを感じられなかった二人が至福の表情を見せている。二人が手にした束の間の幸福。これは、映画史上最も悲しいハッピーエンドなのです。

さて、『ファイト・クラブ』において、父性はどこにあったのでしょう。タイラーのように強い男になりたい。人から信頼され、リーダーシップのある男になりたい。しかし、タイラーは自分自身だった。つまり、自分が「欲しい」「なりたい」と思っていたものを、彼は既に手に入れていたのです。「父性」は、最初から自分自身の中にあったということ。ただ、それに全く気づかなかったというだけ。

「草食系男子」「肉食系男子」という言葉がありますが、最近は「ロールキャベツ男子」が人気なのだそうです。表向きは「草食系」だけど中身は「肉色系」。一見、爽やかで控え目に見えて、イザとなれば積極性を発揮し、女性をリードする行動力を発揮する。

「父性喪失」の時代といっても、それはただ「父性」が表現されていない、あるいは「父性」を表現しづらいというだけで、私たち一人ひとりの中から「父性」がなくなったことを、必ずしも意味しているのではないのかもしれません。

★

第2節　食卓と家族

映画を見る時、父親が家族の中で「父性」的な存在として機能しているかどうか、一瞬で判断する方法があります。それは、食事のシーンを見ればいいのです。

家族で食卓を囲む。まず、そこに父親がいるのか。そして、どういう役割を果たしているのか。それを観察するだけで、家族関係や、家庭での「父性」の問題が全て見えてきます。

いくつかの映画から「食卓」シーンを取り上げて、考察してみましょう。

▼アンバランスな三角形の食卓　〜『E.T.』

スティーブン・スピルバーグ監督の大ヒット映画『E.T.』（１９８２）の冒頭。納屋で物音を聞いたエリオット少年は、何やら怪しげな生命体を目撃します。

翌日の夕食シーン。エリオット、母、兄マイケル、妹ガーティの四人が食卓を囲んでいます。父親は、そこにはいません。ハロウィンの日にどんな仮装をするのかを話していますが、昨晩エリオットが変なものを見たという話になります。確かに何か目撃したというエリオットに対して、母や兄は、想像の産物だとか、アリゲーターか何かを見間違えたと全く取り合いません。信じてもらえないエリオットは「パパなら信じるのに」とつぶやきます。それに対して、「パパに電話してみたら」と言う母。エリオットは、「パパはサリーとメキシコだ」と思わず母を傷つける言葉を口にしてしまいます。父親は最近家を出て、愛人のサリーと同居しているということ、離婚の危機に瀕していることがわかります。映画後半、警官に家庭状況を説明するシーンでは「私と夫は、つい最近、別居（separated）しました」と言っていますので、正式に離婚しているわけではないようです。

兄は弟をからかい、母は夫の件でナーバスになっている。エリオットも、父親がいなくなったことを非常に寂しく思っていて、精神的に不安定な状態といえるでしょう。そうした不安定な「寂しい」心理状態で、エリオットは宇宙人E.T.と出会い、交流を深めていくのです。

食卓は、家族関係を象徴します。わずか2分ほどのシーンですが、エリオットの孤独、そして、何かギスギスした家族関係が見事に描写されています。

このシーンで一つおもしろいことに気づきます。彼らがご飯を食べているテーブルが、なんと「三角形」なのです。家庭の食卓では珍しいと思います。その一辺に「母とマイケル」、「エリオット」、「ガーティ」がそれぞれ座っています。

「三角形」の食卓というのは、とても不自然です。そこに三人が座るのならまだしも、四人が座っているので、非常に不安定な印象を与えます。つまり、家族の精神的な不安定さが、この視覚的な不安定さによってさらに増強されているのです。

『E.T.』は、両親の離婚の危機で精神的に落ち込むエリオット少年がE.T.との出会いと別れを通して成長し、精神的な危機を乗り越える映画といえます。

また、家族という視点で言えば、両親の離婚の危機によってバラバラになりかけた家族が、「E.T.を助ける」という共通の目的によって一

三角形のテーブル　『E.T.』

致団結し、その一件を通して、家族としての絆を回復する物語にも読めます。

実は、監督のスピルバーグも高校生の時に両親が離婚し、その後母親に育てられています。両親の離婚の危機に直面した落ち込み、それを乗り越えていく過程。この映画には、監督本人の実体験が反映されている、と言っていいでしょう。

2002年の同監督作品、レオナルド・ディカプリオ主演の『キャッチ・ミー・イフ・ユー・キャン』。16歳の主人公フランクは、両親が離婚すると聞き、ショックで衝動的に家を飛び出してしまいます。お金に困ったフランクは、偽造小切手の詐欺に手を染め、やがて世界各地で小切手偽造事件を起こし「天才詐欺師」と呼ばれる存在になっていきます。

ここでも、「両親の離婚」が主人公の一生に影響を与える大事件として描かれています。スピルバーグにとって、両親の離婚は非常にショックな出来事だったと推測されますが、だからこそ、その体験が『E.T.』でのエリオットの繊細な心理描写に役立っているのかもしれません。

▼対面しない家族　～『家族ゲーム』

おもしろい形の食卓で思い出すのが、森田芳光監督、松田優作主演の『家族ゲーム』（1983）です。受験を控えた中学生のいる沼田家にやってきた、風変りな家庭教師吉本が起こす珍騒動を描いたコメディ。公開当時、非常に大きな反響を呼び、森田監督は自身を「流行監督」と呼んだほどです。

この沼田家の食事シーンが、非常に奇妙です。2メートルほどの横長のテーブルに、父、母、二人の息子、そして真ん中に吉本が座り、真横にならんでご飯を食べるのです。横に並ぶというのは、言い換えると「向かい合えない」ということ。家族の心理的なすれ違いが、視覚的にも見事に表現されています。

ただ重要なのは、ここに父親がいるということです。「スレ違い家族」であっても、夕食の席には、父親がいるのが当たり前だった時代。もし今『家族ゲーム』がリメイクされるとしたら、食卓に父親がいないような演出になるのではないでしょうか。今の時代、そろって夕食を食べる家族は、コミュニケーションがとれてい

奇異な印象を与える横長の食卓シーン　『家族ゲーム』

る家族。「スレ違い家族」とは言えません。

▼『リトル・ミス・サンシャイン』のバラバラ感

バラバラな家族を示す食事シーンといえば、『リトル・ミス・サンシャイン』（２００６）の冒頭、フーバー家の夕食シーンを思い出します。

テーブルを囲むのは、オリーヴ（アビゲイル・ブレスリン）と両親、祖父母、兄と叔父。兄は９カ月間一言も話さない変人。老人ホームを追い出された祖父は、「また今日もフライドチキンか！」と怒鳴り始めます。同性愛者の叔父は、恋人にふられたショックで自殺未遂したことを話し出します。父は自己啓発プログラムと出版の話で頭が一杯。彼らの話は全く噛み合いません。

全員が揃わないうちに食べ始め、自殺未遂の話に及ぶと、「食事中にふさわしくない話題だ」と主張する父に、母が真っ向から反対し、結局その話を続けることに……。食事中に大きな音で鼻をかむ祖父、そして携帯をチェックする父。マナーも行儀もあったものではありません。彼らが食べるのは、ファーストフード店で買ったフライドチキン、それも紙皿で。飲み物はスプライトをプラスチックのコップで飲みます。さもおいしくなさそうに食べる面々。かろうじてサラダだけは、母のお手製。デザートは、冷蔵庫から出したアイスキャンディを箱ごと机の上にドーンとのせるのです。

会話もバラバラで、マナーも規範も全く存在しない食卓。何と一体感のない家族でしょう。そんな食事の最中に、オリーヴが「リトル・ミス・サンシャイン」美少女コンテスの最終審査に繰り上げ当選したという連絡が届き、家族全員でカリフォルニアに行くことが決まります。

一家全員が、黄色のミニバスに乗ってロサンゼルスのコンテスト会場を目指しますが、その道中で遭遇する様々な出来事を通して、空中分解寸前だった家族が一つに結束し、関係が回復していく……という物語です。

冒頭の食事シーンは、父性不在でバラバラの家族関係を説明するという意味で、非常によくできたシーンといえるでしょう。

▼『ヱヴァンゲリヲン新劇場版：破』の意外な展開

『ヱヴァンゲリヲン新劇場版：破』（2009）は、単なるテレビ版の映画化にとどまらず、テレビ版には出ていなかった新キャラクターが登場し、新しいシーンも多数挿入されており、キャラクターの性格や描かれ方まで変わった、斬新な作品です。

ネガティブ思考一直線だったシンジは、他人の心を気遣い、思いやりを随所で発揮します。

綾波レイは、ほとんど表出しなかった感情を露わにし、自分の気持ちを語り始めます。強気一辺倒だったアスカが弱音を吐き、シンジやレイに気遣いを見せます。シンジに厳しい態度をとり続けていた父ゲンドウですら、息子を褒め、認める言葉をかけたのには、驚かされます。

こうした意外なシーンが満載の本作の中でも、私が注目するのは、綾波レイの「お食事会」のエピソードです。

シンジの手作り弁当を食べたレイは、「ありがとう」と自分の気持ちを素直に伝えます。そして、今度はシンジのために自分が料理を作ろうと、全くしたことのない料理の練習を密かに始めます。そして、食事会にシンジを招き、手料理をご馳走しようと企画するのです。

この描写には大変驚かされました。人のために食事を作り、一緒に食べるというのは、非常に深く濃いコミュニケーションを意味するからです。人とほとんど交流を持とうとしなかったレイが、ここまで積極的に他者と関わろうという意外さ。シンジに対する感情、つまり恋愛感情も、漠然としたものではなく、非常に明確に描かれます。

そして、レイはこの食事会の場に、シンジには内緒で彼の父ゲンドウを招待するのです。その理由は、二人に仲良くなって欲しいから……。

このエピソードは、テレビ版「最終話」のシンジの温かな食卓シーン（187ページ参照）と対をなすと私は考えます。死んだはずの母も揃った、シンジのもう一つの人生「家族団欒」への願望を映像化したと考えられるシーンです。このように温かい家庭があれば、シンジはネガティブな性格にはならなかったでしょう。

映画の食事会には、シンジがいて父親がいる。そして、シンジが母親を感じる綾波レイがいる。それは、まさに「家族団欒」の実現です。

もし実現したなら、「食卓がもたらすコミュニケーションの親密化効果」によって、ゲンドウとシンジの関係性は変わっていたかもしれません。母性愛にめざめたレイは、シンジの代理母となり、彼の心の安定に寄与できたかもしれない……。

このシンジに「癒し」をもたらしたかもしれない食事会は、一体どうなったのか？ 続きを書くと、映画を見ていない人は大いに興ざめしてしまうので、ぜひ自分の目で確認してみてください。

▼『ソウル・サーファー』に描かれる家族の絆

アメリカ映画の食事シーンを見る場合、食事の前に父親が神への感謝のお祈りをするかどうか、ここを見て欲しいと思います。神＝父であり、その家長である父が神へのお祈りを捧げるということは、「父親」としてしっかりと機能している証拠となるからです。

『ソウル・サーファー』（２０１１）のハミルトン家は、非常に信仰の篤い家族で、日曜日には家族全員で教会に足を運び、食事の前には父親が必ず神へのお祈りを捧げるのが常でした。

ある日、中学生の娘、13歳のベサニーはサーフィンの練習中にサメに襲われ、右腕を食いちぎられます。かろうじて命は助かったものの、プロサーファーになるという彼女の夢は絶望的です。

怪我もようやく回復し、ベサニーは退院して家へ戻ります。そして、久しぶりに家族全員で食卓を囲むことに。しかし家族は、彼女にどんな言葉をかけたらいいのか戸惑います。励ましの言葉は、絶望のどん底にある彼女には、むしろ残酷に響くでしょう。お葬式のような暗いムードの中、家族はお祈りもなしに、おもむろに食事を始めます。

その時、ベサニーが一人、神への感謝のお祈りを唱え始めます。右腕を失ったにもかかわらず、神に〝感謝〟の言葉を捧げるのです。被害者であり最も落ち込んでいるはずの彼女が、家族全員を励ますかのように。感動させられるシーンです。

普段は父親のお祈りが当たり前なのに、それがなかった食卓。娘に何もしてやれない父親の自信喪失と罪悪感、そして家族の危機が表現されます。しかし、そこでベサニーが自らお祈りを捧げることで、家族をまとめ、救うのです。ほんの短いシーンですが、食卓をめぐる家族の微妙な心理が、パーフェクトに描かれています。

▼焼き鳥をめぐる感動エピソード　〜『ALWAYS　三丁目の夕日』

先に紹介した『ALWAYS　三丁目の夕日』のライスカレーのシーンは、非常に感動的で家族の結束を象徴していました。このシリーズでは、「食卓と家族」の描写がしっかりと描かれています。もう一つ例を挙げてみましょう。

小児科医、宅間（三浦友和）が、「焼き鳥」をお土産に帰宅するシーンです。

「ただいまぁ」と帰る宅間に、「お父さん、おかえり」と駆け寄って抱きつく可愛らしい娘。

そして、「今日はお忙しかったでしょう」と気遣いの言葉をかける妻。

「ほら、焼き鳥買ってきたぞ」。「やったぁ、お父さんありがとう」。

一口焼き鳥を食べて「おいしいね」と娘。

「うまいか、そうか。おーい、お前も食べなさい」と妻にも促す。

「じゃあ、いただきます」と妻も一口食べ「本当、おいしい」。

「おいしいね」と再び満面の笑顔の娘。

ビールを飲みながら、幸せそうに妻と娘の顔を見つめる宅間。

可愛い娘と美しい妻が、喜んで、そしておいしそうに焼き鳥を食べる。絵に描いたような幸せな家族が、そこには描かれます。

しかし、次の場面で、宅間は草むらで酔いつぶれて寝ています。これは、彼の夢だったのです。実は、妻子は東京大空襲で亡くなっていました。夢の中のシーンではありますが、宅間が妻と娘を心から愛していたこと、そして今も愛し続けていることが、充分すぎるほど伝わってきます。

もう一つ、「ただいま」「おかえり」「いただきます」「ありがとう」と挨拶、感謝の言葉が、親子の間で、きちんと交わされていることがわかります。つまり、親しき仲にも礼儀あり。挨拶や感謝の言葉が普通に出てくる。これは、宅間家には規範が存在していたということ。彼が父性的な存在であったからこそ、仲睦まじい安定した家族関係であったことが、この短いやりとりだけからもわかるのです。

▼家族関係を見抜く！ ～食事シーンの見方とは？

映画を見ていると、一本の映画に一箇所は食事シーンが出てくるものです。「家族」が描かれる作品では、特にそうです。前述のように、そこを見れば、父親の位置づけ、父性のある家族なのか、ない家族なのかがわかります。

見分け方のポイントは、まず、食卓に父親がいるかどうか。仕事で遅くなり、たまたまいない場合でも、それは「いつもいない」ことが多いことを意味します。

次に、父親がどこに座っているか。テーブルの中心なのか。そして、「いただきます」と言って食べ始めているか。「いただきます」という言葉が普通に出るということは、「礼儀」が保たれている、規範が行き届いているということです。

アメリカ映画なら、食べる前に神へのお祈りを捧げているかも重要です。通常、一家の長、父親がお祈りを捧げます。父親が家族の中心としての立場をしっかりと維持している証です。

また、食事中の子供の態度にも注目です。汚い食べ方、みっともない食べ方、好き嫌いをしていないか。あるいは、それを親がきちんと注意しているか？　注意するのは、母親なのか、父親なのか。子供の食事マナーを親が注意しない家族は、規範が保たれていない。父親がその場所にいても、その役割が保たれていない、つまり「父親不在」と同じです。

『クレイマー、クレイマー』では、父親が息子のタマネギ嫌いを厳しく注意します。タマネギを食べないと、チョコチップのアイスクリームを食べさせないぞという父。その言葉を無視して、タマネギを食べずに、勝手にアイスを食べ始める息子を、さらに厳しく叱ります。

食事が終わっていないのに子供がテーブルを離れたり、食事の最中にテレビを見ているのも、規範が乱れている証拠です。

このようにわずか数分の食事シーンにも、家族関係が見事に集約して描かれているはずです。

▼食卓を囲むことで、家族関係が強化される

毎日夕食だけでもごはんを一緒に食べれば、1年間で300時間以上を共有できます。食卓は、今日あった出来事を話す場であり、「同じもの」を食べ、「おいしい」という体験を共有する場でもあります。あるいは子供にマナーを教える、規範を示す場所でもあるのです。

子供はハンバーグ、お父さんは焼き魚、のように親子でメニューを分けるのは、あまりよく

ありません。同じものを食べて「おいしい」という「喜び」「感動」（喜怒哀楽）を共有できないからです。

「同じ釜の飯を食う」と言いますが、親は「お米」子供は「パン」と、違うものを食べていては、共通体験にならないし、子供が自分の好きなものを食べるというのは、既に規範が失われ始めているということ。また、食育も成立しなくなります。

家族で食卓を囲み、家族全員で同じものを食べることで、人間関係は「密」なものへと変化していきます。逆に、食卓を囲めない場合は、人間関係は「疎」なものへと変化してしまいます。家族関係が崩壊する最初の一歩は、家族で食卓を囲めなくなる、ということです。

人の振り見て我が振り直せ。映画の食卓シーンを見るたびに、「我が家の食卓は大丈夫か？」と振り返って欲しいと思います。

★

第3節　娘の父親探し『オペラ座の怪人』

▼娘の結婚を左右する父親イメージ

「父親探し」や「父性」を描いた作品を紹介してきましたが、その多くは「息子」による父親探し。父子といっても、息子との関係性が描かれた作品がほとんどでした。

ここまで読んできて、「じゃあ、父と娘の関係というのはどうなのか？」「娘による父親探しはどうなのか？」と疑問に思った人も多いでしょう。親子と言っても、息子が同性である父に抱く感情、期待する役割と、娘が異性である父に抱く感情、期待する役割はかなり異なってきます。

息子の場合、父は人生で最初の「ライバル」であり、自分の前に立ちはだかる壁となりますが、娘の場合は「人生で最初に意識する異性」です。恋愛に似た感情を抱くこともありますし、その後の人生における「男性のイメージ」「恋人や結婚相手として期待する男性像」に大きな影響を与えるのです。

娘と父親の心理を考える上で、格好の題材は『オペラ座の怪人』でしょう。フランスの作家ガストン・ルルーによって1909年に発表された小説を、アンドリュー・ロイド・ウェバーがミュージカル化した『オペラ座の怪人』が有名で、日本でも劇団四季が上演していますし、2004年にはジョエル・シュマッカー監督で映画化もされました。

私はブロードウェイで見ましたが、音楽面、楽曲が素晴らしいのは当然として、次々と変わる豪華で大掛かりな舞台装置の迫力に、舞台ならではの醍醐味を感じました。そして見逃せないのは、ファントムとラウルの間で揺れ動くクリスティーヌの心理です。

この時は家内と一緒に観たのですが、彼女いわく「金持ちのボンボンのラウルと、ストーカーのようなファントム。どっちにも魅力は感じないし、この二人の間で迷うクリスティーヌの気持ちが理解できない」……多くの女性はクリスティーヌに感情移入し、「私ならラウルにしようかな？　ファントムの方が良いかな？」と両手に花の心境を楽しむようですが（笑）。

ラウルは昔からずっとクリスティーヌに思いを寄せる真面目な性格の青年ですが、確かに単なる金持ちのボンボンで、おもしろみに欠ける男とも言えます。

一方でファントムは、クリスティーヌに情熱的な愛情を見せますが、それが度を越して暴力的、犯罪的、偏執的になっていきます。こちらは、キャラが個性的すぎるというわけです。二人の性格、人物描写が非常に極端に、対比的に描かれています。

女性なら、似たような経験をしたことがあると思います。真面目で正直、普通の会社員である良夫さんとつきあっています。そこに、定職につかないプレイボーイ風の悪夫さんが現れました。何かかげりのある悪夫さんに、妙に魅かれてしまう……ということが。

男性のタイプをザックリと二つに分けると、次のようになると思います。

良夫さん型（ラウル型）　　正直、真面目、誠実、堅実、純粋、良心的、平凡、退屈

悪夫さん型（ファントム型）　　力強さ、強引、影がある、不真面目、プレイボーイ風、時に暴力的、反社会的

もちろん、一人でこの両方の側面を持っている男性もいます。普段はすごく真面目でも、時にハメをはずす人もいるでしょうし、非常におとなしいのに時に暴力的になるとか、一見悪そうなのに、実は誠実であるとか。

しかし、『オペラ座の怪人』では、男性が持つこの二つの側面を、それぞれ極端に単純化して、ラウルとファントムという二人のキャラクターとして描き出しています。

真面目で実直だが万年係長の風采の上がらない父親に育てられれば、悪夫さんのように野心家で危険なタイプの男性に憧れるかもしれません。いつも浮気ばかりしている父親に育てられれば、決して浮気などしない生真面目な良夫さんのタイプに憧れるかもしれません。

しかし、精神医学の例で言うと、アルコール依存症の暴力的な父親に育てられた娘は、口では「そんな男性は絶対に嫌だ」と言いながらも、同じタイプの暴力的な男性とつき合ったり、結婚していたりという例をよく見かけます。

「父親と反対のイメージ」に憧れつつ、「父親のイメージ」にも魅かれてしまう。あくまでも、無意識レベルの話ですから、当の本人には好きな男性の顔に、父親の顔がオーバーラップするわけではありません。

▼父親離れできないクリスティーヌ

さて、クリスティーヌの場合はどうだったでしょうか。彼女の父親は、幼い頃に死んでいます。したがって、彼女の父親に対するイメージには美化された部分があり、「良い父」のイメージが主体となっていると言えるでしょう。

そこに、自分の父とは少し違ったタイプのファントムが現れます。しかしながら、クリスティーヌにとっては、「父親に対する愛情」と似た感情から、ファントムとの関係が始まっているように思います。

父親が死ぬ間際に、娘に残した言葉。

「私が天国に行ったら、代わりに〝音楽の天使〟をお前に遣わそう」

そして、ファントムは自分が「音楽の天使」であり、クリスティーヌの守護者であると装い、彼女に近寄るわけです。本来の娘の守護者は父親ですから、「音楽の天使」は、父親の代わりということになります。そして、「音楽の天使」を装うファントムもまた、父親の代わりであり、クリスティーヌの父親に対する愛情を悪用していると言えます。

そこに現れた金持ちのラウル。彼はオペラ座のパトロンであり、クリスティーヌの支援者です。つまり、彼もまた彼女の守護者であり、父性を担った存在であるわけです。

さて、ラウルに思いを寄せながらも、ファントムもまた気になります。ファントムが何か事件を起こしそうな予感もあり、思い悩むクリスティーヌ。

そこで彼女は、父親の墓所を参ります。このシーンが非常に重要です。というより、これがないと、クリスティーヌが「父性」の狭間で悩む作品だと、わかりづらくなってしまうのです。クリスティーヌは父親離れができておらず、父親に依存した部分がありました。しかし、ここで彼女は父親と決別します。「父親殺し」であり、父親離れをして大人になった、と言ってもいいでしょう。

このシーンは、ファントムとラウルの対決とも、クリスティーヌが二人のどちらを選ぶのかという「選択」ともとれます。父親の墓前で、父親と反対のタイプのファントム、そして父親と似たタイプのラウルのどちらを選ぶか。結局ファントムとは決別し、ラウルを選ぶのです。

つまりクリスティーヌは、墓前で父親と決別しながらも、その代理として父親と似たタイプのラウルを選んでしまっているのです。ファントムはクリスティーヌを拉致し、強硬な手段に出ようとしますが、「良夫さん」型の男性を選んだ彼女は、強引で暴力的な行動をとられるほど、ファントムへの思いは醒めていきます。

このように、「父性」という見方を入れることで、一見根無し草のようにフワフワと二人の男性の間で揺れ動くクリスティーヌの心理が、非常にハッキリと見えてきます。

▼ファントムと容姿コンプレックス

『オペラ座の怪人』のラスト。ファントムが潜伏していた地下に追っ手が迫ります。しかし、そこにファントムの姿はなく、彼の仮面だけが残されています。仮面が白く光り輝き、印象的なラストです。

さて、ファントムが残した仮面は、何を意味するのでしょうか？　ファントムがどこかで生き永らえた、ということは想像がつきますが、もう少し深く考えてみましょう。

ファントムは二面性を持った存在として登場しています。「偽りの自分」と「本当の自分」とでも言いましょうか。「音楽の天使」を偽る彼と、本物の彼。クリスティーヌを愛する純粋な彼と、それが行きすぎて犯罪行為に及んでしまう過激な彼。

猿のオルゴールにも収められていた曲「マスカレード（masquerade）」。「仮面舞踏会」の意味ですが、動詞として「〜のふりをする、〜を装う」という意味もあります。ファントムは、本当の自分の姿を隠し、別の自分を装っていたと理解できるでしょう。

その仮面はクリスティーヌに取られてしまいます。その時、ファントムは異常なほど狼狽します。単に自分の醜い顔を見られてしまった、それ以上のショックがありそうです。本当の自分をさらけ出されてしまったので、大きな動揺を見せたということになるでしょう。

ファントムは自らの容姿のせいで、昔からひどい目に遭っており、その容姿に強いコンプレックスを持っていました。映画には、見世物小屋に入れられ、そこから逃走するエピソードがあります。

自分の暗い人生の全ての原因は、その「容姿」にある。ファントム自身はそう考え、自分に自信をもてずにいたはずです。ファントムは、そんなコンプレックスの塊のような存在なのです。それが、仮面をかぶることで、強気で積極的で強引な男として、クリスティーヌの前に現れることができたのです。

物語後半のファントムの暴走は、彼の心の「悪」ということで多くの人は理解するようですが、この「悪」の根源は、抑圧された「容姿へのコンプレックス」という負のエネルギーの解放、爆発と理解することもできます。

あるいは、クリスティーヌの父親のイメージ「音楽の天使」で登場したファントムは「Good Father」ですが、暴力的、破壊的になって暴走していくファントムはまさに「Bad Father」です。「Good Father」から「Bad Father」への変貌。

クリスティーヌを諦め、一人残されたファントムが、猿のオルゴールに向かって、マスカレードを口ずさみます。非常に寂しげですが、このシーンがとても重要です。

♪「あなたがまだ見ぬ世界から、あなたの顔を隠す」

ファントムが仮面を置いていったということは、「まだ見ぬ世界」、すなわち外の社会から隠れて生活していた彼が、外の社会へ出て行ったことを指すのではないでしょうか。「容姿へのコンプレックス」を克服し、本当の自分と向かい合うことができるようになった。

ファントムのコンプレックス克服という視点で見れば、このラストは、ハッピーエンドと見ることもできるのです。

もし『オペラ座の怪人』を見る機会があれば、その歌詞に注目してください。「father」という言葉が何度も何度も繰り返し使われているのがわかります。父親離れができていないクリスティーヌが、そのイメージに引っ張られながら、恋人選びをしていく。娘にとって「父親」との関係、「父親」のイメージが、恋人や夫選びに大きな影響を与えていることがよくわかると思います。

★ 第4節 シングルマザーと父性の問題

▼母一人の子育ての難しさ ～『おおかみこどもの雨と雪』

子育てには「父性」が大切です、という話をすると、母親一人で子育てをしているシングルマザーの方からは、「シングルマザーの父性はどうしたらいいのですか？」と質問を受けます。家の中に父親がいない。子供は、どこに「父性」を求めたらいいのか、ということです。

第2章でも書きましたように、父性は男性が担うもの、母性は女性が担うものではありません。男性の中にも母性的な部分があるし、女性の中にも父性的な部分があります。ですから、母親が母性と父性の両方を担うのは、十分に可能です。ただ、現実的には「厳しさ」と「優しさ」の二つの顔をうまく使い分けるのは、非常に難しいことだと思います。

シングルマザーの子育ての難しさを描いた作品で思い出すのは、『サマーウォーズ』の細田守監督作品『おおかみこどもの雨と雪』（２０１２）です。

大学生の花は、大学の教室で謎めいた男と出会い、恋に落ちます。彼は、自分が「おおかみおとこ」だと告白しますが、花はそれを受け入れて二人の子供を産み、「雪」と「雨」と名づけます。しかし、第二子の「雨」が生まれた直後に男は亡くなり、花は女手一つで二人の「おおかみこども」を育てることになります。都会では、たびたび狼に変身してしまう雪と雨を育てるのは難しく、山奥の古民家に移住し、自然豊かな環境での子育てが始まります。

父親不在の子育て。子供たちにとっての父性は、どこにあったのでしょうか？　頑固で偏屈な老人韮崎。韮崎は、花に厳しいことを言いながらも、丁寧に作物の作り方や、農業の基本を指導します。村の人達に花を助けるよう指示するなど、陰ながら花を支えていました。花にとっては非常に心強い存在であったことは間違いないでしょうが、子供たちと韮崎がからむシーンはありません。

雪と雨が大げんかするシーンがあります。家の中を走り回り、戸や本棚を倒して家具を壊すほどの大げんか。花は止めようと必死になりますが、二人は全く聞き入れず、傷だらけになるまでけんかを続けます。この時、花は自分の「厳しさ」の不足、つまり父性の不足を実感したのではないでしょうか。もしここに「父」がいれば、あるいは父親の厳しさがあれば、けんかを止められたのではないかと。

外交的で積極的な雪と、内向的で消極的な雨。学校生活を楽しむ雪に対して、雨は次第に学校に行かなくなります。父性とは、子供を社会へと引っぱり出すもの。父性不在で育った子供が、不登校やひきこもりなど、社会に出ていくのを躊躇するのは、よくあることです。

農作業と家事だけをこなし、社会との接点をもたないでいた花は、自然観察員のアシスタントという職を見つけます。自然や動物について学ぶことで、雪と雨の養育に役立てたいというのが、この仕事に就いた動機として説明されますが、不登校になっていた雨に対する心理的影響という意味でも、プラスの意味があったと考えられます。雨がしばしば花の職場を訪れていたように、「社会」との接点が生まれたからです。

子供は、親を非常に忠実にモデリングします。父親がいて、毎日会社に出かける場面を見ていれば、「社会に出る」ことの必要性、必然性ということを、子供ながらに感じますし、外の世界に何があるのかという「社会」への好奇心も自然に湧いてきます。自分も「社会に出たい」、例えば「幼稚園に行きたい」「学校に行きたい」という願望が自然に芽生えるでしょう。

しかし、シングルマザーで母親が働いておらず、家事しかしていないとすれば、「家から社会に出る」ことを子供に見せられません。子供は、社会に出るというイメージを持てないのです。人間はずっと家にいても生活できるんだ、と無意識に学習するかもしれません。母親がずっと家にいるのに、子供に「学校に行きなさい！」と言っても、説得力がないのです。

そうした点をふまえて見ると、雨が学校に行かなくなり始めたタイミングで、それまでずっと家にいた花が外で仕事を始めた、というのは非常に意味があることです。

あまり外に出たがらなかった雨が、ある頃から一人で外出するようになります。「先生」に会いに行くのだと言う雨。「先生」はいろいろなことを教えてくれると、目を輝かせて語ります。これは人付き合いの苦手な雨にとって、非常に珍しいことです。

雨と一緒に、山の中へ「先生」に会いに行く花。それは、山の主である老キツネでした。雨は、自然の掟や狩りの仕方など、自然の中で生きる術を教えてもらっていたのです。

雨が、この「先生」に強い父性を感じていたことは間違いないでしょう。大雨の後、雨は花に言います。「先生」が足に怪我をして、もうじき亡くなってしまう。自分がその後を継いで、「山の主」の役割を引き受けないといけない、と。

「先生」と同じ役割を引き受ける。親と同じ仕事をしたいと子供が言い出すのは、強い父性を感じている証拠であると説明しました。雨は、「先生」に対する強い敬意・尊敬の念とともに、「自分もそうなりたい」と、強い父性を感じていたのです。

さて、雨は「山の主」に父性を求めましたが、雪はどうだったでしょう。雪は、転校生の草平に興味を抱くものの、「獣臭い」と言われたのがショックで、彼を避けるようになります。その理由を草平に問い詰められて動揺した雪はおおかみに変身し、彼の右耳を傷つけてしまいます。雪の秘密を知った草平ですが、それを誰にも語らずに、雪を守ります。常に雪をリードする彼は、小学生ながらもしっかりと自立した部分を持っていて、雪は草平に惹かれていきます。そう、雪は家で得られなかった父性を、草平に見出したのではないでしょうか。

二人の子供、雪と雨。父性をどこに見つけたかというと、家の外です。母親の花の中には、「父性」は見出せなかったのです。

▼代理父でも子は育つ　～『幸せのレシピ』

シングルマザーの父性をどこに求めるのか？　父親がいなくても、子供のそばに「父親的な人」がいればいいのです。父親の役割を少しでも代替してくれる「代理父」を探す、というと仰々しいのですが、子供から信頼されて、子供の遊び相手になってくれて、父親と年齢が近い男性であれば、「代理父」の条件としては、十分です。

実の父親ではないけれど、子供が父親のような愛着を感じてしまう。『幸せのレシピ』（2007）のワンシーンを思い出します。

ニューヨークの人気レストランで料理長を務める、完璧主義のケイト。副料理長として入ってきたニックは正反対の性格で、ときに衝突することも。突然、ケイトの姉が交通事故で亡くなり、その娘ゾーイを引き取ることになります。子育てなどしたことのないケイトは戸惑いながらも、子育てと仕事との両立を目指しますが、なかなかなついてくれないゾーイに苦しみます。

ケイトはある日、ゾーイを自分のレストランに連れて行きます。すると、ちょうど父親の年齢にも近いニックは、ゾーイとうまくコミュニケーションをとり、おいしいパスタを作ってあげます。ケイトの食事をほとんど口にしなかったゾーイは、そのパスタをペロリと平らげるのです。ケイトとニックの仲は深まり、ある日ケイトの家で食事をすることに。ピッツァの生地を一緒にこねたり、ニックと協力して料理を作るゾーイ。ずっと落ち込んでいた彼女に、満面の笑みが見られます。

ゾーイがニックに父性を感じていたことは、間違いないでしょう。その後も、彼女はニックに非常になついていきます。

自分の父親と同年齢くらいのニック。ゾーイにとって信頼できる人であり、よき遊び相手です。素晴らしい「代理父」だったはずですが、何か父親らしいことをしているかというと、特にそうでもありません。話し相手であり、遊び相手。でも、それだけでも、彼女の心を安定させて、十分に「父親」の役割を果たしていました。

子供にとって、自分の父親と同じくらいの年頃の男性と交流する、というだけで、父性はかなり満たされるのです。ですから、シングルマザーの場合「父親の代わりもしなくてはいけな

『幸せのレシピ』

い」と自分を追い込むよりも、子供の遊び相手になるような男性が、時々家に来るような環境を作ればいいのです。

一昔前なら「親戚のおじさん」「近所のおじさん」でよかったのですが、少子化で兄弟が減った昨今、親戚のおじさんが遊びに来ることも少ないでしょう。また、地域コミュニティが消失しつつある中、近所のおじさんに子供の面倒をみてもらうのも、特に都会では無理な話です。

ですから、恋人や友達でもいいのです。子供の遊び相手になるような男性が、ときどき家に遊びに来てくれるようにするだけでも、父親不在によって生じる子供の精神的不安定さを、かなり軽減できるはずです。

特定の人にそうした役割を頼める状況になければ、友人の男女数名を招いてホームパーティーをしてもいいでしょう。そこに子供も同席する。普段が、母と子の一対一の食卓だとすれば、そこに男性が入ることで、バリエーションのあるコミュニケーションが生まれます。そうした些細なコミュニケーションでも、あるかないかでは大違い。父性不足を補う一つの方法として、有効だと思います。

父性は男性のみが担うものではなく、また母性は女性のみが担うものではありません。父子家庭においては父親が母親的な役割をすることも必要ですし、育児に積極的に関わる「イクメン」（育児を積極的に行う男性）や「専業主夫」が増えている今、男性にも母性的な役割が必要なケースが増えているのです。

母子家庭、父子家庭のどちらにも言えますが、父性、母性のバランスを考え、子供と接していくことが大切だと思います。

第6章

父性回復の処方箋

©『アメイジング・スパイダーマンTM』発売中
4K ULTRA HD & ブルーレイセット4,743円(税別)/Blu-ray 2,381円(税別)/DVD 1,410円(税別) 発売・販売元:ソニー・ピクチャーズ エンタテインメント
© 2012 Columbia Pictures Industries, Inc. All Rights Reserved. Marvel, and the names and distinctive likenesses of Spider-Man and all other Marvel characters: TM and © 2012 Marvel Entertainment, LLC & its subsidiaries. All Rights Reserved.

「父性を取り戻そう」「父性を復権しよう」という主張には、「権威的な父親に苦しめられてきた人はたくさんいる。父性の復権など、とんでもない」という反論が必ず出てきます。「父性」＝「権威的な父親」というイメージを持っていると、そう考えても仕方がありません。

確かに、権威的な父親、子供に対して厳しすぎる父親は、子供の生育にとってプラスにはならないのは明らかです。「父性」が弱いのもよくないことですが、強すぎる父性というのも、また子供にとってはマイナスになるのです。父性を取り戻そうと言った場合、それは「Good Father（良き父親）」を目指そうという意味なはずです。当然、権威的で威圧的、厳格すぎる父親や、暴力をふるう父親を目指そうということではありません。

私は父性の方向性について、目指すべき父親像を「Good Father」（良き父親）、目指すべきでない父親像を「Bad Father」（悪しき父親）という表現を使ってきました。父性を探し、発見し、取り戻すためには、このイメージをもう少し明確にしておく必要があるでしょう。

▼「悪しき父親」のパターンはたったの3つ

まず、ダメな父親像「Bad Father」のイメージを明確にしておきましょう。私は20年以上、精神科医として患者さんを診察する中で、患者さん本人との面談は当然として、患者さんの父親、母親とも会い、何百人もの家族と面接してきました。
患者さんが精神疾患に陥る。その場合、本人だけではなく、家族にも問題がある場合がほとんどです。大きなストレスを抱えたとしても、家族がそれを共有し、うまく支えることができれば、精神疾患にまで至らずに、何とかなる場合が多いからです。
何百人もの患者さんの家族と面談してわかるのは、父親と母親のどちらか、あるいはその両方に問題があるケースが非常に多いということです。母親の問題については、また機会があれば別な本で論じたいと思いますが、問題のある父親「Bad Father」には、いろいろな方がいるわけですが、シンプルに分類すれば、わずか3パターンに分けられることがわかりました。

「Very Strong Father」(強すぎる父親)
「Weak Father」(弱い父親)
「Ordinary Father」(普通の父親)

の3型です。

「Very Strong Father」(強すぎる父親)は、父性が強すぎる父親像です。先に挙げた、権威的な父親、子供に対して厳しすぎる父親がそうです。映画で言えば、『エヴァンゲリオン』の碇ゲンドウ、『シャイン』の厳しすぎるほどにピアノを指導する父親、『ある愛の詩』の言うことを聞かない息子の仕送りを止める父親、『ツリー・オブ・ライフ』のブラッド・ピット演じる父親、『チャーリーとチョコレート工場』の甘いものを厳しく禁止する歯科医の父親など。

父親の役割は、規範やルールを示すこと。そしてそれを守らせるための「厳しさ」が必要です。しかし、それが行きすぎると子供は萎縮してしまい、規範やルールにがんじがらめになり、自由な行動や発想ができなくなります。自分で判断できなくなり、常に親の顔色をうかがうようになってしまいます。

また、「Very Strong Father」には、子供に対して暴力をふるう、子供を虐待する父親も含まれます。父性には「強さ」「たくましさ」のイメージがありますが、それは子供を守り、庇護するための強さです。妻や子供に暴力という形で向かってしまっては、本末転倒です。

「Weak Father」(弱い父親)は、父性が弱い父親です。これは絶対的な弱さというよりも、母親との相対的な関係で見たほうがいいかもしれません。妻の言葉に反論もできない、妻の言いなり。子供を叱るのは妻で、夫はなだめ役に回ってしまう。

もちろんそういうことがたまにはあってもいいと思いますが、常にそういう状態では、子供にとっては「頼りない父親」「不甲斐ない父親」となり、尊敬の対象にはならないのです。映画の例で言えば、『理由なき反抗』のジムの父親、『普通の人々』の弁護士の父親、『崖の上のポニョ』のポニョの父親・フジモトなどです。

父性というのは、強すぎてもダメだし、弱すぎてもダメ。ちょうどよい父性が必要なのです。ただ、これは先に述べたように、母親とのバランスということもありますから、一概には言えません。一つの目安としては、子供から、尊敬、畏敬の念で見られているか、ということです。「Very Strong Father」は、畏敬を超えて「畏怖」「恐怖」の対象となりますし、「Weak Father」は「軽蔑」の対象になってしまいます。


では、適度な父性があれば、それで「Good Father」になるのかというと、やっかいなことにそうはならないのです。

私の知人が不登校で学校に行けなくなった子供たち専門の家庭教師をしているのですが、彼に不登校の子供の父親に何か共通点はないかと尋ねてみました。そうすると意外な答えが返ってきました。不登校の父親には「普通のお父さん」が多い、というのです。

特に悪いところはないけれども、目立った特徴もないお父さん。社会人としては及第点がつくでしょうが、子供には明確なビジョンを示していない。つまり、凄い父親でも、魅力的な父親でもない。「Ordinary Father」（普通の父親）は、「Bad Father」の一つのパターンなのです。

この例を映画で言えば、『クレイマー、クレイマー』のテッド、『機動戦士ガンダム』のアムロの父親テム・レイ、『ベンジャミン・バトン　数奇な人生』の主人公の実の父親、『幸せへのキセキ』（2011）、『ファミリー・ツリー』（2011）の父親などです。
今の日本では、「Very Strong Father」は少なく、「Weak Father」と、特に「Ordinary Father」が多いのではないかと思います。

▼「強すぎる父親」の一例　～『シャイン』

厳しい父親で思い出すのは、96年のスコット・ヒックス監督『シャイン』です。実在の天才ピアニスト、デイヴィッド・ヘルフゴットの実話を基にした作品。メルボルンに生まれたデイヴィッドは、厳格な父親の下、ピアニストになるべく幼少時から英才教育を受けて育ちました。地元では天才少年と呼ばれ、アメリカの音楽大学へ進学できる道が開かれたにもかかわらず、父親は強引にその申し出を断ってしまいます。大いに落ち込むデイヴィッド。さらに数年後、今度は、イギリスの王立音楽院に留学する話が持ち上がります。父親はやはり大反対し、デイヴィッドを殴りつけます。そして「二度と家の敷居はまたがせない」と勘当を言いわたし、二人は完全に決別します。

全てが自分の思い通りにならないと気が済まない父親。自身がやはり厳しい父親に育てられ、子供の頃に音楽をやりたかったのに、やらせてもらえなかった。そのため大人になってから独学でヴァイオリンやピアノを勉強したという、つらい過去がありました。

彼は自分の元から旅立とうとする息子を送り出せません。「断ち切る」働きによって、家庭から社会への船出を助けるのが父親の役割のはずなのに、この子離れできていない父親は、反対に息子を家から外に出そうとしないのです。

父親がこだわっていたラフマニノフの「ピアノ協奏曲第3番」。コンクールで、この世紀の難曲に挑戦するデイヴィッド。練習への異常なのめり込みと、過剰な熱中。猛烈なプレッシャーの中、デイヴィッドは見事にこの曲を弾きこなしますが、精神に異常をきたし精神病院に入院することになります。

コンクールでの演奏を密かに聞く父親。彼も息子のことが気になっていたはずです。病院を退院してからデイヴィッドは、一度、家に戻ろうとします。電話で「僕だよ、戻った」と話す息子に対して、父は無言で電話を切るのです。二人の和解は、果たされませんでした。

デイヴィッドは彼を支える素敵な女性と出会い、結婚し、コンサートでピアノを弾きこなせるまでに回復していきます。それから何年もたち、父親が突然、彼の元を訪れます。「お前は運がいい」「私の愛は誰よりも強い」と昔と同じことを言い、抱擁する父。しかし、デイヴィッドの顔には笑みがみられません。何も変わらない、権威的なままの父。冷たい空気のまま、父は去っていきます。

父親も息子に一流のピアニストになって欲しいと思っていたはず。しかし、厳格すぎる性格ゆえに、息子をがんじがらめにしばりつけ、過剰なプレッシャーを与えてしまっていたのです。

父親の厳しさがあってデイヴィッドのピアノが上達したという一面もありながら、その厳しさが、結局、デイヴィッドを追い詰め、精神病を発病させることになったのです。「Very Strong Father」は子供を追い詰め、ゆったりとできない、余裕のない性格を作り上げてしまう危険性があります。

▼「弱い父親」の一例　～『理由なき反抗』

ジェームズ・ディーンの代表作『理由なき反抗』には、典型的な「Weak Father」が登場します。

17歳の高校生ジム（ディーン）は、次々と問題を起こし、引越しを繰り返していました。ジムの父親は気弱で不甲斐ない一方、母親は男まさりで、いつも父親をやりこめています。強い母親と弱い父親。ジムは「ママがパパを骨抜きにしている」と言いますが、その不甲斐ない父親を見て、彼の苛立ちは一層大きくなるのです。

ジムは言います。「パパにママを殴る勇気があれば、ママも楽になるのに。あんな人間にはなりたくない」。「父親のようになりたい」のが父性ですが、ジムは父親のようには絶対になりたくないと明言するのです。

命がけのチキンランで、ジムの競争相手バズは、崖から転落して死にます。事実を警察に打ち明けるというジムに、父と母は大反対します。「知らぬ顔をしても罪は罪だ」と言うジムに、父は「お前は自分の罪を悟っている。それでいい」と、警察に行く必要がないと言うのです。ものの善悪、規範を示すのが父親の役割。息子の方が明らかに筋が通っています。ここでも規範を示せない父を、ジムはさらに軽蔑します。

バズの不良仲間が、ジムに仕返しをしようとつけ狙います。ジムの友人プレイトウはそれを防ごうとしますが、ことは警察沙汰となり、銃を持っていたプレイトウは射殺されてしまいます。友人を失い悲しむジム。

そこで父は息子に寄り添いながら言います。「今度こそ私を信じてくれ。どうなろうと二人で戦おう。お前の望みどおり強くなってみせる」。ジムの肩を抱く父。二人は、ここでようやく和解します。ジムは、長く苦しめられていた苛立ちからようやく解放されるのです。

この映画のタイトルは『理由なき反抗』ですが、ジムが父親に反抗していた理由は明快です。「Weak Father」である父親の不甲斐なさが、ジムを苛立たせていたのです。一般に「Weak Father」の息子は、衝動のコントロールが難しくなります。父親とぶつかりながら、自分の力の限界を知り、衝動をコントロールできるように成長するわけですが、ぶつかるべき父親が弱すぎると、衝動のやり場がなくなってしまう。結果として、喧嘩したり、人をいじめたり、暴力をふるったりと、おかしな方向へ衝動を向けるということが起こってくるのです。

精神科医の福島章は『非行心理学入門』で、現代の若者が非行に走る原因について考察しています。そこで父性と母性について書かれた一節が興味深いので、引用させていただきます。

……これを「言葉」「論理」を意味するギリシャ語の「ロゴス」を使って、「ロゴス」的機能の低下と言ってもよかろう。ロゴス機能はまた父性原理ともいわれる。これは一言でいえば「切る」機能である。母性原理の機能であるエロス機能がすべてを「包む」機能であり、子供を守り、育て、かかわり、良い子も悪い子も分けへだてなく愛し慈しむ機能であるとすれば、ロゴス機能は善と悪に分け、裁き、子供に自立と分離をうながす機能である。よく言われるように、現代においては母親の機能が肥大化し、過保護・過拘束・母子共生などが目につく。もっとも、母性的なものが氾濫する半面、父親らしい父親が少なくなったことは否定しがたい事実であろう。第二の母親のような、優しい物分りのよい父親が多くなった。

そこで少年たちは、かつての時代のように、父親と同一化することによって社会の規範や道徳を内面化することが難しくなり、父親のように強くたくましい人間になるために必要なモデルを見出しえなくなったのである。

福島章著『非行心理学入門』（中公新書）より

これを読むと強い父親のモデルを見出せなかったジムが、苛立ちを強め、なぜ暴走していったのか、その心理がよくわかると思います。

『理由なき反抗』には、他に二人の重要な人物が登場します。ジムの恋人となるジュディ。彼女もまた親に反抗して家を飛び出しますが、その父親は非常に権威的な「Very Strong Father」として描かれます。もう一人、ジムを慕う友人プレイトウ。召使いのいる邸宅に住んでいますが、父親はおらず、養育費だけが送られています。つまり、父親不在の環境で育っています。「Weak Father」の父を持つジム、「Very Strong Father」の父を持つジュディ、父親不在のプレイトウ。『理由なき反抗』は、父親の問題を抱える三人の「反抗」のドラマだと言うことができます。

▼父性とは「灯台」である

「父性」というのは、言うなれば「灯台」のようなものです。「灯台」の光を見ながら、自分の位置を確認し、船は航海します。灯台の光が弱すぎたり、見えなかったりすると、どこを航行しているかわからなくなり、目標を失って難破や座礁してしまうことになります。

「父性」とは、「父親的な力強さを持った存在」であり、「自分の目標や敬意の対象となる存在」、「そうなりたいという存在」です。

そうした「父親」との関わりを通して、社会に船出するための目標を定めることができるようになるわけです。逆にうまくいかないと、社会に船出ができなくなる「不登校」「ひきこもり」「ニート」といった状況を引き起こすこともあるのです。

ごく普通の平凡なサラリーマン。勤勉で仕事も熱心、きちんと家計を支える父親は、「良き父親」のように見えますが、あまりにも「普通すぎる」存在感のない父親は、「灯台」の役割を果たさなくなってしまいます。

子供や妻に対して何一つマイナスのことをしていなくても、「灯台」の役割を果たしていなければ、「父親」の役割を果たしていないということ。人柄や性格がどんなに良かったとしても「Bad Father」になってしまいます。

特に悪い点はないが、子供の「目標」にも、「反面教師」にもならない。「灯台」の役割を果たさない普通のお父さんが「Ordinary Father」なのです。

▼「普通の父親」では灯台になれない　～『ベンジャミン・バトン 数奇な人生』

父性は強すぎても、弱すぎてもダメ。では、「普通」ならいいのか、というと、それでもダメなのです。

『ベンジャミン・バトン 数奇な人生』のベンジャミンは、捨て子で父親がいません。

老人施設の前に置き去りにされた赤ん坊ベンジャミン。彼は不思議なことに、80歳の姿で生まれ、成長するにつれ若返っていくのでした。ある日突然、父親を名乗る男が現れます。その男は、工場をいくつも経営する資産家でした。両親の消息が全くわからなかった彼にとって、父親が現れたのは非常に嬉しいはずですが、全くそうした様子はみられません。80歳の姿で生まれた容姿の醜い自分を捨てた父親が憎かったのか。そうではない、はずです。彼が父親を父と思わなかったのは、実の父に全く父性を感じなかったからです。

この父親は、ごく普通の良い人です。経済的にも成功していますし、特にこれといった短所も見当たらない。しかし、反対を言うと目立った個性も長所もない、ということ。ベンジャミンにとって、この父親は「そうなりたい」姿からは程遠いものだったのです。

むしろ、彼を初めて雇ってくれた、酒癖、女癖は悪いが、たくましく、非常に個性的なタグボートの船長の方が、はるかに魅力的であり、父性的な存在に見えたはずです。

父性というのは難しいものです。特に大きな欠点もない「普通の人」は、社会的には歓迎されるかもしれませんが、父親としては歓迎されないのです。

▼仕事人間としての「普通の父親」

仕事ばかりであまり子供を構わない、というのも「Ordinary Father」に含まれます。

例えば、『クレイマー、クレイマー』でダスティン・ホフマンが、『幸せへのキセキ』でマット・デイモンが、『ファミリー・ツリー』でジョージ・クルーニーが、それぞれ演じた父親や、コーエン兄弟監督『シリアスマン』（２００９）の平凡な大学教授などです。いずれも仕事ではか

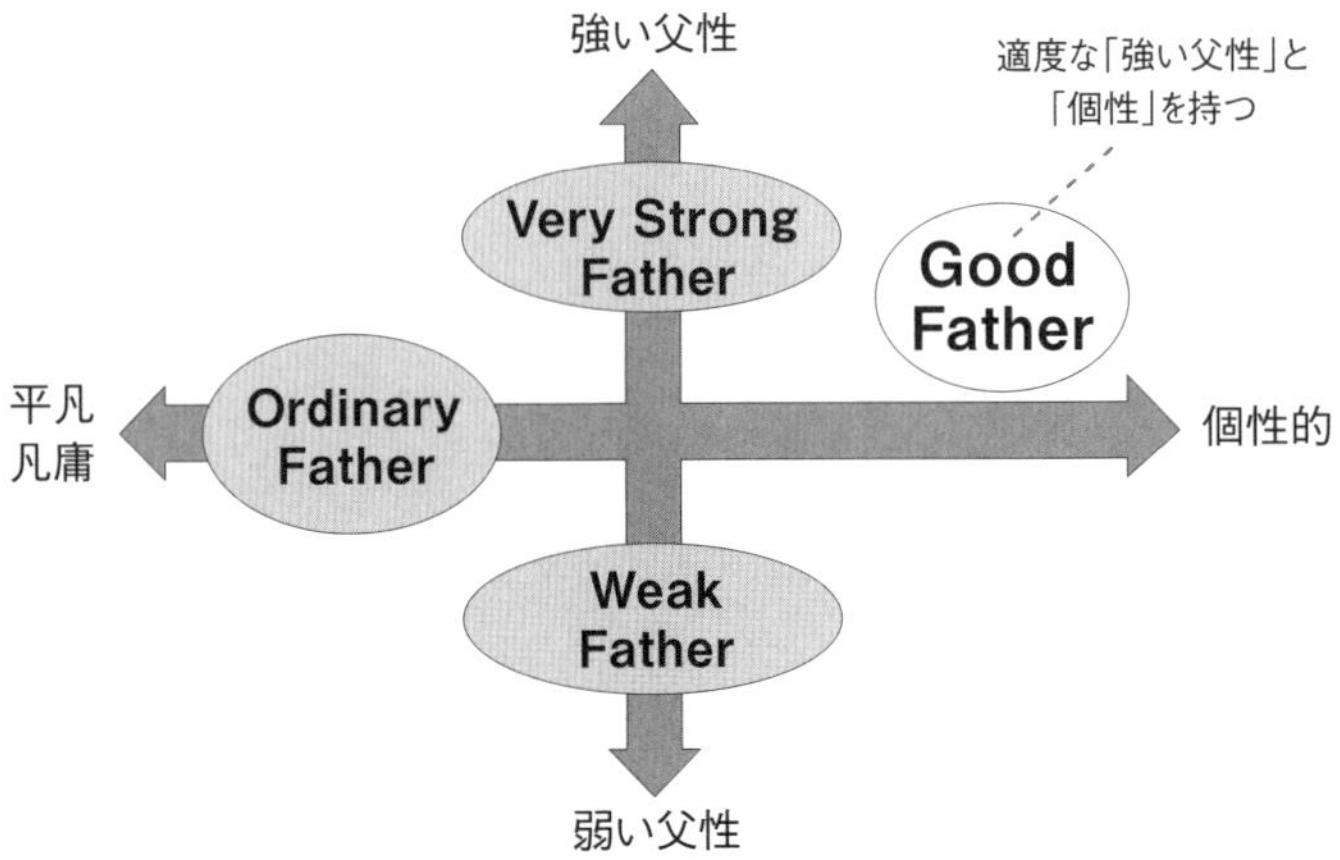

Good FatherとOrdinary Father

なりの結果を出して、職場や社会的な場では評価され、人間的にも頑張り屋で大きな欠点はありません。

しかし、子育てや育児を完全に妻任せにすると、子供とのコミュニケーション量が圧倒的に少なくなり、子供にとって「父親」として機能しなくなってしまいます。

どんなに会社や職場で頑張っていても、その姿を子供に見せない限りは、子供はそれがわからないし、尊敬のしようもありません。仕事中心の生活をしていて、子供ときちんと対峙できていない、子供と向きあえていない、ということもあるでしょう。

適度な「父性」を最初から持っているのに、一緒にいる時間が少ないために、子供にその父性が注がれていない。その意味で父性不足になってしまうのです。

「Ordinary Father」は、決して人間的に悪い人ではありません。家族を支えるため、必死に働いていたはずが、いつの間にか子供や妻とのコミュニケーション不足に陥り、子供や妻からも信頼を失ってしまう。日本人の必死に働くお父さんに、多いパターンかもしれません。

▼「個性的な父親」～個性的な父親が子供を活発にする

「Ordinary Father」は、特徴がないのが特徴ですから、なかなかイメージしづらいかもしれません。そこで、反対の例を示してみましょう。

その対極は「Unique Father（個性的な父親）」とでも言いましょうか、「ユニークな父親」「個性的な父親」「こだわりを持った父親」です。映画『釣りバカ日誌』のハマちゃん、漫画『クッキングパパ』の荒岩一味などがそうです。

万年ヒラのサラリーマン、ハマちゃんこと浜崎伝助。いつも「釣り」のことしか考えていません。社会人としてはある意味失格ですが、憎めない性格です。

何か熱中する趣味を持つ。一芸に秀でる特技や長所を持つ。父親は子供に頑張っているところを見せることが大切ですが、それは仕事に限らないのです。趣味や遊びの領域、一緒に遊ぶ中でも、子供に「お父さんって凄い」と思われることが、父性につながります。

▼「良き父親」をめざすために

では「Good Father」とは、どんな父親像なのかと問われると非常に困ります。「良い父親」のイメージは人によって様々で、研究者によっても異なるし、時代とともに変化するものでもあります。「父性」を定義できないのと同様、「Good Father」を定義するのも困難なのです。しかし、その要件はいくつかあると思います。既に各章で、いろいろな映画からエッセンスを抽出しながら、断片的に書いてきました。それをまとめると、以下の4つです。

(1) 規範を示している
(2) 尊敬、信頼されている
(3)「凄い」「そうなりたい」と思われている
(4) ビジョン、理念、方向性を示している

父親として、あるいは社会人(リーダー)として「Good Father」になるのは、一朝一夕にできることではなく、非常に難しいとは思います。ただ、そうなろうと意識することが、まず重要なのです。

▼父性喪失への5つの処方箋

「父性喪失」の時代、私たちができること、すべきことは何でしょう。それは、私達一人ひとりが父性的な存在になっていく——今よりも少しでも父性的な存在へと、変化、成長するしかないでしょう。

父性回復の処方箋には、5つの方法があり得ると思います。

まず、自分が「父親殺し」をして自己成長し、自分のビジョンを持てる大人になる、ということ。

2つ目。自己成長によって父親の問題を超える、ということ。

3つ目。既にお子さんがいる場合、子供との間で実際の父親として「良き父親」になる、「家庭」の中で父性的存在になる、ということ。

4つ目。父性とは父親だけが持つべきものではありません。父親以外の尊敬できる誰か「メンター」に父性を求めるということ。

5つ目。社会人として、特に部下を持つ会社員や経営者、リーダーの役割を持つ人が、「父性」的であることによって得られるメリットは計りしれません。つまり、「社会」の中で父性的存在になる、ということ。

これらについて、それぞれ考えていきたいと思います。

▼処方箋1　父親との和解で自分が「父親」になる

成長して大人になっていく過程で「父親殺し」が必要。これは、既に何度も書いた通りです。神話や映画の「父親殺し」は、ドラゴンやモンスターを退治することですが、現実の世界で、我々はどうやって「父親殺し」をして大人になればいいのでしょうか?

「父親殺し」とは、父親と折り合いをつけることでもあります。父親に反抗し、そこで生まれたわだかまり——それを「和解」という手段で解決できれば、それは心理学的な「父親殺し」という意味を持つはずです。

◎父親と和解する

「こんな家にいられるか!」と家を飛び出す息子。「二度とうちの敷居はまたぐな!」と怒鳴りつける父親。映画やドラマのシーンではよくあるパターンですが、現実においても、父親との確執や遺恨を抱えている人は少なくありません。むしろ非常に多いと思います。

私の患者さんでも、10年以上父親と会ってもいないし連絡もとっていないという人が、何人かいます。また友人にも、母親とは会っていても父親とはずっと口もきいていない、という人が実際にいます。

そこまでの決定的な対立、決別とまではいかなくても、思春期、あるいは20代での父親とのぶつかり合いが、その後、10年、20年、あるいはそれ以上の長期にわたって、何らかの心理的影響を及ぼしているケースは数えきれないでしょう。

軽微なものを含めると、ほとんどの人が、父親、もしくは母親との関係に、何らかの問題を感じているはずです。みなさん、世間的には「父親とも母親とも、うまくいっています」と言いますが、実際はそうではない。無意識レベルでのトラウマになっていて、自分でも気づいていない場合もあるでしょう。

ですから、「父親と確執を持っている」人は、多くの家庭が仲睦まじいなか、「自分だけが不幸な家庭で育った」と思い込みがちですが、それは間違いです。ほとんどの人が、何らかの親との確執を持っているのが普通であり、別に珍しいことではないのです。

父親と確執を持った子が、和解できないまま父親を亡くしてしまうと、非常に悲惨です。「なぜ、生きている間に和解しなかったのか……」と、一生、後悔することになるからです。

◎ジョージ・ルーカスと父親の和解

「父親との和解」で私が最初に思い出すのは、『スター・ウォーズ』のジョージ・ルーカスの実父とのエピソードです。彼の父親、ジョージ・ウォルトン・ルーカスは、カリフォルニア州モデストで、一番大きな文房具店を経営していました。ルーカスは四人兄弟ですが、男は一人だけ。父親は、彼に自分の店を継いでほしいと強く願っていました。

一方、ルーカスは、辺境の惑星タトゥイーンから抜け出したいルーク・スカイウォーカーと同様に、退屈な田舎町モデストから抜け出したいと、ずっと思っていました。また、退屈な家業だけは継ぎたくないと思い、写真への興味をつのらせ、ロサンゼルスの大学への進学を考えて父に告げます。当然、父親はそれに強く反対しました。

「おまえはせいぜい、ディズニーランドの切符係にしかなれないだろう。まともな仕事に就けるはずがない。2、3年で尻尾を巻いて帰ってくるに決まっている」

ルーカスもまた叫びます。「もう二度と戻ってくるもんか！　絶対、30歳になる前に、大金を掴んでやる」——そう言って、家を飛び出したのです。

ルーク・スカイウォーカーは、ルーカスのニックネーム「ルーク」からつけられたもの。つまり、ルーカスの分身のようなものであり、ダース・ヴェイダーは「象徴的な父親」イメージであるだけではなく、長身で屈強なルーカスの父親のイメージが反映されていると考えられます。

『ジェダイの帰還』で、ルークはヴェイダーと対決しますが、最後には父アナキン・スカイウォーカーと和解に至ります。

ルーカスは、『スター・ウォーズ』の成功後に父と和解し、断絶した関係は修復されたとインタビューで語っています。

ルーカスは人生の師として三人の人物をあげています。一人目が父、二人目が映画監督フランシス・F・コッポラ、三人目が神話学者ジョーゼフ・キャンベルです。自分の尊敬する人物として父親の名を挙げている――それは父との和解が本物であったことを示すものです。

◎父親との遺恨の解消が間に合わないと……

父親が存命中に関係修復できたとすれば、それは非常にラッキーなことです。そうではない映画が、いくつかあります。

例えば『ミッション：8ミニッツ』（2011）。シカゴで乗客全てが死亡する列車爆破事件が発生。最新機器を使った犯人捜査のため、米軍エリートのスティーブンスは、事故犠牲者の事件発生8分前の意識に入り込み、その8分間で爆破の犯人を捜査していきます。しかし、一度に得られる情報は微々たるもの。過去の「8分間」を何度も繰り返すことで、次第に事件の全貌が見え始めるのです。

この中で、興味深いエピソードがあります。スティーブンスは、父親との遺恨があり絶縁状態。スティーブンスは戦地で死んだことになっており、父は失意のどん底にいるはず。父に謝り、遺恨を晴らしたいスティーブンスは、その8分の間に父に電話しますが、つながりません。犯人探しをしなければいけない貴重な「8分」。本来なら命令違反にもなる行為ですが、それだけにスティーブンスにとっては、死ぬ前に父親との遺恨を晴らすというのが極めて重要な意味を持っていたことが、よくわかります。

『ALWAYS 三丁目の夕日'64』は、「父親との遺恨」をどう解消するかが、大きなテーマになっています。

売れない小説家の茶川は、信州の大きな家の出身。小説家になりたいと言う茶川に「小説家になんかなれっこない。二度とうちの敷居はまたぐな」と、父は絶縁を突きつけます。

そんな父に反発し、何年も実家に戻っていなかった茶川は、ある日、「父危篤、すぐ帰れ」の電報を受け取りますが、会わせる顔がないと、放置します。偶然それを見つけた妻ヒロミに、自分は父の死に目に会えなかったことを今でも後悔していると、いますぐ帰省するよう説得され、渋々実家に戻ります。ところが、父は既に亡くなっており、葬儀も終わっていました。

父の書斎に入る茶川。そこには、茶川の小説が掲載された雑誌が一冊残らず、きれいに並べられていたのです。

中途半端な気持ちでは絶対に成功できないとわかっていた父は、退路を絶つため、つまり息子の小説家としての成功を願って、絶縁を装っていた。つまり、「愛のムチ」だったわけです。

父は、茶川の小説が載った雑誌を近所の人に自慢げに見せていたと、家政婦が語ります

父の愛に全く気づくことなく、家を出て以来ずっと父を憎み続けてきた茶川は、「なんてお

れは馬鹿なんだ」と自分を責め、泣き崩れます。

失敗したら実家に戻ればいい。そんな家への依存心を「断ち切る」ための、父親の愛のある絶縁。まさに、父性的な行為です。茶川は「とりかえしのつかないことをしてしまった」と、生きている父と和解できなかったことを、心から後悔するのです。

父親との遺恨。実は根が深いと思っているかもしれませんが、遺恨や確執があろうが、父親は父親なのです。血のつながりは切れません。一昔前の父親は、権威的、支配的、断定的で、父性が強すぎる「Very Strong Father」が多く、子供にマイナスの効果を及ぼすこともあったでしょうが、子供を叱り、厳しいことを言う——その源泉には「父性愛」があったはずです。

しかし、子供の側からは、なかなか見えづらい。父親が亡くなり、自分で子供を持ち、子供がひどく自分に反発する頃になってようやく気づくようになりますが、それでは遅すぎるのです。

ですから、もしあなたが父親との遺恨や確執を抱えていて、あなたの父親がまだ生きているのであれば、すぐにでも「和解」すべきだと思います。「和解」という言葉に抵抗があるのなら、父に会いに行く。帰省する回数を増やし、コミュニケーションの回数、時間を増やす。結果として、それが意識せずとも、「和解」につながっていくはずです。

◎父親も必ず和解したいと思っています

こちらが和解したいと思っていても、父親にはそんなつもりはないだろう。「頑固親父のあいつは、絶対に和解などするはずがない」という人もいるでしょう。しかし、あなたが和解したいと感じているのなら、おそらくあなたの父親も同じように感じているはずです。

父親と和解できないまま亡くしてしまうことが、大きな心の傷になるように、父親も自分の子供と和解できずに死んでいくとしたら、それは人生の大きな後悔であり、悲しい最期なのです。

その辺の心理が描かれているのが、『最高の人生の見つけ方』（２００７）です。末期癌で余命6カ月を宣告された大金持ちのエドワード（ジャック・ニコルソン）と修理工のカーター（モーガン・フリーマン）。二人は、残された人生で「やりたいこと」のリストを書き、エドワードの資金力で全て実行していきます。

世界一周しながら、ピラミッドやタージマハルなどの観光地を訪れ、レーシングカーに乗ったりスカイダイビングをしたり、サファリでのハンティングなど、やりたいことを全てやりつくした二人。

そして、エドワードが最後にやり残したこと。それが、「一人娘との和解」だったのです。絶縁して何年もたち、孫ともずっと会っていない。カーターの強い勧めで、勇気を振り絞り、娘に会いに行きます……。

全てが手に入る大金持ちのエドワードにとって、人生で一番大切なことは、「子供との和解」

だったということ。カーターも家族と離れたことで、自分にとって一番大切なものは、家族だったと気づきます。

「家族」との良好な関係があっての幸せ。タイトルの『最高の人生の見つけ方』、それは家族を大切にする、ということだったのです。

私たちが帰る場所は、最終的に家族、家庭しかないのです。「家庭」から父性原理の「断ち切る」チカラによって社会へ船出させられた我々。時々は母港（実家）に戻り、燃料や物資（心のエネルギー）を補給しなければいけません。家族とは、かけがえのない存在。家庭は、私たちが帰る場所なのです。

◎和解に言葉などいらない

生きている父との和解に成功する映画としては、『チャーリーとチョコレート工場』（2005）が思い出されます。テーマパーク的なおもしろさが満載で、日本でも大ヒットしました。

一見すると楽しげな作品ですが、ジョニー・デップ演じるウィリー・ウォンカの意地悪さ、性格の悪さに、不快感を持った人もいるかもしれません。しかし、心理学的に見れば、「ウォンカは性格が悪い」という設定が、この映画の根幹をなすことに気づきます。

ちまたで大人気のウォンカ製チョコレート。世界一のチョコレート工場の主、ウォンカは、ゴールデン・チケットを引き当てた五人の子供たちを工場に招待し、見学を許可すると発表しました。チャーリー少年は、失業中の父母、そして祖父母が二組いる極度に貧乏な家で、けなげに明るく暮らしていました。そんな彼がチケットを手に入れ、工場に招待されることになったのです。

ウォンカは最初、チョコレート工場見学で子供たちに夢を与える「良いおじさん」として登場します。しかし実際は違いました。五人の子供たちはチョコレートの川にのみ込まれて溺れそうになったり、ダストシュートに落ちてゴミだらけになったり、ペチャンコにおしつぶされたりと、散々な目にあいます。

それを見てほくそ笑むウォンカ。これは彼の罠だったのです。まんまと罠にはまっていく子供たちを見て、してやったりの表情を浮かべます。つまり、ウォンカの「ウサ晴らし」のために子供たちは招かれ、悲惨な目にあっていくのです。

これは心理学的に言えば、「代償」です。ウォンカは子供の頃、歯科医である厳格な父親から、甘いものを完全に禁止されていました。ハロウィンの夜、もらったチョコレートやキャンディを全て暖炉に捨てられてしまう——そんな体験がトラウマになっていたのです。

結局、ウォンカは「チョコレート職人になる！」と、反対する父親を押し切って家を出ます。それからずっと、家に帰ったことも、父親と顔を合わせたこともありません。

ウォンカは、「両親（parents）」という言葉が、のどから出てきません。それは「両親」が大きな心理的問題になっていることの現れです。

甘いものを禁止されたウォンカが、自分でチョコレート工場を開いてしまう。その心理は、「反動形成」として説明できます。これは、抑圧された考えや感情と、正反対のことをする防衛機制のことです。

ひどい目に遭うのは、大好きなチョコレートを食べ続けるオーガスタスや、チューインガムを3カ月噛み続けるバイオレットに象徴されるように、お菓子を自由に好きなだけ食べられる子供たちです。自分は「お菓子を食べられなかった」「もっとお菓子を食べたかった」という抑圧された感情が、「お菓子を自由に食べられる子供たち」にぶつけられたのです。

◎心を開くだけで「和解」は成功している

ウォンカの性格の悪さにはある種の不快感を抱きます。しかしそれは、最後の「気づき」のシーンを引き立てるための映画的なスパイスですから、ある意味仕方がないと言えるでしょう。

チャーリーの家族愛に触発され、また彼が一緒についてきてくれることもあり、何十年も会っていなかった父親に会いに行くウォンカ。甘いものの禁止は歯を気遣ってのこと、父親の愛情の表れであるということに気づき、関係修復をしようとするのです。

実家の壁は、ウォンカがチョコレート工場の経営者として成功を収める新聞記事で埋め尽くされ、さらにスクラップブックにも記事が整理されていました。それを見たウォンカは、自分を陰ながら見守ってくれていた父親の愛を実感するのです。

ウォンカを患者と間違えた父は、診察台に彼を座らせ、歯をチェックします。歯並びを見て、自分の息子だと気づく父。

「これだけの年月、デンタル・フロスしていないとは」「一度もね」

数十年ぶりの親子の会話としては、あまりにも淡白です。しかし、二人の間に言葉など必要ありません。無言のまま抱擁し合う二人。これで和解できたのです。

和解に言葉などいりません。ただ心を開き、対面するだけでいいのです。「父親との和解」は、非常に敷居が高いように思えますが、それは自分が心の防波堤を作り、構えているからに他なりません。心を開いた瞬間、既に「和解」は成功している、とすら言えるでしょう。

◎死んだ父と和解する方法

生きている父親と和解するには、勇気を振り絞るだけで可能となりますが、既に父親が死んでいる場合は、もう「和解」などできっこない、と思うかもしれません。

しかし、死んだ父とも和解はできます。その代表作が、『フィールド・オブ・ドリームス』（１９８９）です。

アイオワ州の田舎町で農業を営むレイ・キンセラ（ケビン・コスナー）。ある日、トウモロコシ畑で「それを作れば、彼が来る」という謎の言葉を聞きます。その言葉から強い力を感じ取った彼は、家族の助けのもと、何かに取り憑かれたように生活の糧であるトウモロコシ畑をつぶして、小さな野球場を作り上げます。

ある日の晩、娘が夕闇に動く人影を球場に見つけます。そこにいたのは、八百長疑惑で球界を永久追放され、失意のうちに生涯を終えた〝シューレス〟ジョー・ジャクソンでした。その後も、「彼の苦痛を癒せ」「やり遂げるのだ」といった幻の声に従ってレイが行動を起こすにつれ、その夢の球場には、既に死んでいるはずの大リーグの名プレーヤーたちが続々と集まり、試合を始めるまでになります。

しかし借金返済が滞り、トウモロコシ畑も球場も手放さなければならない危機に追い込まれるレイ。最後のゲームを終え、球場にいた一人の選手に気づきます。それは、レイの父親、マイナーリーグの選手だった頃の、若き日のジョン・キンセラでした。

レイは、17歳で父親と口論の末に家を飛び出し、以後、顔を見ることのないまま、彼が結婚した年に、父は亡くなります。妻の顔も見せられずに亡くなった父。それを後悔していたレイにとって、父との再会は「夢」のような出来事です。

レイが父について語ります。「親父にも夢はあったろう。でも何もしなかった。声を聞いたかもしれないのに、耳を貸さなかった。何一つ冒険しなかった。僕はそうなるのが怖い」――父親のようにはなりたくない、と。つまり、レイにとって父親は、尊敬できない存在だったのです。

メジャーリーグのグラウンドに立つことができなかった父は、息子に期待をかけて、野球を教えます。しかし、レイは10歳で野球が重荷になり、14歳では野球を断固拒否するようになり、17歳の時「親父は犯罪者を英雄視している」と、ひどいことを言って家を出ます。犯罪者とは、八百長疑惑をかけられたシューレス・ジョーのことですが、後にレイはジョーが無罪であったことを知ります。

父親との確執。しかし、それはレイの誤解によるものでした。彼は、父親と和解したいと思っていたはずですが、その機会を得る前に亡くなってしまったのです。

若き日の父と再会したレイは、妻と娘を紹介します。

素晴らしいフィールドを歩きながら父は言います。「夢が叶った気がする」と。父の夢は、メジャーリーグでプレイすることだったはず。実際に、この「夢の球場」でメジャーリーガーたちとプレイできた。それを指しての言葉でしょう。

将来に向けて目を輝かせている若き日の父を見て、父が夢に向かって努力していた過去を知ります。父には夢がなかった、夢に向かって努力しなかったと思い続けてきたレイは、今まで知らなかった「父」の本当の姿を初めて知るのです。この瞬間、彼は父に敬意を抱いたはずです。

レイは言います。「父さん、キャッチボールをしよう」。

淡々とボールを投げ合う二人。そこには何の会話もありませんが、二人が心を通わせたことは間違いありません。

これを父親との「和解」というのは、若干の語弊があるかもしれません。若き日のジョンは、息子レイとの確執について何も知らないのですから。しかし、レイの立場から言えば、父親とのわだかまりは、このキャッチボールによって、すべて消えてなくなったでしょう。

「和解」というのは、お互いが打ち解けあい、理解する必要があるように思えますが、このキャッチボールのシーンを見れば、そうではないことがわかります。自分が素直になり、相手を理解する。「和解」とは、一方的にでも成立するのです。

ですから、死んだ父とでも、和解は可能なのです。

▼処方箋2　自己成長で「父親」の問題を超える

本書の冒頭でも少し触れましたが、2012年公開の映画を見ていて、なんだか非常に似た作品が多いと感じました。『ものすごくうるさくて、ありえないほど近い』『ヒューゴの不思議な発明』『アメイジング・スパイダーマン』『TIME／タイム』『ももへの手紙』『虹色ほたる～永遠の夏休み～』の6作品です。

『ものすごく～』は、9・11のテロで父を亡くした少年が、父が遺した「鍵」に合う鍵穴を探し求める物語。『ヒューゴの不思議な発明』は、父を亡くした少年が、父の遺した「からくり人形」に隠された秘密を探る物語。『アメイジング・スパイダーマン』は、幼少時に父を亡くした青年が、父が遺した遺伝子研究のノートから、どんな研究をして、何をしようとしていたかを探る物語。『TIME／タイム』の主人公の父は、命と同等の価値を持つ「時間」を賭けたバトルで亡くなりますが、その詳細な理由はわかりません。「時間」をめぐる冒険を通して、自分の父の死の真相が明らかになっていく物語です。
『ももへの手紙』は、亡くなった父が少女ももに残した、「ももへ」とだけ書かれた、書きかけの手紙。その続きに、何を書こうとしていたのか。妖怪たちとの不思議な出会いを通して、父からのメッセージを探る物語。『虹色ほたる～永遠の夏休み～』は、父を交通事故で亡くした少年が、偶然、ダムに沈む村にタイムスリップし、そこで父親の死の秘密を知る物語です。

これらの作品の共通点は、父親は既に亡くなっており、父の遺品に託されたメッセージを探る、あるいは父の死の原因や理由を探る。全て「父親探し」が、物語の中心かサイドストーリーとして埋め込まれていて、最後には「父親からのメッセージ」と対峙することによって「父親との一体化」を果たし、自己成長し、「父親」との間にあったわだかまりや、問題を乗り越えるというものです。

一昔前の映画には、「父親探し」をテーマにしながらも、実際の父が生きているというパターンが結構あったはずですが、これら２０１２年公開作品は、主人公の父親は既に死んでいます。つまり「父親不在」の主人公が登場し、「父親探し」とはいっても、父親は既に死んでいるので、

「父親からのメッセージ」を探すという展開をとります。

これは、現在の「父性不在」を象徴しているようでもあります。現代に「父性はない」ということを前提として、その「既に消えてしまった父性」を探すか、あるいはその代替になるものはないか、と問いかけているようでもあるのです。

◎「鍵穴」に父親のメッセージはあったのか？

『ものすごくうるさくて、ありえないほど近い』は、非常に見ごたえのある作品でした。

対人関係が苦手なアスペルガー症候群の11歳の少年、オスカー。彼がただ一人心を開いていた父親（トム・ハンクス）は、9・11のテロの時、ワールドトレードセンターで命を落とします。死の間際、父親は家族と連絡をとろうと電話をかけます。オスカーは家にいたのに電話には出ず、切迫した父親の言葉が留守番電話に残されました。その直後に起こったビルの崩壊。

オスカーは父親の死を悲しみ、落ち込みます。そしてさらに、最後に電話で父親と話すことができたのに、それをしなかった自分を強く責めるのです。

ある日オスカーは、父親の遺品の花瓶の中から「鍵」を発見します。これは何か大切な鍵に違いない。この鍵が入る鍵穴を探し出す。そこには多分、父親から自分へのメッセージが残されているに違いないと。そんな気持ちで、鍵穴探しを始めるオスカー。

ヒントは「ブラック」という名前だけ。ニューヨークに住む「ブラック」姓の人々を、一人ずつしらみつぶしに当たっていきます。気の遠くなるような長い冒険が始まります。

半年以上かけて、最後にオスカーは「鍵」の本来の持ち主と、その鍵穴を見つけます。しかし、その金庫に入っていたのは、父親とは直接関係のないものでした。父親がたまたまガレージセールで買った花瓶に、他の人の大切な鍵が偶然入っていただけだったのです。

父親から息子へのメッセージは、存在しなかったのです。しかし、人と話すことが苦手だったオスカーは、この冒険を通して多くの人に助けられ、父親の死のショックで悪化していたアスペルガー症候群の症状を乗り越え、他者とのコミュニケーションが何とかできるレベルにまで改善していきます。

「鍵穴探し」は、オスカーが父親の死を受容するために必要だった「通過儀礼」だったのです。それ自体には意味がなく、何か別なミッションでもよかったのかもしれませんが、父親の死を受容するためには、何か父親と対峙するミッションが必要だったことは間違いないでしょう。

結局のところ、「父親のメッセージを探す」物語だったはずが、実際には父親のメッセージはなく、オスカーは「自己成長」によって、父親との折り合いをつけた。おそらくは、父親の死の恐怖から開放された。自分の前に立ちはだかる「父親」の影を乗り越えた。つまり、「父親殺し」によって、成長したといえるでしょう。

重要なのは、「鍵穴探し」ではなく、父親と対峙すること。父親との問題に真剣に向き合うこと。そこから、父子関係の回復はスタートするのです。

◎『アメイジング・スパイダーマン』～ピーターの父親はどこにいた？

『アメイジング・スパイダーマン』にも、父親不在と父親探しのテーマが含まれていました。

幼い頃に両親を失い、親戚のベン叔父さんの家で育てられたピーターは、ある日偶然、父が残した秘密の研究ノートを発見します。父はなぜ死んだのか？　生前どんなことをしていたのか？　父についての詳しい話をほとんど知らない彼は、その死の秘密に関心を持ち、調べ始めます。「父親探し」のスタートです。

父の研究者仲間だったコナーズ博士が何か知っているのではないかと、彼の研究施設に潜入したピーターは、そこで遺伝子を組み換えられたクモに刺され、スパイダーマンの超人的能力を獲得することに。父の研究とは、動物などに見られる特殊能力を、人間の遺伝子に移植しようというものだったのです。

一方、右腕のないコナーズ博士は、爬虫類の再生能力に注目し、その遺伝子を人間に埋め込むことで、人体再生を可能にする技術を開発していました。しかし開発途中の薬を自分に注射してしまいます。研究はまだ不完全だったため、リザードマン（トカゲ人間）になってしまうのです。そして、スパイダーマンの前に立ちはだかります。

ピーターの父が遺した「遺伝子融合」の技術。その結果生まれたスパイダーマンは、ニューヨークの悪党を捕まえる手助けをし、それを私利私欲のために利用しようとした博士はリザードマンとなり、破壊者へと暴走していきます。

技術は、良くも悪くも使う者次第です。スパイダーマンがリザードマンを倒すという図式は、Good Father（父親が開発した技術のプラスの側面）の力を借りて、Bad Father（父親が開発した技術のマイナスの側面）を倒すということ。つまり、父親が創り出した「壁」を乗り越えるということです。間接的な「父親殺し」と言えるわけです。

正義だと思って街の悪党どもを捕まえていたスパイダーマンは、歓迎されるどころか、警察から追われる身となります。何が正義かわからなくなり、スパイダーマンを続けていくかどうか迷うピーター。しかし、リザードマンと対決して倒し、街に平和をもたらすと、彼の顔は達成感と自信にあふれます。そして、これからもスパイダーマンとして生きていく、その責任を背負おうと決意するのです。これは、問題児だったピーターが「父親殺し」を経て、社会的責任を負える大人へと成長したことを意味します。

父の研究ノートを手がかりに、その死の秘密を探ろうとしたピーターですが、結局のところ詳細はわからずじまいです。ただ、父親の問題と直面し、リザードマンを倒すという間接的な「父親殺し」によって大きく成長し、自らが自信とたくましさをそなえた存在へと成長したことは、間違いありません。

父親はどこにいたのか？　父親が開発した遺伝子融合の技術を体内に引き継ぎ、たくましい存在へと成長したピーターは、自身の中に、消えたと思っていた「父親」を発見したのではないでしょうか？

▼処方箋３　子供と対峙して「父性」をとりもどす

父と子の関係を考える場合、まずは自分と父親との関係です。もう一つ、自分と子供との関係についても考えなければいけません。前者の対応は「処方箋1」「処方箋2」で既に述べました。ここでは、自分が「父親」として、子供に対してどうやって「父性」を発揮していけばいいのかについて、考えてみます。

子供が父親に「父性」を感じている場合は、「Good Father」の四つの要件を満たしているはずです。逆に言えば、子供が父親に父性を感じていない場合は、それを満たさない状態に陥っているはず。

父親に対して父性を感じられない子供の、四つの状態をまとめると、次のようになります。

(1) ルールを守らない――家のルール、校則、法律などの社会のルールを守れない。
(2) 父親を軽視、軽蔑、無視している。
(3) 父親のようになりたくない、と思っている。
(4) 父親のビジョンに共感せず、批判的、反抗的になっている。

これに当てはまる子供が登場する映画の例を挙げると、『クレイマー、クレイマー』『幸せへのキセキ』『ファミリー・ツリー』『リアル・スティール』、そして「Weak Father」の典型例で紹介した『理由なき反抗』『普通の人々』などがそうです。

『クレイマー、クレイマー』『幸せへのキセキ』『ファミリー・ツリー』『リアル・スティール』の4作品には、大きな共通点があります。子供の育児と教育を妻に任せっきりにしていた父親（主人公）が、離婚や死別、妻の傷病などによって、今までやったことのない「子育て」を行わざるを得ない、という点が見事に共通しているのです。

父親たちは、『クレイマー、クレイマー』では昇進間近の優秀なビジネスマン、『幸せへのキセキ』ではコラムニスト、『ファミリー・ツリー』では弁護士と、社会的な地位や名声もある自立した大人でありながら、仕事に熱中するあまりに子供と過ごす時間をおろそかにして、圧倒的なコミュニケーション不足が存在する、という点も同じです。「Bad Father」の分類で言うと「Ordinary Father」になります。

最初、彼らは子供たちの強い反抗に遭い、父親への敬意が全く得られない最悪の状態からスタートします。そんな「ダメな父親」から、いろいろな努力を経て、最後には「信頼され、尊敬される父親」へと変化、成長できたわけですが、その理由は何だったのでしょう？

『幸せへのキセキ』を例に、考えてみましょう。

主人公ベンジャミン・ミー（マット・デイモン）は、妻を病気で失います。仕事中心で子育てを妻に任せっぱなしにしていた彼は、二人の子供の養育に直面しますが、そんな矢先に失業し、目標喪失に陥ります。そこで、妻との思い出が詰まった土地を離れることを決意します。

人生と家庭を修復するため、彼は街外れの大きな家を買います。そこはローズムーア動物公園といい、飼育員と47種の動物がいました。奇しくも破綻寸前の動物園の再オープンを目指して奮闘し始めるベンジャミン。動物好きの7歳の娘ロージーは転居を喜びますが、ちょうど多感な時期の14歳の長男ディランは心を閉ざし、父親に強く反抗します。

ある日、ディランとベンジャミンは、激しく言い争いをします。二人にとってそれは初めての経験。父は、今まで気難しい息子にどこか遠慮し、真剣に向かい合っていなかったことに気づきます。喧嘩することで、そしてお互いの思いを全てぶつけあうことで、お互いに初めて真剣に向き合えたのです。それを機に、ディランは少しずつ心を開き始めます。

数え切れない課題と膨らむ借金。そして、動物の死。様々な問題を抱えながら、決してあきめることなく、開園に向けて必死に努力する父。子供たちも動物園の仕事を手伝い始め、ミー家の三人と飼育員たちは一致団結し、ようやく開園にこぎつけます。

ベンジャミンは、子供たちからの信頼を回復し、最後には「尊敬される父親」として受け入れられるようになります。その理由は、何だったのでしょう。

まずは、きちんと子供と対峙すること。反抗したり、問題行動を起こしたりと、子供が「ヘルプ」のサインを出しているのに、親はどう対応していいかわからず、遠慮がちになってしまうことがあります。そうすると、余計に子供は不安になり、心がネジ曲がってしまいます。まずは子供としっかりと向かい合い、「お前のことを真剣に考えているんだぞ」ということを、態度で知らせなくてはいけません。

二つ目は、自分が頑張っている姿を子供に見せること。ディランも父の真剣な姿を見て、そこまで頑張る父に、徐々に敬意を取り戻していきました。

そして、三つ目。困難な作業、体験を、子供たちと一緒に乗り越えること。この映画のような動物園の再建などと大それたことでなくとも、キャンプに行く、料理を一緒に作る、大掃除をするなど、何か一つの目標に向かって子供と一緒に苦労し、達成することは、親子間の心理的距離を大きく近づけるでしょう。『ファミリー・ツリー』では妻の浮気相手探し、『リアル・スティール』ではロボットのバトルという共同作業を通して、親子関係が修復されていきます。

そして四つ目は、結果として、子供とできるだけたくさんの時間を過ごすこと。質と量の両方で、子供とのコミュニケーションを深めるということですが、特に「時間」という要素は大きいでしょう。先に挙げた映画では、いずれも子供との関係修復に何カ月もかかっています。

子供から「父性的な父親」として認められる方法をまとめてみましょう。

（1）きちんと子供と対峙する。
（2）子供との共同作業、共同体験で、「苦しい」も「楽しい」も共有する。
（3）自分が一生懸命、頑張っているところを子供に見せる。
（4）子供とできるだけたくさんの時間を過ごす。

この四つの方法は、『クレイマー、クレイマー』『幸せへのキセキ』『ファミリー・ツリー』『リアル・スティール』の全てに当てはまるとともに、現実の親子関係においても、非常に有効な方法となるはずです。

▼処方箋４　メンターからのメッセージを受け取る

◎老賢者からのメッセージで飛躍的に自己成長する

ユングの元型に「老賢者（オールド・ワイズマン）」というのがあります。無条件に慈しんでくれるのではなく、公平で厳正な態度で接し、悪いことをすれば厳しく罰してくれる、正しい道へ自分を導いてくれようとする。そんな「立派さ」を示す元型です。母親元型「太母（グレート・マザー）」に対して、父親元型とも呼ばれます。自分にとって「こうなりたい」という願望や希望、理想的な父親像とも重なるからです。

「そうなりたい」という願望は、父性に通じるわけですから、神話や映画では、長老、仙人、老師、教師、師匠といった、父性的なイメージで登場します。

具体的には、『スター・ウォーズ』のオビ＝ワン・ケノービやヨーダ、『ハリー・ポッター』のダンブルドア校長、『ロード・オブ・ザ・リング』のガンダルフ、『カンフー・パンダ』のシーフー老師やウーグウェイ導師、『ベスト・キッド』のミヤギ老人、『ドラゴンボール』の亀仙人などが、当てはまります。

物語の中では、老賢者は英雄に知恵を授け、英雄を鍛え、「敵」と戦うための重要なアイテムを渡したり、魔法を教えたりします。未熟者として登場した英雄が、老賢者と出会い、鍛えられることで飛躍的に成長し、ようやく「敵」と戦うことができるようになるのです。

老賢者は、その成長速度を何倍にも加速します。それは、「尊敬の念」があるから、そして「そうなりたいから」です。

そうなりたいと思う人に尊敬の念を抱く。それだけで、私たちの中では「モデリング」が無意識のうちに発動します。自分の尊敬する人の考え方や行動その他全てのことを、真似ることで学んでしまう。これがモデリングです。

老賢者は、ビジネス書風に言い換えるなら、「メンター」と言っていいでしょう。メンターを持つと成功が加速する。メンターを持って、メンターから学ぼう――これは、多くのビジネス書に書かれているとおりです。

では、メンターにはどんな人を選ぶべきなのか？　そこで「父性」の考え方が役に立ってきます。つまり、「モデリング」が機能しなければ、メンターとして機能しない。そのために必要な条件は、「その人のようになりたい」と心から思っていること。そして、「敬意や尊敬の念」を持つことが重要です。

一昔前なら、アメリカの大リーグで活躍している、イチロー選手や松井秀喜選手のようになりたい、という子供たちがいました。最近では、ヨーロッパのクラブチームで大活躍している、サッカーの香川真司選手や長友佑都選手は、サッカー少年たちにとって尊敬の対象なはずです。父性とは、自分の父親だけが担うものではありません。スポーツ選手、芸能人、知識人、政治家、学校の先生、歴史上の人物や偉人。尊敬の対象であり、「そうなりたい」という気持ちを心の底からもてるならば、それは立派なメンターであり、その人にとって「父性的存在」となるのです。

父性を担う存在は、できれば私たちの身近にいた方がいいことは間違いありません。より近くで、より多くを話し、より多く接触することで、モデリング——無意識にそれを真似て、そうなっていく効果が大きくなるからです。ただ、そうした存在が身近にいなければ、スポーツ選手や有名人や歴史上の人物をメンターにするというのも、一つの方法だと思います。

◎私の二人のメンター

ちなみに私には、メンターが二人います。「月曜ロードショー」の元解説者で、映画評論家の荻昌弘さん。そして『グイン・サーガ』シリーズの作者、小説家の栗本薫さんです。

二人から私が学んだのは、仕事、趣味にとらわれず自分の好きなこと、楽しいことを徹底して追求する姿勢です。これはまさに、私の生き方そのものに反映されています。

また、荻昌弘さんからは、柔らかな語り口で映画の深い部分をわかりやすく伝えることの大切さを、栗本薫さんからは小説を読む楽しさ、文章を書く楽しさ、情熱的で前向きな執筆態度を、それぞれ学びました。私が一日に原稿用紙数十枚の執筆ができるようになったのは、栗本薫さんの執筆スタイルを徹底的に研究し、真似ているからに他なりません。

荻さんも栗本さんも、非常に残念なことに若くしてお亡くなりになりました。それでも、お二人にはそれぞれ一度だけ、講演会でお会いすることができました。その時いただいたサインは、私の最大の宝になっています。

先日、本書*の版元である学芸みらい社の青木誠一郎社長から、栗本さんの『魔界水滸伝』シリーズの担当編集者をしていたという話を聞いて、驚きました。栗本さんと仕事をされていた編集者さんと、私も一緒に仕事ができるようになったということは、栗本さんの足元くらいには近づけたのではないかということで、非常に感慨深いです。

心から尊敬できるメンターを持つことができれば、それは私たちにとって進むべき方向を示してくれる「灯台」となるはずです。敬意を持っている人、尊敬できる人が私たちの周りにいないか、もう一度探してみることも必要でしょう。

＊『父親はどこへ消えたか　映画で語る現代心理分析』

▼処方箋5　職場における「父性」的存在となる

◎「新型うつ病」と父性

最近、「新型うつ病」と呼ばれる、新しいタイプのうつ病が増えています。会社での父性を考える上で、この問題は、避けて通れないと思います。

新型うつ病とは、20代、30代の若い人たちに多く、仕事への意欲はないにもかかわらず、アフターファイブの遊びや趣味の活動などは元気にこなします。うつになった原因を、自分ではなく会社や上司のせいにする傾向が強いのです。「怠け」の一種のように思われるかもしれませんが、「怠け」とは異なるものです。

原因には諸説ありますが、「精神的な未成熟」と深く関係しているようです。つまり、親に甘やかされて育ち、一度も厳しく叱られたことがないような人が、社会に出て何か失敗をして上司に叱られた、それだけでひどく落ち込んでしまうというように。

普通なら、社会人になるまでに、大きな失敗や挫折、また人からひどく叱られることを、何度か経験しているはずです。それが全くなく、いきなり会社に勤め始めて、人生で初めての挫折を経験したとしたら……、大きく落ち込むでしょう。それが新型うつ病として現れてくる場合もあるのです。

そこまで悪化しないとしても、挫折や大きな失敗を経験せず、「父親殺し」ができていない「未成熟」な社会人は、非常に増えています。あなたの会社にも必ず、そうした人たちがいるはずです。

きちんと精神的に成長・成熟した人間が、社会に出て就職するのが当たり前だったはずが、今は、精神的に未成熟な人間が、ドンドン社会に出ているのです。彼らは新入社員として、あなたの会社にも入社してきます。そんな彼らと、どのように接し、対応していくべきなのか？ 厳しく言えば落ち込み、甘やかすと増長する。「一体どうしたらいいんだ」とわからなくなるかもしれません。

私は、「父性的に振る舞う」しかないと思います。つまり、「上司と部下」という関係性ではなく、むしろ「父と子」という関係性。「子供を育てる」つもりで部下を育てるしかないのではないか……と。

「厳しさ」は必要ですが、その基盤に「父性的な愛」「父性的なたのもしさ」がなくてはいけません。一昔前の学校の教師には、そういう先生がたくさんいたと思います。「やさしさ」に基づいた「厳しさ」を貫いてくれる教師が。

未成熟な新入社員が、生まれて初めて「本物の父性」に触れたとするなら、そこに「敬意」

が生まれます。自分もこうなりたい、と「目標」にするかもしれません。そこで初めて「人間的な成長」が起き、「変化」が起きるのです。

『「新型うつ」な人々』の著者・見波利幸氏は、新型うつの若者に対応する際に最も必要なことは、「本気で関わる」「本気で叱る」ことだと述べています。

「新型うつ」に陥ってしまう人の多くは、これまでの人生の中で、本気で自分のことを考えてくれた人、本気になって関わってくれた人と出会った経験があまりありません。親でさえ、教師でさえ、大きな問題にならないように、つい「ああ、いいよいいよ」と言って甘やかしてしまう。あるいは、本当の問題をオブラートに包んで避けてしまう。そういうことを周りの大人がやってしまっているわけです。

見波利幸著『「新型うつ」な人々』より

「叱る」というのは父親の重要な役割の一つです。「父性喪失」の時代。実の父親に「叱る」役割を期待できず、未成熟な若者が増えている。それを育てるのは誰なのか？「家庭」に全く期待できないのなら、「会社」という選択肢しか残りません。

◎家族化する企業が成長している

上司は、社員にとって父親的に関わらないといけない。会社に「家庭」や「家族」のような機能を持ち込もう、と言うと、現場で忙しく働いている会社員の方は、そんな余裕があるかと思うでしょう。

これからの時代は、「会社の家族化」が、一つのキーワードになるのではないかと考えています。少なくともアメリカにおいては、「家族主義」を経営に取り入れて、大成功をしている企業がいくつもあるからです。

例えば、「通販で、靴は売れない」という常識を破り、徹底したカスタマーサービスによって圧倒的な差別化を行い、インターネット通販に革命を起こしたザッポスです。トニー・シェイが24歳で創業したザッポスは、今や売上高10億ドルの大企業となり、その急成長は「ザッポスの奇跡」とも呼ばれます。

ザッポスでは、社内のいたるところに「ザッポス・ファミリー」という言葉が掲げられています。そして、社員を「ファミリー」と表現し、本当の家族のように接するのです。お金よりも社員同士の家族的なつながりの方を大切にし、さらには、社員のみならず顧客や取引先までをも「ファミリー」と考えます。

「みんなで楽しんで幸せになるんだ」という仲間意識を重視し、上下関係を気にせずに意見を自由に出し合い、一緒に昼食をとり、仕事の後にも一緒に街に繰り出して遊んでいる。「仕事とプライベートは別」という社員は、ここにはいないのです。

ザッポスが社員と一緒につくりあげた10のコア・バリューの一つは、「チーム・家族精神を育てる」です。家族のような、密なつながりを感じられる組織を創り上げているのが、大きな特徴なのです。

家族主義で成功した企業として、もう一つ思い出されるのが、サウスウエスト航空です。世界的に見ても厳しい航空業界において、1973年以来、米国の景気動向に関わらず黒字運営を続けています*。

ここでも、従業員を家族の一員として扱います。そうすることで従業員同士が互いに打ち解け、ひいては人間関係が強固になり、仕事もより楽しくなるからです。

「我々は自分の家族に対しては、支え、守り、受け入れ、愛することが当たり前だと思っている」。それこそが、サウスウエスト航空の目指す人間関係です。

また従業員の家族を大切にし、支援する努力も怠りません。サウスウエスト航空ファミリーに参加するように積極的に働きかけています。

例えば、従業員には子供を定期的に職場に連れてくるように奨励し、会社の重要な行事には夫婦同伴で招待します。家族が従業員の仕事に関わるようになれば、従業員が職場で過ごす時間に対して、より寛大になれると考えているからです。

また本社ビルの廊下の壁には、従業員の家族写真が所狭しと貼られています。従業員の家族も従業員同様に大切にしようという雰囲気にあふれています。

従業員は「サウスウエスト航空は単なる会社ではなく、家族なのだ」と感じています。そして、創業者ハーバート・ケレハー会長は「家族的な雰囲気とは、まず第一に、家族の一員である社員一人ひとりに心から関心が寄せられているということ。第二には多少のとっぴな行為や規則からの逸脱が許されていることだ。彼らは家族の一員なのだから」と語り、実際に会長は、従業員から「社員の偉大なるパパ」と慕われています。

今、アメリカでも注目される二つの企業が「家族主義」を掲げていることは、その成功と無関係ではないはずです。父性不在の時代だから、父親的なリーダーが信頼され、尊敬される。それは一昔前の権威的な父親像とは異なり、フランクでフレンドリーでありながら信頼、尊敬される、新しいリーダー像かもしれません。

＊2012年本稿執筆時点。

▼『ONE PIECE』～ルフィが示す新しいリーダー像

ザッポスのCEOトニー・シェイ。そして、サウスウエスト航空のケレハー会長。この二つの会社の家族主義について書きながら、あるキャラクターが頭をよぎりました。ここで、話は第1章に戻ります。海賊の心理学に登場した漫画『ONE PIECE』の主人公、麦わらのモンキー・D・ルフィです。

「麦わらの一味」の船長ルフィは、海賊狩りのゾロ、航海士のナミ、狙撃の王様ウソップ、黒足のサンジ、人間トナカイのチョッパーなど、一癖も二癖もある仲間をまとめます。といっても、ルフィは縦型のリーダーシップを発揮することはありません。その関係は、フラット構造であり、横の密なつながりによって支えられています。

『ONE PIECE』では「仲間」という言葉が使われますが、仲間のためなら自分の命を賭けることも惜しまない彼らの関係は、「家族」あるいはそれ以上の関係と言えるでしょう。

ルフィはフレンドリーで親しみがあり、大食いで憎めないキャラ。それでいて、有言実行で約束は必ず守ります。「海賊王に俺はなる！」と、そのビジョンも明確です。ゴム人間としてのルフィの戦闘能力は凄まじく、仲間からの信頼も絶大です。

『ONE PIECE』から現代のリーダー論を展開する『ルフィと白ひげ　信頼される人の条件』（アスコム）で、著者の安田雪は「新しいリーダーシップに必要なこと」として、以下のポイントを列挙しています。

- 大きな夢を描いて、旗を掲げる
- 部下が喜んでついてくる
- 権力で強制はしない
- すべての人が活躍できる場を提供する
- 一人ひとりに権力と責任をゆだねる

また、「信頼される大人のリーダーになる方法」として、

- 家族のような温かさで部下や仲間に接する
- 部下や仲間に大きな夢を与える
- 魅力的な大人になる
- 夢のある未来を見せる努力をする

などを挙げています。

これらの「新しいリーダーシップ」は、ザッポスのシェイCEO、サウスウエスト航空のケレハー会長が実行しているリーダーシップ、すなわち「全ての人にわかる形で会社のビジョンを示す」「仕事の責任を社員一人ひとりにゆだねる」「家族のような温かさのある楽しい密な交流を重視する」などと、ほとんど同じと言えます。

これからの時代、どんなリーダーが望まれるのか？　従来型の垂直構造、カリスマ型リーダーが強力に会社を牽引するというパターンは、もちろん今後もあり続けるとは思いますが、そうでない新しいリーダーシップが求められているのです。

それは、ルフィやシェイのように、個性豊かな面々を、その個性や能力を尊重しながら、横

のつながり、仲間同士のつながりを重視するフラット構造の中でうまくまとめていく、調和型のリーダーではないでしょうか。

ザッポス、サウスウエスト航空の経営は「家族主義」と表現されますが、これは家長が強い父性を発揮する従来型の「家族」とは、イメージが異なります。むしろ、フレンドリーでザックバランで「楽しい」を重視したグループ意識。それは『ONE PIECE』の「仲間」という言葉に一致します。

そして、家族のような強いグループ意識を共有できる家族主義を導入した企業、家族の機能を会社が代替できる企業の成功例は、必ず増えてくるはずです。

ちなみに、父性・母性で言うならば、カリスマ型リーダーは父性的であり、調和型のリーダーは母性的だと言えます。父性喪失の今、それを補うのは「強い父性」ではなく、「調和」を重視する母性型のリーダーだというのは、非常に興味深いのです。

究極の父性映画『ファイト・クラブ』のラストシーンで描かれたのは、「強い父性」ではなく、「父性と母性のバランス」でした。リーダーや父親に必要とされる父性、母性のバランスというものが、数十年前と比べて、大きく変わってきていることを実感します。

父親はどこに消えたか？　強いリーダーシップで牽引する「強い父親」は、既に消えかかっていると言えるかもしれません。しかし、それに代わる調和型のリーダーが、社内において新しい「父親」として広がってきている、あるいは広がっていく可能性が大きいと思います。

私は、「Good Father」の要件として四つの条件を示しました。

（1）規範を示している
（2）尊敬、信頼されている
（3）「凄い」「そうなりたい」と思われている
（4）ビジョン、理念を示している

『ONE PIECE』のルフィは、新しい型のリーダーなので、これに当てはまらないかというと、そうではありません。有言実行で約束は必ず守る（規範を示している）、仲間から命を託されるほど信頼されている（尊敬、信頼されている）、「海賊王になる」という明確な目標を断言している（ビジョン、理念、方向性を示している）、その「夢」を共有し、一緒に実現したいと思っている（「そうなりたい」と思われている）。

ルフィは、新しい型のリーダー像でありながら、「Good Father」の要件を全て満たしているのです。

「父性」の定義や要件は、時代とともに変化していくものですが、70年前の「西部劇」の時代から、『ONE PIECE』の現代まで、時代を超えた普遍性がありそうな「父性」を、「Good

Father」の要件として提示させていただきましたので、参考にしていただきたいと思います。

▼樺沢紫苑の「父親殺し」

ここまで読んで、多分多くの読者は、思ったはずです。映画の主人公の父親探しはよくわかったが、樺沢の父親探しはどうなのだと。

この本を書きながら、私の自分と父親との関係を、何度も思い出しました。すっかり忘れていたことも、映画のシーンに触発されて、思い出したこともあります。

私の父親について話す前に、祖父について書きたいと思います。私の祖父は、生まれてすぐに視力を失い、全盲となりました。しかし、小さな鍼灸院を経営し、五人の子供を立派に育て上げました。父は、その長男です。

祖父は何をするにしても不自由な部分がありますから、父は長男ということもあり、ある意味で父親的な役割を担いながら、兄弟たちをまとめて、祖父を助けてきたようです。とはいえ、父はカリスマ型のリーダーではなく、まさに調和型のリーダーで、人の話をよく聞き、うまく調整するタイプでした。

鍼灸師の祖父は医療に携わっていたということもあり、父には医者になって欲しかった。父は、高校から実家を離れて遠方の進学校に行き、下宿しながら受験勉強に励みます。しかし医学部にはあと一歩のところで及ばず、合格したのは獣医学部でした。獣医の免許をとり、卒業後は技術職として市役所に就職。公務員として退職まで勤めました。

私は、父と祖父、二代の「医者になって欲しい」という期待を背負って育ちました。進学校に進み、一浪で札幌医科大学医学部に合格できました。もちろん、私の両親がそれを喜んだことは言うまでもありませんが、祖父が一番喜んでくれたように思います。祖父は私が医学部入学を果たして安心したのか、それから2年後に亡くなりました。

私の母は非常に教育熱心で、子供の頃から、たくさんの習いごとをさせられました。特に幼稚園の時に通ったオルガン教室と、小学生の時に通った剣道少年団は、嫌で嫌で仕方ありませんでした。しかしながら、小学校から通った英会話と中学からの学習塾は、成績アップに役立ったでしょう。熱心すぎるほどの期待感を、時に重荷と感じることもありましたが、もともと怠け者で遊び好きの私の性格を考えれば、母がそこまで熱心にやってくれなければ、医者にはなれなかったかもしれません。父親、母親ともに教育熱心で、私もおそらく高校生くらいまでは優等生的に育ち、特に親と激しくけんかすることもなく、何か大きく反抗することもなく育ったと言えるでしょう。

精神科医として10年以上の臨床経験を積み、２００4年から3年間、米国シカゴのイリノイ大学に留学しました。自殺やうつ病研究では、世界的に有名な大学です。そこできちんと勉強すればよかったのですが、私はアメリカ人の自由な生き方にふれることで、それをモデリングしてしまったようです（笑）。私が留学したのは、遅すぎました。当時40歳だった私は、人生も半分も生きたので、「もっと自分のやりたいことをして生きるべきだ」と心に決めました。

２００７年に帰国（42歳）。普通であれば大学に戻るか、どこかの病院で勤務医をするのでしょうが、何を血迷ったか、私は「作家として生きる！」と心に決めました。

これは「精神科医」が、私がやりたかった本当の職業ではなかった、という意味ではありません。精神医学や心理学の知識を、本やインターネットを使い、わかりやすくたくさんの人に伝えることで、うつ病や自殺の予防につなげたい。これも精神科医の大切な仕事だと思います。それで、毎日病院に勤めて、夜中も呼び出され、休日も祝日もないストレスの多い常勤の勤務医というワークスタイルはやめようと思ったわけです。

これには、さすがに私の家族も大反対しました。特に教育熱心だっただけに、母の反対が大きかった。父は、何度も私をじっくりと説得しました。

そうは言っても、私の心は決まっています。誰が反対しても、自分の人生ですから「作家として生きる！」という考えは変えようがありません。

考えてみれば、私の人生で、父親、母親に大きく反抗したということは、一度もなかったのです。42歳で初めて起こした大きな反抗。42歳にして「父親殺し」がようやく完了したのだと、この本を書きながら気づいたところです。

幸いにも両親は今も健在で、札幌に住んでいます。二人とも70歳を超えているので、できるだけ帰省の機会を増やし、一緒に過ごせる時間を少しでも増やしたいと思っています。

そういえば、本書に何度も登場した『スター・ウォーズ　エピソード4／新たなる希望』は、私が小学6年の時に、父に連れて行ってもらい、二人で見た映画です。もしその経験がなければ、私の映画への情熱も火がつかなかったかもしれませんし、この本も生まれていなかったかもしれません。私の好奇心を大きく広げてくれた父親、そして母親に心から感謝しています。

第7章

「父性不在」から「父性の消滅」へ

©『ジョーカー』
写真:Everett Collection／アフロ

★第1節「父性消滅」とその後の主人公争奪戦

２０１０年代のハリウッド映画における父性を見てみましょう。

本書でも既に実にたくさんのケースを示したように、自分に自信を持てない主人公が、父親を探し、苦難を乗り越え、敵（Very Bad Father）を倒すという「父親殺し」の物語は、長くハリウッド映画の王道ストーリーとして存在していました。しかし、２０１０年代には、そうした映画がほとんど作られなくなっています。おそらくは、『ハリー・ポッターと死の秘宝』（２０１０～11）あたりが最後でしょう。

細かく見ていけば全くないわけではないでしょうが、『スター・ウォーズ』『ロード・オブ・ザ・リング』『ハリー・ポッター』シリーズに見られたような、極めて典型的な「父親探し」「父親殺し」のストーリーは、ほぼ消滅したといっていいでしょう。つまり、「父性消滅」の時代に突入したのです。

ではかわりに、どんなストーリーが増えたのでしょう？　一つは女性を主人公とする作品。「娘による父親探し」「娘による父親殺し」です。その典型例は、『スター・ウォーズ』続三部作（エピソード7、8、9）です。

それ以外のパターンは、例えば女性ヒーローが敵を倒す『ワンダーウーマン』(2017)、『キャプテン・マーベル』(2019)、『ハーレイ・クインの華麗なる覚醒 BIRDS OF PREY』(2020)、『ブラック・ウィドウ』(2020)。『X-MEN：ダーク・フェニックス』(2019)では、やはり女性のダーク・フェニックス(ジーン)が主人公的に描写され、彼女の能力は大暴走し、X-MENたちの力を結集しても止められないほどになります。

あるいは、力強さやかっこよさ(父性)とは無縁なコミカルなヒーローが敵を倒す『アントマン』(2015)、『デッドプール』(2016)。子供がヒーローに変身して活躍する『シャザム!』(2019)。またはアメコミ史上初となるアフリカ系ヒーローが活躍する『ブラックパンサー』(2018)。

悪役たちが結集して敵を倒す『スーサイド・スクワッド』(2016)。または、悪役を主人公にした作品『ジョーカー』(2019)、凶悪な地球外寄生生命体に寄生された主人公が活躍する『ヴェノム』(2018)、このようなダークヒーローものが人気となっています。

では、従来型の正義の味方的なヒーローはどうしたのか? それは『アベンジャーズ』シリーズに象徴されるように、10人以上が集まって力を合わせないと敵を倒せない。つまり、ヒーローの弱体化が顕著です。

あるいは『LOGAN／ローガン』(2017)では、マーベルコミックを牽引してきた

『X-MEN』シリーズ、その中でも最も人気の高いキャラ、ウルヴァリンの最後の戦いが描かれます。明らかに老いが見えるウルヴァリン。さらに、X-MENの指導者であったプロフェッサーXは、認知症老人のような情けない姿で登場します。未来への希望的な描写はあるものの、実質的な「X-MEN」たちの最後を描いています。

あるいは、『アベンジャーズ』シリーズの最終章『アベンジャーズ／エンドゲーム』（２０１９）。ここでは、『アベンジャーズ』シリーズの主人公的存在、マーベルコミックスの牽引役であった「アイアンマン」ことトニー・スタークの死で物語は終わります。

２０００年にスタートした映画『X-MEN』シリーズ。２００８年にスタートした『アイアンマン』シリーズ、約20年近くも活躍した、マーベルの二大人気キャラが同時期に「幕引き」を迎えたのは、偶然とは言えないでしょう。

圧倒的なパワーを持ったヒーローが悪を倒すという、昔ながらのヒーローものが、単に「飽きられている」というだけではなく、物語として成立しなくなっている。圧倒的な正義、圧倒的に頼れる存在は、今の時代には存在しません。また圧倒的に「悪」「邪悪な存在」も想定しづらい。つまり現実世界に、規範となる「父性」がいない、悪役となるような「Very Bad Father」も存在しない。

だから、それを映画で描いても「現実離れ」した「陳腐な映画」にしかならない。現実社会での「父性消滅」を反映し、映画の世界でも「父性消滅」を描かざるを得なくなっている。むしろ、「父性消滅」のテーマこそがヒットする映画の条件にもなっているのです。

★第2節 『アベンジャーズ／エンドゲーム』は何を終わらせた？

27・9億ドルの興行収入をたたき出した『アベンジャーズ』シリーズの最終章『アベンジャーズ／エンドゲーム』（2019）。2009年の『アバター』を10年ぶりに抜き、世界の興行収入ランキング、歴代第1位となりました。

2010年代のアメリカ映画、そして「父性」を考える上で外せない作品『アベンジャーズ／エンドゲーム』（以下、『エンドゲーム』）を少し詳しく考察してみましょう。

ところで、『エンドゲーム』で、最も活躍したのは誰でしたか？

アイアンマンのトニー・スターク？　キャプテン・アメリカ？　それとも、ソー？

いいえ、違います。本作で最も活躍したのは、実は「アントマン」です。

「アントマン」が持つタイムスリップのテクノロジーなしでは、事件の解決は不可能でした。

サノスの指パッチンによって、宇宙の人口は半分に減り、アベンジャーズのメンバーもたくさん消滅しました。映画の冒頭で、サノスをあっけなく倒すものの、死んだ仲間は帰ってこない。そこで彼らが思いついたのは、タイムトラベルという禁じ手。タイムトラベルで過去に戻って、全てやり直すという、姑息な方法でした。

タイムスリップが「あり」になると、「何でもあり」になってしまいます。悪役がタイムスリップすれば、逆のパターンもありうるわけですからキリがありません。

劇中では、もう他に「ピム粒子」はない。「ピム粒子」がなくなればタイムトラベルは二度とできないと説明しているものの、再現性があるのが「科学」なわけで、ずいぶんとご都合主義的なストーリーだなと思います。

『バック・トゥ・ザ・フューチャー』（1985）のような、最初から「タイムトラベル」の世

『アベンジャーズ／エンドゲーム』が示す終わりとは?

界観で完結させるのならわかりますが、『アベンジャーズ』『アイアンマン』『マイティ・ソー』『キャプテン・アメリカ』などなど20本近い作品群の集大成が、「タイムトラベル」オチとはガッカリせざるを得ないでしょう。

結局、正義も規範もない。手段を問わない。ルール違反でも、後出しじゃんけんでも勝てば良い。「タイムトラベル」オチでストーリーを構築している、ということ自体が、従来の「正義」や「力」では解決不能である。「正義」も「力」も全く無力である。正義のヒーローが、「後出しじゃんけん」でしか勝てない。それこそが、「父性不在」を通り越した「父性消滅」の描写といえるでしょう。

悪役においても同じです。『アベンジャーズ／インフィニティ・ウォー』（2018）でアメコミ史上最強ともいえる強さを見せつけたサノス。全宇宙の支配者にして、「指パッチン」で全て実現してしまう無限の力を持ち、全宇宙の生命の半分を消滅させた最凶、最悪の男。

しかし、そのアメコミ史上最強の男は、『エンドゲーム』の冒頭で、農業を営む隠居生活をしており、弱々しい老人のような姿で登場。何一つ抵抗することなく、ソーに瞬殺されます。あまりのあっけなさに「えーっ？」と驚いた人も多いでしょう。結局のところ、インフィニティ・ストーンという必殺技を持たない彼は、単なる老いぼれたじいさんだったわけです。

『インフィニティ・ウォー』で描かれた邪悪ながら一本筋が通った最凶の悪役は一体どこに行ったのか？　それは、消滅したのです。

サノスを殺したものの、消えた人々を取り戻すことはできず、5年が経過。キャプテン・アメリカは抜け殻のようになり、自助グループに通っていました。そして、マイティ・ソーことソーは、酒に溺れてアル中状態、超肥満体でさらにネットゲームにとりつかれたネトゲ廃人になっていたのです。消えた人々を取り戻すプロジェクトのために、スタークを誘うものの、妻と子供との生活が大切と、仲間からの依頼を拒みます。

最強だったヒーローたちが、精神的にも肉体的にも、見るも無残な姿に変わり果てているのです。それが、「父性消滅」。敵にも、ヒーローにも、そしてストーリー展開にも父性など存在しない。それが『エンドゲーム』という作品です。

力強いヒーローは消滅。自信を失った無力な者たちが、励まし合い、力を合わせて、必死にプロジェクトに挑む姿は、今までのアメコミシリーズにはない新鮮で画期的な展開とも言えます。

『アベンジャーズ／エンドゲーム』。「エンドゲーム」というタイトルが示す終わりとは何か？アベンジャーズの重要人物、アイアンマンのトニー・スタークの死とともに「アベンジャーズ」シリーズは終結しました。「父性」、あるいは「父性的なヒーロー」、従来型の「正義の味方」が終わった、ということです。映画の世界、あるいは現実の世界における「父性消滅」を高らかに宣言した作品、それが『アベンジャーズ／エンドゲーム』ではなかったか。

そしてそれが世界的に大ヒットしてしまったということが、「父性消滅」が世界的に進行しているこことを証明したのです。

今後、ヒーローものがなくなることはないでしょうが、「ヒーローのあり方」は全く変わっていくでしょう。というか、変わらざるを得ないのです。

『エンドゲーム』の後日談に相当するのが、『スパイダーマン：ファー・フロム・ホーム』（2019）。中二病的な高校生のピーター・パーカーはスパイダーマンとなること、トニー・スタークの「後継者」となることを決めかねて、迷いに迷っています。頼りになる、頼もしいヒーロー像は皆無です。まだ子供にすぎないピーターに、父性は全く感じられない。

そこに現れた敵がエレメンタルズ。その正体は……なんと幻影。圧倒的な善や正義も存在しないし、また圧倒的な悪も存在しないということ。全てが混沌としたカオスの時代。

だから『ジョーカー』のような規範を無視したダークヒーローものが受けるのです。

★ 第3節 「父親探し」の変節『ジョーカー』『アド・アストラ』

▼『ジョーカー』は父親探しの映画か？

2010年代、「父親探し」「父親殺し」の映画はなくなった、という私の指摘に、〝いや『ジョーカー』があるじゃないか〟と指摘する人がいるかもしれません。父性を語る上で、『ジョーカー』（2019）は外せない一本といえます。

主人公の売れないコメディアンのアーサーは、認知症ぎみの母親の介護をしながらクラウン（ピエロ）の仕事をしています。昔、大富豪トーマス・ウェイン邸に家政婦として勤めていた母親。ある日、アーサーは母親からウェインに当てた手紙を、たまたま読んでしまいます。そこには、自分（アーサー）は母とウェインの隠し子である、と思わせる記述があったのです。

トーマス・ウェインは、自分の父親なのか？　真実を問うために、ウェインの大邸宅を訪れますが門前払いされます。仕方なく、劇場に忍び込み、オペラ鑑賞中のウェインと、トイレで二人きりになった瞬間に問い詰めるものの、ウェインはその事実を完全に否定します。

ウェインは自分の父親なのか？　あるいは、それは事実無根なのか？　納得できないアーサーは、母親が昔入院した病院から母親のカルテを奪い、真偽を確かめようとします。徐々に精神状態がおかしくなるアーサー。全てはアーサーの妄想なのか？　あるいは現実なのか？

狂気にとりつかれたアーサーは、テレビで自分をこけにしたコメディアンを生放送中に銃で撃ち殺します。逃走中に暴動に巻き込まれるアーサー。その混乱の中、ピエロの仮面をつけた男が、路地裏でトーマス・ウェインを撃ち殺します。悪を倒したヒーローのようにかつぎあげられるアーサー。そして狂喜乱舞する群衆。

自分の父親を探すアーサー。そして、父親だったかもしれない人物が殺され、物語は終わります。確かに、『ジョーカー』は、「父親探し」「父親殺し」をテーマにした作品のように見えます。しかし、そうではありません。

全ては精神病院に入院していた男のジョーク（冗談）、つまり作り話だったわけですから。

▼『ジョーカー』という壮大なジョーク（冗談）

『ジョーカー』という映画のストーリーは、精神科に収監されたラストシーンの男（ジョーカー）が話した内容であると考えられます。おそらくは、作話（作り話）でしょう。だから、話の中にご都合主義と矛盾が数えられないほど含まれています。

回想（追想）シーンに続いてジョーカーは、大笑いしながら精神科医の女性に言います。

〝Just thinking of this joke.〟字幕では「面白いジョークが浮かんだ」と訳されていますが、そのジョークは回想シーンから連続していることを考え、「回想シーン」そのものを指しているのではないでしょうか？　その直後に、「ウェインが死んだ路地裏」（回想シーン）が挿入されることで、「回想シーン＝ジョーク」が強調して説明されているように見えます。さらに、「（ジョークを）聞かせて」という精神科医に、「理解できないさ」と言います。これはジョーカーが精神科医に言った言葉ではありますが、私たち「観客」に向けて語られているのではないでしょうか？

つまり、このジョーカーのセリフを樺沢流に意訳すると「今までの話は全部ジョークだったけど、観客のみなさん理解できたかな？」。そのように私には聞こえました。

さらに次の瞬間、「これが人生、冗談みたいだけど」という歌詞がいきなり流れます。

さて、この物語のどこがジョークなのかということですが、ジョークというか「風刺」と言った方がわかりやすいでしょう。虐げられる弱者、貧困層と富裕層の対立。ハリウッド的ご都合主義の連続でストーリーが展開する。例えば、丁度いいタイミングで同僚から銃を渡されるとか、地下鉄車内での発砲事件なのに誰も目撃者がいないとか、社会的弱者が権力者を撃ち、ヒーローとなっていくとか。「父親探し」の物語もその一つでしょう。使い古された、古くさい、いかにも「ハリウッド映画」的な展開をやってみせることで、時代を風刺しているのです。

つまり、今の時代は貧困層と富裕層の対立で富裕層が搾取しているとか、そんな単純な社会ではないし、社会的弱者がヒーローになれることもないし、「父親探し」をしても父親が見つかることはないのです。物事、そんなに単純じゃないよね、本当は――という話。

本作は、バットマンシリーズの悪役「ジョーカー」の誕生秘話を描いた作品という前振りでしたが、アーサー・フレックが「ジョーカー」であるという確証はどこにもありません。ただピエロのメイクをしていたことと、テレビ番組に出るときに「自分を本名ではなくジョーカーと紹介してほしい」という部分だけです。

ちなみに、〝joker〟には、「トランプのジョーカー」の他に「ジョークを言う人」という意味があります。この映画の中でジョークを言ったのは誰でしょう？　アーサーは、「重要な場面で気の利いたジョークを言えない男」として、かなり意図的に描かれていました。壮大なジョークを述べたのは、ラストシーンの男です。

アーサー・フレックは、作話の中に登場する人物。ラストシーンのジョーカーは、ウェインを射殺した場面を記憶していたことから、アーサーを車の中から助け出した、「ピエロの仮面の男」でしょう。アーサー・フレック本人ではない、と考えるのが妥当です。

そして、精神科医を情け容赦なく殺した、無情で残酷な男は、「元々は小心者のクラウン」であるアーサーとは、性格的な共通点もありません。一方で、このラストの狂った男は、「理解不能な行動をとる」バットマンシリーズの「ジョーカー」との共通点はあります。つまり、回想中の「ピエロの仮面の男」が、ジョーカーであり、おそらく「ウェインを射殺した」部分に関しては事実ではないかと思えます。それが、後々のバットマンとの遺恨（バットマンと対峙する理由）にもつながるでしょう。

とまあ、ここまで解説しても、「いや、違う」という人は多いと思います。

映画『ジョーカー』について詳しく解説すると、まるごと「1章」分の文字数が必要となるので、かなり簡略化して説明しましたが、余計混乱した人もいるでしょう。

私の「『ジョーカー』完全解読」も全文をしっかり読んでいただきたいので、ネット上にPDFファイルをアップしました。コチラからダウンロードしてお読みください。

URL→http://kabasawa.biz/b/fumetu.html

とりあえず、『ジョーカー』というのは、精神科に収監された男が語った「壮大なジョーク」である、というのが私の説です。

▼「父親殺し」の時代は終わったという宣言

さてここで語りたかったのは、『ジョーカー』という作品のトリックではなく、「父親探し」「父親殺し」のテーマです。

一言で言うと、「父親探し」というのは、「勧善懲悪」と同じで、今や「ジョークのネタ」にしかならない、ということ。アーサーがウェインを殺したなら「父親殺し」になったのですが、実際は「ピエロの仮面の男」が撃ちます。ここまで「父親探し」の話を盛り上げておいて、「自分で殺さんのかい！」と突っ込みを入れたくなるオチ。最後に肩透かしをするのはたちの悪い冗談です。

つまり、『ジョーカー』というのは、「父親殺しをテーマにした映画」ではなく「父親殺しは古くさい過去の物語」「父親殺しの時代は終わった！」ことを宣言している映画なのです。

ラストシーンでは、精神科医を殺して、能天気に、そして楽しげに、陽気に飛び跳ねながら消えていく男の姿が……。そこには、「正義」も「秩序」も「規範」もない。規範の喪失、父性の消滅。そして狂気。カオスの時代の到来を高らかに宣言したラスト。ある意味、戦慄が走る怖いエンディングです。

▼海王星に父親はいたのか？『アド・アストラ』

2010年代、「父親探し」をテーマにした作品が全くなかったわけではありません。

問題は、「父親探し」がストーリーに組み込まれているかどうかではなく、そこに描かれる「父親」や「父性」がどのようなものであるのか、という点です。

その点で、非常に見応えがある作品がブラッド・ピット主演の『アド・アストラ』（2019）です。エリート宇宙飛行士として活躍するロイ（ブラッド・ピット）。その父もまた宇宙飛行士であり、16年前に地球外生命体の探索に旅立ち、地球から43億キロ離れた海王星付近で消息を絶ちました。父親は死んでいたと思っていたロイ。しかしある日、軍上層部から「君の父親は生きている」という驚くべき事実とともに、父が進めていた「リマ計画」が、太陽系を滅ぼしかねない危険なものであることが告げられます。父親を探し、「リマ計画」を阻止するという任務を受け、ロイは43億キロ離れた海王星まで父親探しに出かけるのです。

これは、映画史上最大規模の父親探しといっても過言ではないでしょう。途中で反乱分子に殺されそうになったり、海王星まで行っても、地球に戻れる保証は全くない任務。命がけの冒険行の末、彼はなんとか海王星までたどりつき、ついに父親を発見します。

しかし、彼が見た者は……。「地球の破滅をたくらむマッドサイエンティスト」ではなく、ただの「発狂した老人」だったのです。

意味不明で支離滅裂な内容しか語らない老いぼれたじいさん。地球へ連れ帰ろうとロイは説得するものの全くらちがあかない。結局、父を放置して、地球に帰るしかないという、ある意味開いた口がふさがらない、驚愕なラストシーンが待っているのでした。

ロイは、地球への反逆を試みる父親を、自らの手で「殺す」覚悟でここまできたのですが、そこには「殺す」に値する存在、「父性」のかけらすらなかったのです。
本作を見てガッカリした人は多いでしょうが、本作のテーマは明解、明確です。
宇宙の果てまで行っても、父性なんか存在しない！
地球にも宇宙にも、父性のかけらすら存在しない。まさしく、「父性消滅」。
『アド・アストラ』も、「父性消滅」を強烈に打ち出した作品と言えます。

★

第4節　娘による父親探し

▼やはり「父親探し」の物語だった　『スター・ウォーズ』続三部作

2010年代、「父親探し」をテーマにした作品がなくなった。これは正確ではありません。正確には、息子（男性）による「父親探し」をテーマにした作品がなくなっただけで、その代わりに娘（女性）による「父親探し」をテーマにした作品がたくさん作られました。

これは非常に興味深い現象です。『アナ雪』や『アラジン』のように、社会に進出する、自己表現できる自立した女性が、主人公として登場するようになったと同時に、娘による「父親探し」「父親殺し」、あるいは「父親と娘の和解」をテーマとした作品が、非常に増えました。

その典型例が、『スター・ウォーズ』エピソード7、8、9です。『シスの復讐』（2005）で新三部作が終了し、それから10年を経て『スター・ウォーズ／フォースの覚醒』（2015）が公開。ジョージ・ルーカスが、制作権をディズニーに売却し、『スター・ウォーズ』がディズニー映画となったのにはビックリしました。そして、レイ（デイジー・リドリー）という女性が新シリーズの主人公となったのです。

その頃、女性を主人公とする映画が多数作られていたので、多くのスター・ウォーズ・ファンは、「女性の主人公」を今の時代の流れにあったものと、自然に受け入れました。

砂漠の惑星ジャクーのゴミ漁り（廃品回収業者）であるレイは、ある日、BB-8というドロイドと出会い、レジスタンスとファースト・オーダーとの戦いに巻き込まれ、自らのフォースを覚醒させていきます。この段階では、レイは出自不明。かすかな記憶の痕跡を持ちながらも、父親や母親が誰なのかは全くわかりません。

アナキンやルークの家系、スカイウォーカー・ファミリーとは全く別な人物が、強烈なフォースを持ち得るのか？　という謎とともに、続三部作はスタートしました。

『スター・ウォーズ』エピソード8では、レイの父親は、「何者でもない」、ただの普通の人という秘密が明かされるものの、エピソード9では一転して、レイの父親として意外な人物が正体を現します。そして、レイは父親と対決し、父親を打ち負かします。

続三部作を通して見ると、娘による「父親探し」「父親殺し」の物語だったんだ、ということがわかり、ハッとします。『スター・ウォーズ』旧三部作（エピソード4、5、6）は、ルーク・スカイウォーカーによる「父親探し」の物語。『スター・ウォーズ』エピソード1、2、3は、アナキン・スカイウォーカーによる「父親探し」の物語だったからです。

エピソード1では、父親不在のアナキン少年が、ジェダイ騎士クワイ＝ガン・ジンと出会い、彼に父性、リスペクト、自分もジェダイ騎士になりたいという憧れを持つものの、クワイ＝ガンは、ダース・モールに殺されてしまいます。やむを得ず、オビ＝ワンのパダワン（見習い）となるアナキン。『エピソード2』では、成長したアナキンは、オビ＝ワンを凌駕するほどのフォースを持ち、オビ＝ワンとは「兄弟」のような関係ではありますが、オビ＝ワンに父性を感じることはなく、むしろ有頂天になり、徐々にダークサイドに引かれていくのです。『エピソード3』で、アナキンは圧倒的なパワーを持つダークサイドに引かれ、皇帝の軍門にくだりダース・ヴェイダーとなります。アナキンは、クワイ＝ガンではなく、オビ＝ワンでもなく、結局、皇帝（Very Bad Father）に父性を見いだしていくという悲劇です。

旧三部作、新三部作をこのように「父親探し」の物語として理解していると、続三部作も実は「レイによる父親探し」の物語だったんだ！　という気づきと驚きがあるわけです。

息子（男性）による「父親探し」というテーマは、映画、小説、コミックなどで散々使い古された、今の時代には「古くさいテーマ」でしかありませんが、「娘（女性）による父親探し」

というテーマは、まだまだ新鮮さがあります。

実際、心理学的にみても、幼少期、思春期の娘と父親の関係性は、将来、異性とどう関わるかという問題に大きな影響を与えるし、場合によってはトラウマとなり、男性不信に陥る場合もあります。映画や小説として、まだまだ描かれていない奥深さが、残されているように思います。

▼イーストウッドと娘の和解

2010年代は、ある意味、女性主人公の時代と要約してもいいでしょう。女性を主人公にする場合は、娘と母親との葛藤か、そうでなければ父親と娘との葛藤や和解が盛り込まれることになります。

毒親（毒母）の問題は、またどこか別な機会に論じたいと思いますが、『ブラック・スワン』（2010）と『アイ，トーニャ 史上最大のスキャンダル』（2017）の2本は、究極の毒親映画として、見ておいて損のない作品です。

父と娘の和解の映画として、私が最初に思い出すのは、クリント・イーストウッド主演の『人生の特等席』（2012）です。

メジャーリーグ、アトランタ・ブレーブスの名スカウトマンとして生きてきたガス（クリント・イーストウッド）。完全な仕事人間で、家庭を顧みず、娘とも疎遠になっていました。高齢の彼は、視力が衰えてきて、遠くのボールも見えづらくなっています。スカウトマン引退の危機に瀕するものの、「最後のスカウト」の旅に出発し、父との間にわだかまりを感じ続けてきたひとり娘のミッキー（エイミー・アダムス）が同行することに……。

超頑固もののガスですが、たくさんの時間を一緒に過ごすことで、二人は徐々に心を開き、次第に和解していくのです。ラストのミッキーの意外な決断には、驚かされ、涙がこぼれます。

本作は、イーストウッドにとって特別な作品であると考えられます。彼にとって『グラン・トリノ』（２００８）以来の出演作品であり、また自身が監督しない作品の出演としては、『ザ・シークレット・サービス』（１９９３）以来、19年ぶりとなる、俳優復帰作なのです。

興味深いことに、６年後にこれと似た話をイーストウッドは監督します。『運び屋』（２０１８）です。本作でイーストウッドは、『人生の特等席』以来６年ぶりに俳優として出演することになります。監督・主演作としては、『グラン・トリノ』以来、10年ぶりです。彼自身がわざわざ出演しなければいけなかった理由は……。

『運び屋』は、私の大好きな作品です。魂が揺さぶられました！

麻薬の「運び屋」の話、というよりも、「人生の最後」に何をするのか？　という話です。90歳の園芸家のアールは、自分の人生で「やり残したこと」と、初めて真摯に向き合います。それは、絶縁状態の「娘」と和解すること。

「仕事」のために生きてきた仕事人間のアール。娘の結婚式にも出ずに、園芸の品評会を優先しました。それを根に持つ娘とは、何年も絶縁状態が続いています。

ひょんなきっかけで、麻薬の「運び屋」をすることになるアール。麻薬取締局捜査官の捜査の手が、徐々に迫ります。

いつ捕まるのかというクライム・サスペンスの「緊迫感」と、娘と和解できるのかというヒューマンドラマの「緊迫感」が、ダブルで押し寄せるクライマックス。果たしてアールは、娘と和解できるのか。それとも、その前に捕まってしまうのか。

子供や家族をほったらかしにしていた罪悪感を償う。父と娘の関係修復の物語。そのテーマは、『人生の特等席』と全く同じです。

実は本作は、イーストウッド本人にとって、

クリント・イーストウッドの『運び屋』

〝自分の人生で「やり残し」たこと〟への決着ではなかったのでしょうか？

イーストウッドは、五人の女性との間に七人の子供を持っています。全盛期のイーストウッドの俳優としての人気は凄いものでした。アールと同様に仕事に没頭するあまりに、子供と会う時間もなかったのではないかと、容易に想像できます。本作はイーストウッド自身の、娘、あるいは子供たちへの「懺悔」、ではなかったのか。

実際、アールの娘アイリスを演じるのは、イーストウッドの実娘のアリソン・イーストウッドであり、親子の共演は、『タイトロープ』（1984）以来34年ぶりになりました。

娘にとって父親との和解が重要な意味を持つのと同様に、父親にとっても娘と和解することが重要な意味を持つ。そんなことを『人生の特等席』と『運び屋』の2作品を通して、改めて考えさせられるのです。

▼父は娘を求め、娘は父を求める

父と娘の和解を演じた傑作が何本かあります。クリストファー・ノーラン監督の『インターステラー』（2014）では、時間と空間を超えた壮大なスケールで父と娘の交流が描かれています。

宇宙飛行士クーパーとその娘のマーフィー。クーパーは、人類を救うべく第二の地球を探す壮大な「ラザロ計画」のメンバーとして宇宙に旅立ちます。それは、おそらく帰還することはできないほどの危険な任務。反対する家族を押し切り、宇宙へ旅立つクーパーと、娘マーフィーの間には遺恨が生まれます。

宇宙では時間の流れが異なるため、地球の方が20年以上も先に時間が進んでしまう。その間、マーフィーは物理学者となり、父の同僚であったブランド教授の元、重力の研究にいそしみます。重力制御の秘密を解き明かすことは、父クーパーとブランド教授の悲願でもあります。

命がけで、ブラックホールの中心の特異点を観測したデータを地球に送るクーパー。そして、その極めて難解なデータを受け取り、しっかりと解析するマーフィー。時間と空間を超えた父娘の交流と和解。とてつもなくスケールの大きい話を、親子のヒューマンドラマとしてまとめたノーラン監督は凄い。また、ここで父と娘を演じた、マシュー・マコノヒーとジェシカ・チャステインの演技も実に感動的です。

そして、ジェシカ・チャステインは、3年後に再び「父娘の和解」映画に主演します。

トップアスリートからポーカールームの経営者へと転身し、最後にFBIに逮捕される。実在の女性モリー・ブルームの波乱に満ちた人生を描いた『モリーズ・ゲーム』（2017）です。

モリー（ジェシカ・チャステイン）は人生において、父親の浮気が許せなかった。それが彼女の心の傷となっていた、という描写があります。父親（ケビン・コスナー）と久しぶりに再会。彼女は父を許すことができるのか。和解することはできるのか。『フィールド・オブ・ドリームス』（１９８９）で父親との和解を演じたケビン・コスナーが、本作で「父親」役で登場している、というのがミソ。

このように、「父と息子の和解」というテーマが古くさくなった２０１０年代には、たくさんの「父と娘の和解」の映画が作られるようになっています。それらの共通点は、どれも「おもしろい！」ということ。

息子による「父親殺し」の映画は、今後さらに下火になるでしょうが、娘による父親探し、父と娘の和解の映画は、さらに増えていくだろうと予想されます。

▼父性消滅からマイノリティの時代へ

２０１０年代のアメリカ映画。「勧善懲悪」「正義の味方」といえる従来型のヒーローは消滅しました。それを補うかのように、女性、子供、マイノリティ、悪役が活躍する作品が増えています。それは、今まで差別、抑圧されてきたものたちの復権ととらえることができるかもしれません。

２０２０年のアカデミー賞で『パラサイト 半地下の家族』（２０１９）が作品賞、韓国人のポン・ジュノ監督は監督賞を受賞。韓国映画、そしてアジア映画で初のアカデミー作品賞の受賞は、映画史の歴史の流れが変わった瞬間かもしれません。

父性消滅。力強い白人男性がヒーローや主人公として活躍する作品は激減しています。そして、その傾向は今後も続くでしょう。

第8章

「父性の消滅」から「男性不要」へ ディズニーの暴走

★第1節　アニメ界における金字塔『アナと雪の女王』

2010年代、日本で最もヒットした作品。それは『アナと雪の女王』（2013、以下『アナ雪』）です。

興行収入255億円。日本歴代興行収入ランキングの第3位となる記録的大ヒットとなりました。世界的にも大ヒットした本作は、世界のアニメ映画の興行収入ランキング第1位となり、続編の『アナ雪2』では、さらに1作目を超え、現在、世界の歴代アニメ映画の興行収入ランキングの第1位と2位を独占しています。

『アナ雪』は2010年代を代表するアニメであり、ある意味、時代を映し出している鏡といって良いでしょう。昨今の父性の問題も、全てここに凝縮されて描かれている、といっても過言ではありません。

アレンデール王国の王女エルサと次女のアナ。エルサは触れたものを凍らせたり、雪や氷を作り出す魔法の力を持っていました。日増しに魔法の力が強まるエルサは恐れられ、彼女は城に幽閉され、大の仲良しだった二人の姉妹は分断されてしまいます。

海難事故で両親が亡くなり、成人したエルサは女王として即位することになります。しかし、エルサはある日、魔法を暴発させてしまいます。それがきっかけで王国を出ることに。ノースマウンテンに氷の城を建て、自分を抑えつけるのをやめ、独りで生きていく決意をします。その時の彼女の決意を示す楽曲が「レット・イット・ゴー」。日本でも大ヒットし、人々を勇気づける歌として、カラオケや合唱など、たくさんの人に歌われています。

「自分一人でも生きていこう！」という女性の自立を象徴するテーマ。あるいは自分のハンディキャップ、欠点や短所を抑えこむことなく、「自分らしさ」を大切にして「自分らしく」生きていくというテーマも、多くの人に共感されました。

感動的な名曲、その完成度の高さ。吹き替え版でのエルサ役の松たか子の歌唱力の素晴らしさ。そして、女性の自立やハンディキャップからの自立といったテーマ性が、多くの人の共感を呼びました。それが、本作が映画史に残る大ヒットを記録した原因と考えられます。

▼悪役不在＝父性不在

しかしながら、私は『アナ雪』は全く好きになれません。それは、男性キャラの描き方がひどすぎるからです。

まず、興味深いことに『アナ雪』には、「ヴィラン」（悪役）が登場しません。正確に言うと、「Very Bad Father」としての「ヴィラン」は登場しません。

いや、ハンス王子がいるじゃないか、という反論もあるでしょう。ジェントルマンを装いエルサに接近し、アレンデール王国を乗っ取ろうと企んでいたハンス王子。

映画の悪役というのは、「邪悪」で「狡猾」。巨大な「悪」のエネルギーを兼ね備えた人物であることがほとんど。それは、言い換えると父性のネガティブな側面だけが増長、強化された「暴走する父性」、すなわち「Very Bad Father」と言えます。

ハンス王子を表現するならば、「Very Small Father」(ちんけな父性)とでもいいましょうか。「ちんけ」でせこくて自己中心的。

「Very Bad Father」は、例えばアベンジャーズのサノスのように、「間違った理論、価値観」ではあっても、それを貫く「鉄壁の意志」と「ゆるぎない情熱、モチベーション」を持っているのです。ある意味、「敵ながらあっぱれ」という部分を持っているのが魅力的な「ヴィラン」です。

そういった「ヴィランの魅力」のカケラもないのがハンス王子。ここまで「小物」の悪役というのも、見たことがないレベルです。

これは間違いなく意図的に描かれたもので、「悪役」にすら父性は存在しない。「父性消滅」のディズニー的な表現でしょう。意図的に描いたという証拠は、ハンス王子が「13人兄弟の末っ子」という設定です。

『鬼滅の刃』では炭治郎の「長男力」こそが父性として描かれています(詳しくは後述)。「長男力」＝「父性」とするならば、「チョー末っ子」という設定は、「チョー父性がない」という比喩であり、実際にハンス王子は「父性のかけらもない男」として描かれているのです。

▼頼りないにもほどがある クリストフ

『アナ雪』で、アナ、エルサの味方をする唯一の男性キャラが、クリストフです。真面目で、性格も優しい。間違いなく「良い人」キャラでありますが、ドジも多く「頼りがいがある」とはとうてい言えない。よく言えば、「草食系の良い人キャラ」。率直に言うと、「へたれの役立たず」です。

映画のクライマックス。エルサとアナを助けるため、トナカイのスヴェンに乗って、凍り付いた海を渡り、最後は自分の足で、全力で駆けてゆきます。ハンス王子はエルサを殺そうと剣を振り上げ、エルサを護るために、アナはエルサの楯となります。その瞬間、アナは完全に凍り付いてしまいます。近くまで来ていたクリストフは、その様子を呆然と見守るだけ。結局、何一つ役に立っていない、ただの傍観者として描かれます。

クリストフの職業は、なんと「氷屋」。こんな冷涼な国で、「氷屋」が商売として成り立つのか。というか、そもそもエルサは氷の魔法を使えるので、氷は作りたい放題。氷でお城を作ってしまうくらいですから。そこを踏まえると彼の職業設定は、「必要のない存在」「役立たず」という映画での存在価値を暗喩しているとしか思えません。

一国を担う女王となるアナが、こんなヘタレの男性に好意を寄せるという意味もわかりません。せめてラストシーンくらい、バッチリ決めてくれるのでしょうか。

一件落着した後、アナからクリストフへ、新しいソリがプレゼントされます。クリストフは非常に喜び、「キスしたい気分だよ」と言います。この一番肝心なシーンで、自分からキスする積極性を発揮すれば、今までのドジや失敗、役立たずぶりは全て帳消しになる。「頑張れ、クリストフ！」と内心応援しながら見まもりますが、期待を180度裏切り、なんとキスをしたのはアナから。その後、二人は抱き合ってキスするものの、クリストフは良いところなしの「ヘタレ」のままです。

さらに、その後の最後のシーン。エルサの魔法で広場がスケート場となり、そこでエルサと手をつなぎ、楽しそうにスケートを滑るアナの姿。クリストフはスヴェンとともに、ずっこけた格好でその後ろを通り過ぎて映画は終わります。

ちなみに、「クリストフ」という名前に、彼の存在理由を暗示する意味が隠されています。平凡な男ですから、もっと平凡な名前でいいのに、なぜこのような特徴的なクリスチャンネームが与えられているのか?

クリストフの名前の語源は、「クリストファー」。クリストファーとは、「キリストを運ぶ・担うもの」という意味。キリストを担いで川を渡ったという聖クリストファーの話は、日本人は知らないでしょうが、クリスチャンで知らない人はいないでしょう。

『アナ雪』におけるキリストは、魔法の力で奇跡を起こし、最終的に人々に救いを与えるエルサ以外には考えられない。ザックリ言うと、キリスト(エルサ)の引き立て役ということ。それが、彼の「名前」に象徴されているのです。

私の家内と『アナ雪』の感想を話したとき、彼女は言いました。「結局のところ、〝男なんかいらない〟って映画だよね」。全くその通り! 私も薄々そうは思っていましたが、女性からその言葉を聞いて、「やっぱりそうなんだ」と腑に落ちました。「男なんか頼りにならない」「男なんかいらない」「私たち女だけでやっていける」。

2010年代の映画の特徴として、「父性不在」「父性消滅」を、ここまで多くの作品を例に挙げて説明してきましたが、『アナ雪』はその上を行く「父性不要」「男性不要」を打ち出しているのです。

そこまで言い切った映画もアニメも、今までなかった。だから、大ヒットした。男性に抑圧されていた女性たちにとっての「よくぞ言ってくれた!」というストレス解消、あるいはリベンジ(復讐)的な意味合いを強く感じるのです。

▼魅力的なジャスミンとヘタレ化するアラジン

こうした映画分析をすると必ず批判が出ます。たまたま、そう解釈できるだけ。強引なこじつけ。我田引水も甚だしいと。

確かに映画1本だけの分析で終わってしまうと、そうした指摘もまんざら間違ってはいないのですが、そうならないよう本書では、映画を多くの作品の「流れ」の中で分析しています。映画史という流れがあって、今の作品が作られている。だから、「父性」というものを『カサブランカ』や『シェーン』など、60~70年も前の作品から紐解いているのです。

『アナ雪』は、「父性不在」「父性消滅」さらに「父性（男性）不要論」を裏テーマにしているという仮説だけ聞くと、「こじつけ」「我田引水」という批判もわからなくはないですが、ここまでの流れを踏まえて、『アナ雪』の6年後に公開された実写版『アラジン』を見ると反論の余地はなくなるはずです。

『アラジン』を見れば、ディズニーは戦略的に「父性（男性）不要論」を描いていることがよくわかります。『アラジン』は『アナ雪』のパワーアップ版であり、「父性不在」「父性消滅」からの「父性（男性）不要論」を、『アナ雪』を超える壮大なスケールで描いているのです。

2013年の『アナ雪』で、アニメ史上最大の興行収入をたたきだし、社会に進出する「強い女性像」はヒットする事実に味をしめたディズニーは、さらにそれをパワーアップさせた作品を作ります。それが、『アラジン』（2019）です。

『アラジン』と言えば、「ホール・ニュー・ワールド」の楽曲で知られるディズニーの人気アニメで、日本でも劇団四季によるミュージカルも大ヒットしています。その実写版が、この2019年の『アラジン』です。

私は、初めて実写版の『アラジン』を見たときにビックリしました！

「こんな腑抜け男（アラジン）を好きになる女性はいるのか？」「以前のアラジンとは全く別人。ここまでの腑抜けの役立たずキャラにされてしまったアラジンかわいそう」「これ『アナ雪』そのもの。『アナ雪』の全パクリじゃないか」と思いました。

アニメ版とは異なる実写版『アラジン』の二人

ご覧になった方は、この作品のストーリーに驚いたはずです。なんと、アニメ版『アラジン』の実写化のはずが、アニメ版やミュージカル版とはストーリーがかなり異なるのです。

アグラバーの王女、ジャスミン。アニメ版、ミュージカル版では、理想の王子の登場を心まちにする、ディズニーの従来型プリンセスでした。それが実写版では、自分で発言し、行動する「チョー自立した女性」として描かれているのです。

ストーリー全般において、アニメ版、ミュージカル版とは全く異なる展開で、非常に意外性もあります。アニメ版、ミュージカル版になかったジャスミンのソロの楽曲「スピーチレス～心の声」が追加されていて、これは非常に感動的な曲だと思いました。

本作の評論家らの分析には、近年の女性の活躍や自立を意識し、ディズニーが従来の受け身型のプリンセス像を捨てて、現代にマッチした新しい女性像として描いている、と好意的なものが多く見られました。

社会に進出する女性、自分で発言するもの言う女性。芯の通った女性。そうした女性像を描くことは、非常に素晴らしいことだと思います。そして、本作のジャスミン王女は輝いているし、非常に魅力的に描かれています。

しかし。しかし、主人公のアラジンを「腑抜け」で「ヘタレ」な男として描く必要があるのでしょうか？　肉食系女子に書き換えられたジャスミンとは対称的に、アラジンはチョー草食系男子に書き換えられています。職業もないし、ビジョンもないし、自分で決断せず、自分から行動することもない。全くいいところがないのです。

ジーニーの魔法の力を借りて「王子」に変身したというのに、ジャスミンに積極的にアプローチすることもなく、ジーニーの指示待ち人間に成り下がっています。ジャスミンと結婚したいとは言うものの、実際には自分から何の行動もしない。ただの口先人間。

ジャファーとの対決では、アラジンはジャファーを口車にのせて、魔法のランプに閉じ込めますが、それもジーニーの指示通りに動いたにすぎません。

▼プリンセス化するアラジン

アラジンの夢は「ジャスミンとの結婚」と語られますが、彼は彼女を前にしても何のアプローチもしないし、ジャファーを倒した後も、ジャスミンをあきらめ、さっさと城を後にして帰り出す始末です。「ジャスミンとの結婚」を語るだけで、何一つ自分から行動しないし、熱意も情熱も何もないのです。

アラジンのゴールは、「結婚」です。それでは、一昔前の、ディズニー・プリンセスではないですか？　女性化するアラジン。そして、男性化するジャスミン。

アラジンのヘタレぶりは、ラストシーンに象徴されます。魔法の力で「王子」に偽装したことがバレ、「王子でないと王女と結婚できない」ため、ジャスミンとの結婚を早々にあきらめ、城から出てさっさと帰ろうとするアラジン。結婚はかなわなくとも、自分の思いを伝えることはいくらでも可能なわけで、それすらしないアラジン。

帰ろうとするアラジンを追いかけるジャスミン。ジャスミンの髪飾りを手に持ち、「これってやっぱりまずい？」と尋ねるアラジンに「私が捕まえた！」と超肉食的なプロポーズをするジャスミン。ラストは、二人の結婚を祝賀する映像で映画は終わります。

彼女と1対1で話せる最後のチャンスなのに、なんとアラジンは自分の気持ちを伝えようともしないし、プロポーズもしないのです。ジャスミンの肉食的なリードのもとに、結婚は成立します。

ディズニー史上、最も「腑抜け」で「ヘタレ」で情けない男、アラジン登場！

何の取り柄もないといっては失礼ですが、唯一「やさしさ」だけはありました。魔法のランプの三つのお願い。最も貴重な最後の一つを、自分のためではなく「ジーニーを自由にする」ことに使った。そこだけです。

しかし、このアラジンの重要な決断も、映画のファースト・シーンで、船乗りとしてウィル・スミスが登場し、息子に昔話を話し始めた瞬間に、ジーニーが最後、人間になるのかというオチは予想できてしまいます。アラジンの英断も、映画的にサプライズはゼロ。何の盛り上がりもない残念なシーンです。

世間の女性は、こんな去勢されたアラジンに、男性としての魅力を感じるのでしょうか？本気で結婚したいと思うのでしょうか？　イケメンでやさしいだけ。仕事もしていない無職。まあ、ヒモみたいなものです。

ジャスミンのように聡明で、自分の言葉を持ち、自分の意見をしっかりと語り、ジャファーの魔法にも屈しない強い心を持ち、圧倒的な行動力を持った頭の良い女性が、優しいだけが取り柄の、この腑抜けたヒモ男を好きになるのでしょうか？

「このひ弱な男子を私が守ってあげないと」と、母性本能を発揮する可能性もあります。社会的地位のあるお金持ちの女性が、ホストの優しい言葉に惑わされることもあるでしょう。でも、そうした男女関係に憧れますか？

本作を見た後では、『アナ雪』のクリストフも意外に良い男だったことがわかります。クリストフはドジで間抜けで、何をやっても失敗しますが、少なくとも最後にエルサを助けたいという思いで、全力で氷の城まで駆けつける。結局は間に合わずに、何の役にも立たなかったのですが、クリストフは少なくとも「行動」し、「努力」している点は評価できます。

しかし、アラジンにおいては、「ジーニーを自由にする」という点を除けば、何一つ自分で決断せず、行動しない。ジャファーとの戦いにおいては、ジャスミンを助けるどころか、魔法のランプを奪われ、ジャファーに絶大な魔力を与えてしまい、危機に陥ります。つまり、役に立たないどころか、むしろ「マイナス」です。

ジャファーとの決戦では、アラジンはジャファーを挑発し、最後の魔法を「私を宇宙で最強の存在にしろ」と唱えて、ランプに封じ込めることに成功します。しかし、そのアイデアはジーニーによるもの。アラジンは、ジーニーの指示通りにやったにすぎません。

『アナ雪』では、「父性不在」「父性消滅」さらに「父性不要」「男性不要」が描かれましたが、『アラジン』でもそのテーマは引き継がれ、むしろ1・5倍くらいに強調されて描かれていたわけです。

『アナ雪』で、女性の自立を強烈に打ち出して、12億ドルという空前の興行収入を叩き出したディズニーが、二匹目のドジョウを狙って作った『アラジン』は、10・5億ドルという大ヒット作になりました。

ディズニー映画というのは、脚本制作に膨大なリサーチと時間、お金をかけて準備していると言われます。「父性不在」「父性消滅」「父性（男性）不要」描写は、私の「こじつけ」や「偶然」などではなく、全てディズニーの戦略なのです。そして、その「戦略」はまんまと成功しています。『アナ雪』『アナ雪2』『アラジン』と三つの大ヒットを生み、今後も『ムーラン』など、次々と似たパターンを繰り出してくることは間違いないでしょう。

▼逆転夫婦と精神的危機

なぜ私が『アナ雪』や『アラジン』に対して違和感を持つのかというと、それは心理学的にみて、『アナ雪』や『アラジン』に感化され、悪影響を受ける人が増えると懸念されるからです。女性が母性を、男性が父性を担当するわけではなく、女性の中にも父性があり、男性の中にも母性があります。それは心理学的な事実です。

ですから、エルサやジャスミンが、「厳しさ」をそなえた父性的な側面を見せることは良いことであり、極めて父性的な存在である『鬼滅の刃』の炭治郎や鱗滝の中に極めて母性的な優しさがあるのも良いことです。

しかし、「家族」。父親と母親と子供という関係性で見た場合、父親が主に「父性」を担当し、母親が主に「母性」を担当しないと、子供は精神的にものすごく不安定な状態に陥ります。

わかりやすくいうと、子供が何か間違いを犯した場合、父親が「叱り」、母親が「なだめる」「やさしく接する」「フォローする」ことが、子供に対して養育的に働きます。

これが逆の場合。母親がどなり散らし、父親が母親を制御できずに、子供のフォローをするような家庭は、子供の精神が不安定になるのです。これを私は「逆転夫婦」と呼んでいます。

父親の役割を母親が担い、母親の役割を父親が担う。これは、私の臨床経験からみて、子供の成長にものすごくよくないパターンと言えます。

父親がいくら厳しくても、通常、父親は仕事で日中いないので、少なくとも日中は、子供たちはのんびりできるのです。しかし、専業主婦の母親が極めて「厳しい」場合は、子供は24時間監視された状態となり、リラックスする暇がない。

24時間、365日、ピリピリとした状態が続くと、子供の神経はすり減ります。自分の意見を言うと母親に叱られるということになると、自分の意見を言わなくなる。母親に迎合し、母親の言いなりになる。結果として、自分で判断・決断できない、自発性に乏しい、人任せの大人へと成長していく可能性が高いのです。

▼ひきこもり200万人時代という危機

あるいは、「ひきこもり」。2019年に内閣府が行った調査では、約115万人のひきこもり状態の人がいると推定されました。「ひきこもり」という言葉の提唱者である筑波大学精神科の斎藤環教授は、これはかなりの過小評価であり、ひきこもりの人数を人口の3~5%と考えると200万人ぐらいはいる。さらに、このままの割合で増え続けると、ひきこもりの人数は1000万人を超えると警鐘を鳴らします。

「ひきこもり」はなぜ起きるのか。いくつかの原因はありますが、「父性」「母性」から分析すると、「父性」が弱くて、「母性」が強いと、子供は社会に出て行くことができずに、「ひきこもり」が発生するのです。「父性」とは子供を社会に引き出す力。「母性」は子供を「家庭」に留める力。その心理的な綱引きによって「母性」側が勝ってしまうと、子供は社会に出て行こうとしない、つまり「ひきこもり」の原因となります。

つまり、「父親が弱い」か「母親が強い」か、その両方か、三つのパターンが考えられます。私の経験から言うと、「父親が弱い」「母親が強い」という両方が存在するパターンが多いように思います。

このような父性、母性の綱引きのなか、「強い母親」は「父性」だけが強いわけではなく、子供への養育的、保護的な愛情である「母性」も強い場合が多いのです。「過剰な優しさ」「面倒見の良さ」「なんでもやってあげる」という過剰な母性は、子供の依存心を引き出します。家での居心地が良すぎる状態ができてしまう。家にいても怒られない。部屋でゲームしていればいいわけですから、「毎日ストレスを抱えて苦労してまで仕事をしたくない」と思うのは当然でしょう。

つまり、アラジンとジャスミンが結婚すると、「弱い父親」と「強い母親」という典型的な「逆転夫婦」ができあがります。子供ができた場合、子供は父親（無職で腑抜けの父親）に社会的な目標を見出すことができず、「ひきこもり」になるのではないか、と危惧するのです。

『アラジン』を見た男の子が、「自分でがんばらなくてもいい。女性に依存した生活をしたい」と思うことはないでしょうが、「男性なんかいらない」「父性なんかいらない」というテーマは、漠然としたイメージとして無意識に刻まれているはずです。

「男性の草食化が進んでいる」と言われますが、「進んでいる」のではなく「進めている」のです。

「草食男子でも全然ＯＫ」という作品がこれからも量産されるとしたら、「あるべき姿」として無意識のレベルに刻まれ続けていくでしょう。

▼新しい時代の「物語」が動き出している

私は、「社会に進出する女性像」を批判しているわけではありません。

アラジンを腑抜けな役たたず、「父性ゼロ」の男として描くのは、どうみてもやりすぎであり、映画を見た人たちに、「父性喪失」を肯定するようなメッセージを、無意識レベルに植え付けている可能性がある、ということを指摘したいだけです。

自分の意志をしっかり発言できるジャスミン王女と、「やさしさ」だけではなく「行動力」「情熱」を兼ね備えたアラジンというカップル。素晴らしくありませんか？

少なくとも、アニメ版やミュージカル版と同程度に「たくましいアラジン」が描かれていれば、そういう作品ができたはずなのに……。

「女性の自立」を描くのに、「男性軽視」「男性蔑視」と対でしか描けないとしたら、それは今まで「女性蔑視」によって女性の社会進出を阻んできた「男尊女卑」という古くさい思想にとりつかれた男性たちと何ら変わらない。実に低俗な思想ではないかと思います。

▼女性と男性の関係で必要なのは「リスペクト」

どんな映画を作ろうが、ある意味表現の自由というものがありますが、「映画は人にものすごい影響を与える」ということも知っておく必要があります。私が今、作家をしているのも、小学生の頃に、「月曜ロードショー」の映画解説者、映画評論家の荻昌弘さんに憧れ、「映画評論家になりたい」と思ったからです。映画と出合っていなければ、今、このように本を書いて作家活動をしていることは絶対になかったでしょう。

子供たちはディズニー映画を好んで見て、そこから無意識に多くの影響を受けるのです。『アナ雪』や『アラジン』で描かれた男性像のイメージで育った「男の子」「女の子」は20年後にどうなるのでしょう? 私は、かなり心配です。

夫婦関係においても、妻は「仕事をして給料を稼いでくる夫」に対してリスペクトをして、夫は「家事や育児をしている妻」に対してリスペクトをする。互いのリスペクトがあって、初めて対等な夫婦関係、男女関係が成立するのではないでしょうか?

女性が差別されてきた時代。いや今も、日本では女性の管理職は圧倒的に少ないので、女性差別は続いています。それは、女性に対するリスペクトがなかったからです。女性は「家で子供でも育てていればいい」という古くさい考え、差別、偏見があったから。というか、今もそう思っている人は多い。それは非常に大きな問題であるし、改善されるべきであることは間違いありません。

しかし、その対決手段として、「男性に対するリスペクトのない態度をとる」「男性を軽蔑する」「男性をおとしめる」「男性を敵視する」というのは、おかしくはないですか？　それでは、「女性差別を続けてきた（続けている）」古い男性と全く同じ思考パターンであり、単なる復讐でしかないのです。

男性と女性は、互いにリスペクトしあうことで、健全なパートナーシップが生まれるのです。『アナ雪』や『アラジン』を見ると、露骨な「男性蔑視」というか、「男性無視」といってもいい。男性に対するリスペクトのかけらもない映画を見た女の子が、20年後に「互いにリスペクトし合える夫婦関係」を築くことは、極めて難しいでしょう。

『アナ雪』や『アラジン』は、女性の社会進出や自立を高らかに歌い上げた作品。これらに多くの女性たちは共感しましたが、男性の視点から見ると、男性が不当におとしめられている。結果として逆に、男性と女性の断絶を余計に深めているようにしか見えない。これが、『アナ雪』や『アラジン』に対する、私の率直な感想です。

▼男女がリスペクトし合うことは可能である『ゴールデンカムイ』

女性の社会進出を描くことと、クリストフやアラジンを「ヘタレ」として描くことは全く別な話です。ジャスミン王女が自分の意見を述べ、悪役ジャファーと対決するのはOKです。その一方でアラジンを「何の活躍もしない無用の長物」として描く必然性はないのです。アラジンがもう少し活躍したところで、ジャスミン王女の「自立心」を妨げるものではないのです。「女性か男性か」の二者択一ではなく、「女性」も「男性」も活躍できる社会を目指すべきであり、それをイメージの世界でリードして、時代を切り開いていくのが映画やアニメの重要な役割なのです。

映画やアニメにおいて、女性像、男性像はどのように描かれるべきか。「女性の社会進出」と「男性の活躍」を同時に描くことは不可能なのか。全く不可能ではありません。そうした作品がすでにあります。それは、『ゴールデンカムイ』です。

連載開始が2014年、テレビアニメ化されたのが2018年ですが、私は『アラジン』を見た後に『ゴールデンカムイ』と出合ったので、「こんな作品を待っていた！」と思いました。

日露戦争の帰還兵、杉元は砂金掘りのため北海道に来ました。あるとき、アイヌが秘蔵していた金塊の話を耳にします。杉元は、たまたまアイヌの少女（14〜15歳）、アシㇼパと出会います。金塊を盗み、網走監獄に収監された男「のっぺら坊」は、アシㇼパの父親の死に関係しているという。杉元の「金塊探し」とアシㇼパの「父親探し」という目的は一致し、二人は同盟を結びますが、他にも金塊を狙う奴らがたくさんいて、二人は熾烈な金塊争奪戦に巻き込まれていくのです。本作も、「娘による父親探し」が物語の重要なテーマになっています。

　私がこの作品で一番好きなところは、杉元がアシㇼパのことを「アシㇼパさん」と「さん」付けで呼ぶところです。杉元はアシㇼパよりも10歳ほど年上。しかし、アシㇼパは雪が降り積もる厳寒の北海道の自然を生き抜くための圧倒的な知恵、技術を持っていました。それは、アイヌの「生きる知恵」の凝縮といってもいい。そうした、「サバイバルのプロフェッショナル」への敬意、あるいはアイヌ文化への敬意としての「アシㇼパさん」なのです。第1話で、杉元が「アシㇼパさん」と呼ぶシーンでは、涙がボロボロ流れて止まりませんでした。

日露戦争二〇三高地の戦いの生き残りである杉元の別名は、「不死身の杉元」。銃で撃たれても、ナイフで刺されても決して死なない。瀕死の重傷を負うことで、むしろ彼の生命本能が目覚め、鬼神のような戦いぶりでピンチを脱します。不死身の杉元は、ピンチに陥ったアシㇼパを救い、アシㇼパも杉元を救う。「リスペクト（敬意）」で結ばれた二人は、互いになくてはならないかけがいのない存在になっていくのです。

▼性別や人種を超越した人間存在

アシㇼパは、「わたしは新しい時代のアイヌの女なんだ!」と言います。本来、アイヌにおいて狩猟は男性の仕事ですが、アシㇼパは本来は男性がすべき狩猟をなりわいにしています。あるいは、アイヌの伝統の「入れ墨」を拒否したり。今後のシリーズでは、アイヌのリーダー的な役割を担う存在になっていくはずです。

「社会へ進出する女性像」という意味では、『アナ雪』や『アラジン』と全く同じです。しかしそこに登場する男性は、一癖も二癖もある奴らばかり。自分の「ビジョン」をしっかりと掲げ、そのビジョンの達成に命を賭けています。北海道征服をもくろむ鶴見中尉や蝦夷共和国の再興を目指す元新撰組、土方歳三など、その野望はとてつもなくでかいのです。

『ゴールデンカムイ』では、10人ほどの主要人物が敵と味方に分かれて、チーム戦で金塊探し、金塊争奪戦を繰り広げます。おもしろいのが、裏切り者、寝返る者が次々と現れ、チームメンバーが入れ替わるところです。敵として戦っていた相手が、次の日からは仲間になったりする。なぜかというと、自分の「ビジョン」を実現するためにはそれが近道だから。

10人の登場人物は、十人十色の「過去」「思い」「性格」「ビジョン」を持っています。そこには、善も悪も、そして「規範」すらありません。自分の「ビジョン」を実現しようという熱量の高い人間たちの生き様が描かれます。

男性も女性も、アイヌも倭人（日本人）も、前科者かそうでないかも全く関係ない。個そのものが「規範」であり「ルール」である。だから、「裏切り」、よく言えば「有利な方につく」ということが、頻繁に起こってくるのです。

一昔前は、映画もアニメも、勧善懲悪。「正義の味方（ヒーロー）が、悪役を倒す」話ばかりでしたが、本作には「正義の味方」も「悪役」も登場しません。狡猾で残虐、手段を選ばない第七師団の鶴見中尉は、最初、強烈な悪役に見えましたが、話が進むほど彼の頭の良さに惚れ惚れするし、全くぶれないビジョン、「自分を貫く力」、強烈な父性をもった人物で、だんだん好きになってくる。今では、私の大のお気に入りのキャラとなっています。

『ゴールデンカムイ』における父性は、どこにあったか？　それは外にはないのです。自分の中にしか。一人ひとり、自分の中に自分がどう生きたいのかという明確な目標「ビジョン」とそれを突き動かす情熱があります。父性不在の時代、父性を他に求めるのではない。自分のビジョンを掲げ、自分自身が生きるモデル（手本）になる。その旗（ビジョン）の元に、協力する人や仲間が集まってくるのです。

そんなわけで、男性をおとしめることでしか「女性の社会進出」を描けないディズニー映画と比べて、性別、人種、出自、経歴などを超越して「自分の進むべき道を進め！」という強烈なテーマを抱えた作品が、この日本から生まれたことは実に誇らしいことです。

アメリカの映画とアニメにおける「父性消滅」と「女性の活躍」という二つの傾向。それに比べて、日本の映画とアニメは父性、母性をどのように描いていたのでしょう。次章で考察していきましょう。

第9章

日本の映画とアニメから考える、父性消滅時代の対処法

©2016『君の名は。』製作委員会

★ 第1節 新海監督の作品に父親が登場しない理由

▼『君の名は。』が、記録的大ヒットになったのは？

2010年代の劇場アニメを語る上で絶対に外せない作品。それは、新海誠監督の『君の名は。』(2016)です。

日本国内の興行収入は250億円を超え、日本における歴代興行収入ランキングでは『千と千尋の神隠し』、『タイタニック』、『アナと雪の女王』に次ぐ第4位、日本映画史上第2位という大記録を成し遂げました。さらには、世界での興行収入は3・61億ドルで、『千と千尋』の2・75億ドルを超えて、日本映画および日本のアニメ映画を合わせた歴代興行収入1位となっています。

日本人が、そして世界中の人たちが『君の名は。』という作品に強く共感した。それは、間違いのない事実です。では、多くの人たちはどこに共感したのでしょう？

『君の名は。』には、いくつもの魅力があります。瀧と三葉の入れ替わり。男子と女子の「入れ替わり」ものというのは、大林宣彦監督の『転校生』に始まり、今までたくさん作られていますが、そこに「時間差」という要素を盛り込むことで、非常に複雑で予想不能なストーリーを作り上げています。

さらに、精緻に描かれた都会と自然の風景。東京の街が全く違った空間として生き生きと再現され、また失われつつある自然豊かな日本の風景、あるいは神社とその儀式、伝統文化を描くことで、過去から未来へと受け継ぎ、つないでいくことの重要性、「むすぶ」という深いテーマへと続いていきます。

あるいは、人気ロックバンド「RADWIMPS」による「前前前世」などの楽曲。シナリオの初期から楽曲制作に入り、ストーリーにも見事にマッチした歌詞。音楽と映画との一体感。歌詞つきの楽曲が、これほどたくさん劇中に挿入される映画も珍しく、映画と音楽の新しい世界を切り開いています。

そして本作で何よりも魅力的なのは、瀧と三葉の恋愛模様の行方。お互いに、相手の身体と入れ替わること、そしてスマホのメッセージを通したやりとりで、二人はそれぞれの「思い」を募らせていきます。一度も会ったことがないにもかかわらず育まれる恋愛感情。そして、「会いたい！」という欲求。「かたわれ時」に時間と空間を超えて、初めて逢う二人。三葉を救いたいという思いが、消極的な草食系少年である瀧を、積極的な行動へと駆り立てます。果たして、時間と空間を超えた恋愛は成就するのか？

▼父性不在の新海作品

新海監督の作品は、「父性」という切り口で見ると、非常に特殊な映画であることがわかります。細田守監督と比較すると、その違いは歴然とするでしょう。『サマーウォーズ』『おおかみこどもの雨と雪』『バケモノの子』と、父性、父親、家族を超前面に出した作品を作り続ける細田監督とは対照的に、新海監督の作品には明らかに「父性」が薄い。というか、ほとんど存在しないといってもよい。父性に限らず、家族の描写が非常に希薄です。

『言の葉の庭』の高校生タカオに、父親はいません。母親は家出をしたという設定で、兄のみが登場します。父親も母親も現れません。

『君の名は。』は朝、朝食を作って出勤するサラリーマンの父親がちょっとだけ登場します。母親はいない、父親が母親代わりをしていることを匂わす描写ですが、それ以上の家族の描写はありません。

『天気の子』に至っては、離島に住む帆高が「家出」をして東京にくる場面から始まるものの、家出した理由は全く説明されません。また、最後に故郷の島に戻るシーンがあるにもかかわらず、本来いるはずの家族の姿は映画には出てこない。敢えて「家族」、特に「父親（父性）」を描くことを避けているように見えます。

SNSなどを見ると「家出の理由」が全く説明されないのはおかしい、という指摘もありますが、別におかしくはないのです。想像力をたくましくすれば、わかります。陽菜《ひな》や須賀に、家族のことを話そうともしなかったということと、「話したくなかった」ということ。帆高が島を出たのは、そこに自分の将来の目指すものや、なりたいものがなかったから。「家出の理由が描かれない」＝「父親が描かれない」＝「父性不在」。新海監督の他の作品でもそうであるように、父性不在が意識的に描かれていることは歴然としています。家出の理由は、「父性不在」ということで、十二分に説明されているように思います。

瀧にも帆高にも、父親はいるはずですが、それが本人にとっての「乗り越えるべき存在」でもないし、「倒すべき存在」でもない。父親殺しの対象ですらない。「父親は特に意識すべき存在ではない」「語るに値する存在でもない」ということ。

新海監督の作品に父親が登場しないというのは、「父性を描いていない」ということではなく、「父性不在」を強烈に表わしているのです。

▼大人は頼りにならない

新海作品においては、主人公の「父親」に限らず、社会における父性も実に希薄です。「強い父性を持った男性像」、つまり主人公が憧れたり、「そうなりたい」と思えるような大人の男性が、誰一人として登場しないのです。あるいは主人公を助けてくれる「大人」も登場しません。

『君の名は。』の三葉の父親は糸守町の町長。宮水家、宮水神社との遺恨もあって、ちょっと嫌な奴として描かれています。避難指示を出すように頼みに来た三葉（意識は瀧）を精神的におかしくなったと病院に入れようとします。最終的には、避難指示を出したのでしょうが、非常にネガティブな父親として描かれています。

『天気の子』に登場する、雑誌プロダクション社長の須賀圭介も、ちゃらんぽらんな男として登場しています。家出してきた帆高をバイトに雇うなど、頼りになりそうな部分がありながらも、警察に追われる帆高に対して「もう家にはこないでくれ。このままだと誘拐犯になっちまう」と言い、帆高に退職金（手切れ金）を渡すのです。「頼れる兄貴」的に慕っていた須賀から三行半をつきつけられた帆高。見捨てられたも同じで、大きなショックを受けます。

新海作品において共通して描かれるのは、「大人は当てにならない」ということ。頼れる存在、父性的な存在は、自分の父親にも社会にも存在しない。じゃあどうするのか？　というと「自分でやるしかない」のです。

『言の葉の庭』の高校生のタカオは、靴職人になるための専門学校への進学を希望しますが、親や兄の助けは借りずに、学費は全額自分でまかなうつもりでバイトをしてお金を貯めていました。

『君の名は。』では、三葉の友人たちの力を多少は借りるものの、子供たちの説得により、大人は最後の最後にようやく動く程度。最終的には、瀧が一人で山の中の祠に行き、自力で問題を解決する流れになっていきます。

さらに『天気の子』では、その傾向がより研ぎ澄まされて、家出少年である帆高、母親を失いながら弟を育てなければならず生活費にも苦労する陽菜。二人は、完全に大人たちの世界から切り離され、自力で生きていくという話です。

警察に追われながら、最後の夜に、帆高、陽菜、凪の三人が、ラブホテルでカラオケをするシーンは印象的です。大人や社会から見捨てられ、誰も援助してくれない。追い詰められながらも、自分たちで必死に生きていくしかない。限界状況におけるささやかな幸福。父性不在の厳しい世界での天国と地獄の共存。是枝裕和監督の『誰も知らない』（２００４）を思い出します。大人は当てにならない。自分たちでなんとかしないと。全く同じシチュエーションです。

『君の名は。』も『天気の子』も、大人の力は借りずに、結局のところ瀧や帆高が自分一人で、重大な局面を乗り越える。つまり、「大人なんか、全く当てにならないので、自分で父性を発揮するしかない！」というラストであり、その部分に私は非常に強く共感しました。

▼『天気の子』の賛否両論

『秒速5センチメートル』『君の名は。』『天気の子』と、最近の作品になるほど、主人公の父性力は、パワーアップしています。新海監督の初期の作品は、誠実でやさしい、非常に線の細い、いわゆる草食系の消極的な男性が主人公。「好き」なのに「好き」と言えない、互いに引かれ合っているのに、一歩踏み出せないのですれ違ってしまう。

そんな「もどかしい主人公」に自分たちを重ねる。「そういう部分、あるよね」と弱さを持つ主人公に共感し、新海監督のファンとなった人が多かったはずです。

その点で『君の名は。』は、ギリギリのところを攻めています。瀧は、消極的で内気なごく普通の高校生として登場します。しかし、大切な三葉を失うかもしれない、という限界状況に追い込まれ、本気を出します。死に物狂いで行動します。そのギャップが、瀧の「思い」の強さを表します。

お互い求め合いながら、すれ違い続ける。そして、何年もの時を経て、坂道で三葉とすれ違う時も、最初は声もかけずに一旦すれ違ってしまう。その後、ようやく意を決して「君をどこかで」と語りかけ、「君の名前は?」と一言。それだけで、二人は通じてしまう。「今まで君をずっと探していたんだ」なんてことは絶対に言わない(言えない)。そんなシャイさを備えたキャラが新海作品に登場する男子の特徴でした。

『天気の子』の帆高は、その点、積極的な少年へとかなり大きく踏み出しています。映画のラストシーン。大学進学で東京に戻った帆高は、陽菜に会いに行きます(まずこれが積極的)。「あの時、僕は、僕たちは、確かに世界を変えたんだ! 僕は選んだ、あの人を。この世界を。ここで生きていくことを」という独白の後に「陽菜さん!」と呼びかける。「帆高!」と応える陽菜。二人はお互いの名前を呼び、駆け寄って抱き合います。「陽菜さん、僕たちは、きっと大丈夫だ」。この世界で、陽菜と二人で生きていくという力強い宣言。そこで、映画は幕を閉じます。

帆高が、従来の新海作品の、「告白できない消極的な主人公」とは違ったこと。そして、ラストは二人が両思いとなって結ばれるハッピーエンド。私はとても良いラストだと思いますが、「切なさ」のないラストに、昔からの新海ファンからは批判があがり、『天気の子』には「共感できない」というファンの声がSNSでたくさんみられました。

▼踏み出す勇気

私は『天気の子』は、映像的にも、ストーリー的にも、音楽的にも、素晴らしい作品だと思うし、よく考え抜かれた作品として非常に高く評価しています。2作目のジンクス。大ヒット作を出した監督は、その次の作品では、たいていこけるのです。大ヒット作の次の作品が、内容的に前作に負けないレベルの作品で、かつ興業収入的にも成功するのは極めて難しい。しかし、『天気の子』は、日本映画歴代4位の『君の名は。』を超えはしませんでしたが、興業収入は140億円で、2019年の年間興行収入ランキングで堂々の第1位を記録。2作目のジンクスに見事に打ち克ったのです。

『君の名は。』のような記録的な作品の次にどんな作品を撮るのか。それはものすごいプレッシャーであり、それによって作家として真の実力が問われるわけです。その勝負の場面で、新海監督の最大の魅力でもあった「気弱な男子」という主人公のキャラ設定を変更するというのは、将棋でいうと「飛車落ち」で戦うくらいの大きなハンデ。それを選択するのは非常に大きな勇気であり、結果としてその英断は大成功したと私は思います。

帆高が一歩踏み出したように、新海監督も一歩、前に踏み出しているのです。

帆高は決断をします。「陽菜を救う」のか、「雨が降り続ける、破滅的な世界を救う」のか。究極的な決断。帆高は、迷いなく「陽菜を救う」決断をするのです。このシーンはグッと来ます。そして、ラストの水没した東京の映像はショッキングです。しかしその落差が、帆高の決断の強さを余計に引き立てるのです。

決断する、白黒をつけるというのは、父性です。

『天気の子』では、父性不在の時代において、結局、自分が父性を発揮するしかない。自分が決断し行動するしかない。自分で切り開くしかない！　という力強いテーマを伝えています。私はそのテーマに圧倒的に共感するのです。

残念ながら、多くの人は、人に何かをやってもらうことしか考えていません。先日、『天気の子』を見直したとき、「水没した東京」の映像に、コロナ危機の最中の誰一人歩いていない「渋谷スクランブル交差点」の映像がオーバーラップしました。

圧倒的な危機、閉塞した状態。自分は何もしないにもかかわらず、政府や首相の批判ばかりする人がほとんど。そんな暇があれば、「自分がやるべきこと」「やれること」を少しでもやるべきなのではないでしょうか。

★

第2節 父親になるのは難しい ～是枝監督と『万引き家族』

2018～19年を代表する3つの作品があります。それは、『天気の子』『万引き家族』『鬼滅の刃』です。『天気の子』に続いて、ここでは『万引き家族』について考えてみます。

是枝裕和監督の『万引き家族』(2018)は、カンヌ国際映画祭最高賞「パルムドール」を獲得しました。カンヌ映画祭のパルムドール、過去の日本人受賞者は黒澤明(『影武者』1980)、今村昌平(『うなぎ』1997、『楢山節考』1983)、衣笠貞之助(『地獄門』1953)のたった三人だけ。そう簡単にとれるものではありません。

そして、「家族」や「父性不在」をテーマにした作品を作り続けてきた是枝監督が、「父性不在」の極みを描いた『万引き家族』が、日本以上に世界から大きな評価と共感を受けた、という事実が重要です。

▼育ての親か、血のつながりか？　『そして父になる』

まず、『万引き家族』を読み解くためには、その5年前に公開された『そして父になる』（2013）について理解しておくことが必要です。なぜならば、この作品も『万引き家族』と同様に「家族」と「父性」をテーマにしているからです。

『そして父になる』というタイトルが全てを説明しています。「父親とは何か？」そして「どうすれば、本当の〝父親〟になれるのか？」ということを問う作品です。

大手建設会社に勤務し、都心の高級マンションで妻と息子と暮らす野々宮良多（福山雅治）は、人生の勝ち組、エリートといっていいでしょう。順風満帆だった彼の人生。そんなある日、病院からの電話で、6歳になる息子が出生時に取り違えられた他人の子供であることが判明します。ショックを受ける二人。取り違えの起こった相手方の斎木夫妻（リリー・フランキー、真木よう子）は、対称的に下町の庶民的な家庭でした。

それぞれ育てた子どもを手放すことに苦しみながらも、両家族は協議の上で、「実の子供」と交換することにします。育った環境が全く違う二人の子供たちは、新しい家庭に適応できずに苦しみます。そして、それぞれの夫婦も、「実の子供」とうまく心を通わすことができずに、悩み苦しみます。

大切なのは、「育ての親」なのか「血縁上の親」なのか。親子関係で重要なのは、「環境」なのか「遺伝」なのかという、厳しい問題が突きつけられます。

二つの家族は、苦しみながらも、自分の子供を受容していきます。その「苦しみ」や「困難」を乗り越えて行くことが、「子育て」であり「父になる」ということです。

心理学的に、母親は子供を産んだ瞬間に「母親」になりますが、父親は子供の養育を通して、初めて「父親」になる、と言われます。

父性不在の時代において、結局〝自分〟が父親、父性的存在にならないといけない、という結論です。結局誰も助けてくれない。自分自身が、単に血縁上の父ではなく、子供と気持ちを通わせて、「真の父親」になるという難しさ、たいへんさ。それを福山雅治とリリー・フランキーが、それぞれの個性を活かした見事な演技で、「悩める父親」「覚悟を決めた父親」を演じています。

『そして父になる』は、「自分が父性を発揮し、真の父親になるしかない！」という作品である、と私は見ました。

▼家族をまとめるのは父性か母性か
『万引き家族』

『そして父になる』の5年後に作られたのが、『万引き家族』（2018）です。

祖母、夫婦、娘と息子。貧しいながらも非常に仲の良さそうな五人家族の柴田家。夏の暑い日に、家族全員でスイカを食べるシーンは、貧しいながらもその瞬間を楽しむ、そして家族のつながり、絆を感じさせる、実に幸せなシーンに見えました。

物語が進むにつれて、彼らは血のつながらない他人であることが明らかにされます。「仲の良い大家族」は、実は家族を装った「疑似家族」だったのです。

ある日、児童虐待を受ける少女「ゆり」が現れます。彼らは「ゆり」を新しい家族として迎

家族を装った「擬似家族」の物語『万引き家族』

え入れ、家族の一員、自分たちの子供「りん」として育て始めます。そして、「りん」に見られる笑顔。自分を虐待する実の両親と暮らすよりも、他人であるはずの柴田家の人と過ごす時間の方が、彼女にとっては圧倒的に楽しく安心できる時間だったことは間違いありません。

家族において重要なのは、「血のつながり」か。それとも「一緒に暮らすこと」「一緒に暮らし愛情を深めること」なのか。『そして父になる』と全く同じテーマが、本作でも繰り返されます。

さて、貧しいながらも幸せに暮らしていた柴田家の生活ですが、そう長くは続きません。祖母の初枝（樹木希林）が、病気で亡くなってしまいます。そこから全てが変わり始めます。初枝が亡くなった後も、初枝の年金を不正受給し続けようと画策する治と信代。初枝の死体を穴を掘って埋める（死体遺棄）。明らかに犯罪です。家族の関係は、徐々にギクシャクしたものへと変貌していきます。

この柴田家をまとめていたのは、「初枝」の存在だったのです。彼女の、来る者は拒まず、全てを受け入れる養育的で包み込むような「母性的」な愛情が、「血のつながりのない家族」をまとめていた。それが、柴田家の隠れた求心力になっていた。その求心力が初枝の死によって消滅したために、柴田家は一気に崩壊に向かうのです。

樹木希林さんの、元々の「おおらかな」雰囲気と相まって、寛容でふところの広い母性愛豊かな「おばあちゃん」を見事に演じていました。

▼**父性不在の家族で、最も父性を発揮したのは？**

ここで、「父性」的存在がいれば、また展開は違ったでしょう。父親が家族の求心力となり、家族をまとめていく。家族には、「父親」であり「父性」が必要なのです。

しかし、柴田家には、父性がなかった。父性とは無縁のチャランポランな男「治」をリリー・フランキーが見事に演じています。

「Good Father」（良き父親）の４条件は、

（1）規範を示している
（2）尊敬、信頼されている
（3）「凄い」「そうなりたい」と思われている
（4）ビジョン、理念を示している

です。

残念ながら、治はこれらの一つも満たしていません。

柴田家の子供のように育てられていた祥太。祥太は、治に連れられて万引きを繰り返します。子供ながらに「万引き」は悪いことではないのかと疑問を持つ祥太に治は、「店に置いてあるものは、まだ誰のものでもない」という独自の理論で万引きを肯定するのです。

納得のいかない祥太は、信代にも万引きの善悪を問いますが、信代は「店がつぶれなきゃいいんじゃない」という、これまた無責任な発言をします。幼い祥太でもその答えには、かなりの「違和感」を持ったはずです。

さらにもう一度、似たシーンが繰り返されます。治と祥太とで、「車上荒らし」をするシーンです。祥太は、「それは、人のものじゃないの?」と、やはり善悪を問う質問を治にします。治の答えは「だから?」。やはり「車上荒らし」を肯定するのです。このときの祥太の表情は「納得できない」という顔に、私には見えました。

治は、規範を示していない。それどころか、「悪い規範」を示しているのです。規範を示していない人。「悪い規範」を示している人は、尊敬されないし、そうなりたいとも思われません。

治と祥太は仲良しで、一見、親子のような親しさもあります。しかし、祥太は「お父さん(お父ちゃん)」と呼ぶことを、かたくなに拒否していました。その理由は、治を「父」(父性的存在)として、見ていなかったから。見たくなかったからです。

「規範を示していない」「尊敬できない」「そうなりたくない」「間違ったビジョンを示している」。「良き父親」の4条件を1つも満たしていない治を、「お父さん」と呼べるはずがないのです。

小さな「りん」を万引きの世界に引き入れようとする治。祥太は、何とかそれを阻止しようとしますが、治には全く響きません。妹のような存在である「りん」を「万引き」の仲間に引き入れてしまう、それだけは避けたい、という思いが強まります。

『万引き家族』において、最後に規範を示したのは誰だったのでしょう？　それは、年端もいかない少年「祥太」でした。

りんと祥太が二人で万引きしようとしたところを見つかり、警察に捕まります。後に祥太は、「わざと捕まった」と告白します。小さな子供に万引きを強要し、年金の不正受給を続ける「万引き家族」を崩壊させるために。11歳の少年は、「規範」を示し、「善悪のけじめ」をつけ、「悪しき流れ」を「断ち切る」のでした。

柴田家がまとまっていたのは、治の「父性」の力ではなく、樹木希林演じる初枝の「母性」の力でした。「母性」とは、「包み込む力」「許容する力」「抱擁する力」です。ですから、初枝の死によって「幸福な大家族」は簡単に崩壊したのです。そして、その見せかけの「疑似家族」に引導を渡したのは、11歳の少年。

「規範を示す」「決断する」「断ち切る」「自分の意志をつらぬく」。本作において、最も父性的な行動をしたのは、祥太だったのです。

彼は、このままで行くと、「りん」を「万引き」の仲間にどっぷりと引き入れてしまい、彼女を不幸にしてしまう。誰にも助けを求められない状況においては、自分でそれを止めるしかない。自分が「父親（父性の担い手）」になるしかないと決断し、それを行動にうつしたのです。『万引き家族』は、一言で言うと、もはや大人は当てにならず、子供であろうが「自分が父性を発揮するしかない！」という作品です。

▼『誰も知らない』と『万引き家族』の共通点

思い出すと、『誰も知らない』（２００４）にも、全く同じテーマを発見することができます。主演の柳楽優弥が２００４年のカンヌ国際映画祭にて史上最年少および日本人として初めての最優秀主演男優賞を受賞したこともあり、『誰も知らない』は世界中から大きな注目を集め、是枝監督の出世作となりました。

２ＤＫのアパートに、母親と住む四人の兄弟。恋人ができた母親は、家に戻らなくなり、完全に子供たちを放置。やがて、生活費も送られてこなくなります。必死に兄弟の面倒を見る長男の明（柳楽優弥）。コンビニ店員から賞味期限切れの弁当をもらったり、万引き、援助交際など、生きるため、生活するために必死になる兄弟たち。

学校にも行かない子供たち四人の生活は、最初はパラダイスのように見えますが、後半、仕送りが止まってからは「生き地獄」と化します。知り合いのコンビニ店員など、彼らに情をかける大人もいることはいますが、社会と隔絶して生きる兄弟たちは、「孤独」であり、社会の無情と厳しさが描かれる。大人は頼りにならない。大人の力なんか借りられない。自分たちで生きていくしかないと……。

本作には、彼らの父親は影も形も登場しません。死んだのか、生きているのかもわからない。父性不在の設定。そんな中、長男の明は、兄弟を支え、生活の面倒まで考えるのです。長男と言うよりは、「父親」の役割りを必死に果たそうとします。

長男として兄弟を養うという責任感の強さ。本作で父性を発揮したのは、12歳ほどの少年、明でした。『万引き家族』と同様、親や大人には頼れない、自分でやるしかない、自分が父性を発揮し、父親の役割をこなすしかない。二作品は、全く同じ方向性をもった作品と言えます。

▼父性は母親の中にも存在する

『万引き家族』の後半の展開で、ハッとするシーンがあります。

それは、死体遺棄の罪を、信代（安藤サクラ）が全て引き受けて、刑務所に服役する部分です。治は前科があるため、今回の罪を背負うと、長期の服役になってしまう。治をかばって、信代は全ての罪を引き受けたのです。信代の潔さ、そして愛情の深さにポロポロと涙がこぼれました。

これは、「母性愛」なのか「父性愛」なのか？　そこが結構重要ですが、私は「自分が全ての責任を引き受けるという潔さ」に強烈な父性に通じる愛情を感じたのです。『カサブランカ』

のリック（ハンフリー・ボガート）が、自分の命をかけて、自己犠牲によって昔の恋人イルザを守ったかのように。

言い換えると、父性というのは男性だけが担当するものではありません。女性や母親の中にも父性的な部分があり、男性や父親の中にも母性的なものはあります。

本作では、女性の信代を「男前」に描くことによって、リリー・フランキー演じるダメ父のふがいなさ、「父性不在」ぶりをより強調しているように思えます。

▼父親、母親になりたかった二人『声に出して呼んで』

本作は、脚本段階では子供に「お父さん」「お母さん」と呼んでほしいと願う主人公の想いが重点的に描かれており、撮影中につけられていた映画のタイトルは『万引き家族』ではなく、『声に出して呼んで』でした。これを知った上で、映画を見直すと、本作がさらに奥深い映画であることがわかってきます。

警察に逮捕された信代が、女刑事（池脇千鶴）の取り調べを受けるシーン。

刑事は言います。「二人はあなたのことを何て呼んでいました？　ママ？　お母さん？」

お母さんと呼ばれていなかったことを思い出したのか、涙があふれる信代。彼女はしきりと髪をかき上げます。冒頭のあたりから髪をかき上げる、それは泣いているのをごまかすためです。何度も何度も髪をかきあげる信代。しかし、涙はとめどもなくあふれるのです。

「何だろうね」と一言つぶやく信代。

母親になりたかった自分、しかし「お母さん」とは呼ばれなかった自分。悔しいのか、悲しいのか、切ないのか。複雑な心情を見事に演じる安藤サクラの演技に共感し、こちらも涙がボロボロあふれるのです。

その少し前のシーンで、信代は女刑事に言いました。「生んだらみんな母親になるの？」

りん（本名「じゅり」）は、実の両親に引き取られるものの、その表情は物憂げです。母親の顔には夫の虐待の傷があり、母親はじゅりに感情的に当たります。じゅりに対する虐待が続いていることを示唆する描写です。

りん（じゅり）は、「疑似家族」と「本当の家族」、どちらといるのが幸せだったのでしょう？皮肉なことに、りんの表情は明らかに柴田家（疑似家族）と一緒の方が幸せだったことを示しています。生んだだけでは、母親にはなれない。そして、母親になる（母親として子供との交流がしっかりできる）ことの難しさが、描き出されます。

一方の治の描写。劇中に、祥太に「父さんと呼べよ」と促すシーンもありました。しかし、祥太は「父さん」とは呼びません。

「疑似家族」が破綻し、警察の取り調べも終わった後のシーン。祥太が治の家を訪れ、祥太と添い寝をしているときに、治はつぶやきます。「とうちゃんさあ、おじさんに戻るよ」。祥太は、横を向き困ったように「うん」と答えます。父親になりたかったけどなれなかった。父親的なことをしてあげられなかった治の敗北宣言。

翌朝、バス停まで祥太を送ります。「もう会えない」と言う治に、「ぼく、わざと捕まったんだ」と告白する祥太。祥太はバスに乗り、バスは遠ざかります。全力で後を追う治。

祥太は振り返り、バスの窓の外から、治の方を見て何かをつぶやきます。声は聞こえません。しかし、口の形から、多分「お父さん（お父ちゃん）」と言ったのではないか……。

本音と本音をぶつけ合った祥太と治は、最後に心を通じたのではないか……。

祥太が「お父さん」と呼んだのであれば、寄せ集めの「疑似家族」に、本物の父と子の交流が生まれたことになります。悲劇的なラストの中に見えた一筋の光明。

しかし、よっぽど注意して見ていないと分からない。私も、動画で見直して初めて気づきました。

家族とは何か？　血のつながりか？　心の交流か？　「父親になる」「母親になる」ことの難しさ。そして、家族を結集するには、父性が必要である。是枝監督による「家族」映画の集大成ともいえる『万引き家族』。

父性、母性というキーワードを意識しながら見直してみると、より深く作品を理解し、そして、よりたくさん涙が流れるはずです。

★第3節『鬼滅の刃』父性消滅に抗する刃

漫画、アニメ界における近年最大のトピックは、『鬼滅《きめつ》の刃《やいば》』の大ブームです。これに異論がある人はいないでしょう。

まさか、『ONE PIECE』を抜く漫画が現れるとは……。単発のコミック売り上げ部数で『ONE PIECE』を抜き、オリコンコミックランキングでは、1位から10位までを完全独占するという史上初の快挙!! さらに、既刊全19巻が1位から19位を独占しました。

また、第20巻では初版280万部という、これまた記録的初版部数を達成。ビジネス書で100万部を超える本すら滅多に出ない中、『鬼滅の刃』は国民的人気と言っても過言ではないでしょう。

なぜ、『鬼滅の刃』は、ここまでの大人気作品となったのか? キャラが魅力的、アニメの出来が良かった、背景の大正ロマンが若者に新鮮だった、など様々な分析があります。どれも「後付け」というか、キャラが魅力的でアニメの質が高くても、ここまで大ヒットする作品は生まれていないので、何の説明にもなっていません。

『鬼滅の刃』においても、「父性」という切り口で見ると、この作品の本当の魅力と、なぜここまで多くのファンの心を掴むのか、その理由は明確になります。

『鬼滅の刃』は、２０１９年4月から放送されたアニメ版から大ブレイクしました。私は友人の勧めもあって、まずは漫画を読んでからアニメ版を見ました。漫画を読んだ直後に思いました。「この父性渇望の時代に、超骨太な父性漫画が現れたものだ」。

▼仲間との協力の『ONE PIECE』、自力で突破する『鬼滅の刃』

『鬼滅の刃』と『ONE PIECE』。「少年ジャンプ」から生まれた、この二大漫画を比較することで、『鬼滅の刃』の特徴と魅力が浮かび上がります。

父性不在の時代において、『ONE PIECE』では「仲間」という答えを提案しています。本書「第6章」で解説したように、カリスマ的リーダーや権威的なリーダー、古い時代の「強い父性」的なリーダーはもはや時代遅れである。リーダーシップではなく、「仲間」同士が信頼し、協力、連携、共闘して、強大な敵を倒し、大きな困難を乗り越えていける！　これが、『ONE PIECE』の特徴です。

では、『鬼滅の刃』はどのような作品なのか？　父性不在の時代において、やはり父性というものは重要ではないのか。誰も頼りにならなければ、自分が「父親」になるしかない。自らの父性と強さに磨きをかけて、仲間を牽引し、自分の力で壁を乗り越えて行くしかない！　それが、『鬼滅の刃』です。

『鬼滅の刃』のストーリー展開の特徴として、「分断」があります。

鼓屋敷での戦い。那田蜘蛛山《なたぐもやま》での戦い。無限城での決戦。仲間と一緒に乗り込むものの、分断されてしまい、結局、一人ひとりが強大な鬼と対峙することになるのです。無限列車の戦いも、仲間はそばにいながらも眠らされてしまったため、最初は炭治郎がたった一人で戦うしかありませんでした。

強い鬼との戦いで、瀕死の重傷となり、もうダメ。そんな最後の最後に、仲間や柱が駆けつけて助けてくれる。協力して鬼を倒すという展開になりますが、戦いのほとんどは「1対1」の孤独なもの。自分で鬼の弱点を見抜き、自分で突破していくしかないのです。

自らが主体的に行動し、自分が強くなり、自己の責任において、自分で突破するしかない！そうでなければ、死ぬだけ。非常に〝厳しい〟ストーリーです。その厳しさが「父性」なのです。「仲間と協力しよう！」という『ONE PIECE』。「自分でなんとかしろ！」という『鬼滅の刃』。全く対照的な二作品と言えます。

▼長男力＝父性力

主人公の竈門炭治郎《かまどたんじろう》。真面目で頑固、一本筋が通っている。それで妹や仲間を命がけで守る心優しさもある。非常に魅力的なキャラクターではありますが、言い換えると「たぐい稀な父性キャラ」と言えるのです。

六人兄弟の長男。父の炭十郎は「炭焼き」をしていましたが、病弱のため亡くなりました。父亡きあと、炭治郎は一家の大黒柱として、炭を売って、一家を支えていました。兄弟たちの面倒をみる「長男」であり、実質的に「父親」（家長）の役割を担っていました。

そして、彼は長男としての責任感を背負い、その責任感が彼を動かす原動力になっていました。

「俺は長男だから我慢できたけど、次男だったら我慢できなかった」

他にも「長男だから」という言葉が、何度も登場します。

長男（家長）としてのプレッシャー、責任感。それは家族を支える責任であり、自らの「父性」を奮い立たせる言葉と言えます。

▼父性と母性のバランス

炭治郎は極めて父性的なキャラクターです。では、炭治郎に母性的な部分がないのかというと、そうでもないのです。

例えば、炭治郎は自分の敵である鬼に対して、時に共感したり、とどめをさすのを躊躇するシーンが何度か出てきます。鬼といっても元々は人間なわけで、その人間時代の不遇なエピソードには共感すべき点があるのです。

「裁く」「断ち切る」は父性。「赦す」「受け入れる」のが母性。炭治郎は最終的に鬼を斬るものの、鬼の人間的な部分に共感し、受け入れ、そして赦すのです。つまり、「父性」と「母性」の共存。鬼を斬るという父性的な役割、鬼に残された人間的な部分に共感し受け入れ赦す。あるいは、鬼から市民を守る、鬼に人を絶対に殺させないという「護る」という母性的な役割を同時に背負いながら戦う場面が随所に出てきます。

炭治郎は、「強さ」と「優しさ」の両方を備えた、つまり「父性」と「母性」のバランスが非常によくとれたキャラクター。それが、私たちが炭治郎に魅了される心理学的理由です。

そして、『鬼滅の刃』では、全編にわたって「父性と母性のバランス」というテーマが、何度も何度も繰り返されます。

▼「育手」鱗滝左近次の意外な一面

『鬼滅の刃』で、炭治郎以外に父性的なキャラクターを挙げろと言われたら、迷わず挙げたいのが「育手《そだて》」鱗滝左近次《うろこだきさこんじ》でしょう。

鬼殺隊・水柱、冨岡義勇の導きで鱗滝の元を訪れた炭治郎。炭治郎は鬼と戦い、鬼は斧で木に磔（はりつけ）にされます。鬼を殺せず「どうしたら、止めをさせますか？」と迷う炭治郎に、鱗滝は「人に聞くな。自分の頭で考えられないのか」と突き放すような一言を放ちます。

鬼殺隊に入るための選別試験を受けられるよう、鱗滝の指導で修行を始める炭治郎。

鱗滝は、山の上まで炭治郎を連れて行き、こう言います。「ここから、山の麓の家まで下りてくること。こんどは、夜明けまで待たない」。「えっ、それだけ？」と炭治郎は思いますが、すでに鱗滝の姿は、そこにはありません。

そして、狭霧《さぎり》山に来て1年後、鱗滝は突然言葉をかけます。「もう教えることはない」。炭治郎の身体よりもはるかに大きい岩をさして、「この岩を斬れたら〝最終選別〟に行くのを許可する」と言います。

「鱗滝さんは、それから、何も、教えてくれなくなった」。炭治郎は、その後、1年以上も、完全に放置され、自力で修行を続けるしかありませんでした。

鱗滝は手取り足取り教えない。「自分で考える」「自分で切り抜ける」と徹底的に突き放した、父性的な指導を行います。

これぞ、父性！　父性的な指導の究極系と言ってもいいでしょう。

必要なことは、全部教えた。あとは自分で考えろ。人に頼るな。その厳しさが、人を育てる。それは、ものすごく冷徹で冷たいようにも思えますが、そうではないのです。

のべ2年をかけて、ついに岩を真っ二つに切った炭治郎に鱗滝は言います。

「よく頑張った。炭治郎、お前は凄い子だ……」

一切の手出しをすることなく、炭治郎を見守り続けた鱗滝の父性愛を感じるのです。手取り足取り、丁寧に教えるだけが教育や指導ではないのです。自分で考え、自分で限界を突破する力は、こうした厳しい指導からしか育たない。

このシーンですが、「圧倒的な厳しさ」を持つ鱗滝としては、かなり意外な一面を見せます。炭治郎を抱き寄せ、頭をなでなでするのです。

「お前を最終選別に行かせるつもりはなかった。もう、子供が死ぬのを見たくなかった」。

「断ち切る」「手放す」「社会に出す」は父性、「抱え込む」「包み込む」「家にとどめる」は母性。「手放したくなかった」という鱗滝のこの言葉は、非常に母性的です。

そして、アニメ版には原作にないシーンが入ります。岩を斬り、全ての修行を終えた炭治郎を、鱗滝は手作りの料理で労うのです。鮎の塩焼きとキノコ汁がとてもおいしそうです。料理を作り、それを労うという。原作にあった鱗滝の母性的なやさしさを、さらに強化する描写。

これによって、「極めて厳しい修行をさせる男」(父性)だけではなく、「影から温かく見守るやさしさ」(母性)を持った「育手」(そだて)であることを表します。鱗滝が父性と母性、「厳しさ」と「やさしさ」の両方を持つ、魅力的な人間として私たちに迫ってくるのです。

そして同時に、人を育てるためには「父性」と「母性」の両方が必要なのだということを伝えています。

▼錆兎と真菰　父性と母性

炭治郎が岩を斬れたのは、自分一人の力ではありませんでした。毎日、厳しい修行を続けるものの、半年たっても岩を斬れずに苦悩する炭治郎の前に、ある日、一人の少年「錆兎《さびと》」が現れます。

錆兎は真剣の炭治郎に木刀で襲いかかり、言います。

「鈍い。弱い。未熟。そんなものは男ではない」と。

木刀で、炭治郎をボコボコにする錆兎。

「男なら、男に生まれたなら、進む以外の道などない!!」

打ちのめされる炭治郎の前に、笑顔が可愛らしい少女「真菰《まこも》」が現れます。彼女は、炭治郎に寄り添い、悪いところや無駄な動き、癖を細かく指摘してくれました。そして、強くなるために絶対に必要な「全集中の呼吸」のコツを炭治郎に詳しく教えるのです。

半年間、錆兎にボコボコにされながら、それでも勝てない炭治郎。ある日、いつも木刀だった錆兎が真剣を持って現れます。炭治郎と錆兎の真剣勝負。一瞬で勝負はつき、炭治郎の刀は錆兎の面を斬りました。しかし実際は、巨大な岩を斬っていた……のです。

父性的な厳しい指導の「錆兎」、母性的な優しい指導の「真菰」。この父性と母性のバランスのとれた指導によって、炭治郎は大きく成長し、最初は不可能と思われた「岩を斬る」ことを現実にしたのでした。

▼「柱合会議」における父性と母性

このように父性と母性のバランスという描写は、『鬼滅の刃』に何度も登場します。それを詳しく説明するだけで一冊の本になるくらいです。その中でも、父性と母性に関する、非常に重要なエピソード「柱合会議」についてみておきましょう。

鬼殺隊は、軍隊と同じように階級制度があります。その階級の一番上位に存在するのが「柱」であり、鬼殺隊には柱は九人しかいません。

鬼（禰豆子《ねずこ》）を連れていた炭治郎と、鬼（禰豆子）殺しを妨害した冨岡義勇。二人は、隊律違反の疑いで、鬼殺隊の裁判所ともいえる「柱合会議」にかけられるのです。

冨岡を除く八人の柱。そのほとんどは、「裁判の必要などないだろう！　鬼もろとも斬首する！」（炎柱・煉獄杏寿郎《れんごくきょうじゅろう》）、「生まれて来たこと自体が可哀想だ。殺してやろう」（岩柱・悲《ひ》鳴嶼行冥《めじまぎょうめい》）と、冨岡と炭治郎は明らかに有罪。鬼となった禰豆子は、今すぐ殺すべきという厳しい主張をします。そんな中、ポジティブな雰囲気を放つ人物が一人だけいます。それは、恋柱、甘露寺蜜璃《かんろじみつり》です。彼女は柱が発言するごとに、「可愛い」「素敵だわ」「カッコイイわ」

とキュンキュンしています。

炭治郎が有罪となれば鬼殺隊からは追放か、禰豆子も殺されるという緊迫した状況の中、甘露寺の心の中の発言は、明らかに場違い。「柱合会議」といえば、極めて厳粛に進められるイメージですが、『鬼滅の刃』の中でも最も笑える場面の一つになっています。

「裁く」「切り捨てる」は父性、「護る」「包み込む」「白黒をつけない」は母性です。冨岡と炭治郎を有罪にして禰豆子を殺せという「父性的」な処遇を望む柱たちに対して、唯一、母性的な態度でのぞみ、柔らかい空気感を出していたのが、甘露寺の存在感だったわけです。

ピンク色の髪を持つ甘露寺は、『鬼滅の刃』の中では異例な萌え系キャラ。しかし、華奢に見える甘露寺の肉体は、筋肉密度が常人の8倍という特殊体質で、その力の強さは柱の中でもトップクラス。また、女性特有のバネと柔軟な体を持ち、その肉体から繰り出される技は、音柱の宇髄《うずい》よりも速いという。さらに、食欲ものすごく、力士三人よりも食べるというから凄まじい。

一見、萌え系の可愛らしいキャラに見える甘露寺は、剛柔一体の理想を体現し、また女性的な魅力と圧倒的な強さの両方を備え持つ、父性、母性のバランスのとれたキャラクターと言えるのです。

そこに初めて登場する鬼殺隊のトップ、産屋《うぶや》敷耀哉《しきかがや》。隊士たちを「私の子供達」と呼ぶ産屋敷は、愛情あふれる人格者として柱や隊士たちからの絶大な信頼を集める。やはり、父性、母性のバランスのとれた人物として登場し、殺伐とした柱合会議を丸く収めるのでした。

▼4年3カ月で連載終了！

2020年5月、『鬼滅の刃』は最終回を迎え、連載終了となりました。たった4年3カ月で、切れ味良く、スパッと終了しました。作品に人気が出ると出版社がやめさせてくれないのが世の常。何年も延長して、延長して、間延びした作品になる場合も少なくありません。『ONE PIECE』を超える人気作が、当初の構想通りわずか23巻で完結してしまうのは凄いことです。

注目すべきは、作者の吾峠呼世晴《ごとうげこよはる》先生が「女性」であるという点です。今回の連載終了にあたって、編集部から強烈な連載継続の依頼を受けたはずですが、そこに迎合せずに初心を貫徹したのは、本人が「断ち切る」力を持っていた証拠です。

スパッと「断ち切る」力は、まさしく父性です。そして、『鬼滅の刃』の大きな特徴である、超重要な人物たちが容赦なく死んでいくという展開。重要なキャラクターが、これだけ短い巻数の中で、次々と亡くなっていく展開は、過去のコミックス史上を振り返っても、なかなかないと思います。

吾峠先生がどのような方なのか、人物像についてはほとんど公表されていませんが、男性作家でもそうそうできない主要人物をバッサリ殺し、予定通りの巻数で完結させる思いきりのよさ。そこに強烈な「父性」を感じるとともに、炭治郎やその他の人物が持つ根源的な「優しさ」、「家族や市民を守る」という母性的な「護る力」をうまく表現する力量を備えています。父母性のバランスが良い炭治郎を中心に、父母性のバランスをテーマにした本作を構築できるのは、自分の中に安定した「父性」と「母性」を持っていなければ無理だと思います。

このように、『鬼滅の刃』では「父性」のテーマを前面に出しつつも、「母性」のテーマがしっかりと描かれます。「父性」と「母性」のバランスこそが人を育て、人を伸ばす。「強さ」と「優しさ」の両方があって初めて、人として輝くことができる。そんな素晴らしいメッセージを放っていると思います。

父性と母性を、炭治郎や鱗滝、鬼と「鬼になる前の人間」のように一人の人物の中に一緒に描いたり、あるいは錆兎と真菰のように別な人物に分担させることによって、多様性のある魅力的なキャラクターがたくさん生み出されているのです。

「男性」が見ても、「女性」が見ても、「子供」から「大人」まで万人が見ておもしろく、そして「炭治郎」に感情移入し、「個性的な脇役」に自分のお気に入りを見出すことができる。「父性」と「母性」のテーマをバランスよく描いている。それこそが、私は『鬼滅の刃』が大ヒットしている心理学的理由だと考えます。

『鬼滅の刃』というタイトル。「鬼」は「Very Bad Father」（強すぎる父性）の象徴。つまり「父性消滅に対抗する刃」と理解できます。父性消滅の危機に瀕する昨今、父性を強めつつ、さらに母性も大切にしていく。本作には究極の対処法が示されていたのです。

▼まとめ

『天気の子』『万引き家族』『鬼滅の刃』。２０１０年代後半を代表する三つの作品を分析してきました。そこに共通するのは、親、大人、他人、ヒーローなどはもはや当てにならない。「自分が父性を発揮し、自分で状況を覆すしかない！」という全く共通の父性テーマがありました。これがたまたまの偶然であるはずはなく、間違いなく必然なのです。現実の父性不在を嘆いたクリエイターたちの共通の結論。自分で父性を発揮して突破せよ！　その一点です。

コロナ危機で多くの人は感じたはずです。政府も、地方自治体も、ＷＨＯも全く当てにならない。科学者は人によって言うことが違うし、何を信じていいのかわからない。マスコミなどは、危機を煽るだけのむしろマイナスの存在。

国家も巨大な組織も、何もかも当てにならない。ではどうするのか？　自分の健康は自分で守るしかない。自分で情報を集め、何が正しいかを自分で判断するしかない。そして、自分で決断し、自分で行動するしかない。

日本でコロナの死亡者が少なかったのは、医療崩壊を防いだ医療従事者のおかげ。閉店の危機に瀕しても、休業を続けた店主や経営者の協力。外出自粛をしっかりと遵守した国民一人ひとり、日本人一人ひとりの努力と踏ん張りで、コロナ危機を乗り越えた。これが今の時代なのです。

自分で決断し、自分で行動し、自分で道を切り開いて生きていく。そんな生き方が要求される時代。多くの映画やアニメは、私たちに危機を乗り越えるヒントを与えてくれている。それをしっかりと受け取り、今日を生きる勇気にしたいです。

さいごに

なぜ私はこの本を書いたのか。その理由を書かせていただきます。

23年ほど前の話ですが、非常に印象に残っている患者さんがいます。20代中頃で統合失調症を発症したB子さんです。強く記憶に残っているのは、彼女自身よりも、彼女の両親です。

彼女の母親は良く言えば熱心ですが、悪く言えば過干渉。非常に口うるさく、全てを自分で仕切らないと気がすまないタイプ。娘を心配するあまり、毎日面会に来るのですが、あれこれと彼女に小言を言って、B子さんの不安を強めます。

主治医の私には、昨日と症状が変わりないのに、毎日病状の説明を求め、「薬が強すぎるようだから少し減らすべきだ」「良くならないので、他の病院に転院させたい」など、治療方針にも非常に細かく注文をつけます。

一方父親は、物腰が柔らかく非常にやさしい性格の方ですが、悪く言えば影が薄い人です。家族面談で、話すのはほとんどが母親。父親は、『千と千尋の神隠し』のカオナシのように、ただうなずくだけ。自分の意見や考えを言うことは、ありませんでした。

結局のところ、母親が毎日面会に来て、B子さんにべったり張りつき、B子さんの心も休まらないので、面会は週2回、1回1時間に制限させていただきました。

すると、B子さんの依存心が徐々に消え、自立心が芽生えてきました。「親離れ」というか、自分の考えなどを少しずつ話し始めたのです。母親との面会時間は、「負担な時間」から、時々しか会えないために「待ち遠しい時間」に変わり、面会中にも彼女に笑顔が見られるようになりました。

母親は娘が病気になり、非常に不安になっていました。その不安がB子さんに伝染して、病状がさらに悪化するという悪循環に陥っていたのです。一方、父親は実に頼りない。娘の入院という緊急事態に、父親としてのリーダーシップを発揮し、家族をまとめるはずなのに、それができなかったため、B子さん本人も、母親も安心できずに、家族は難破船のように漂流していたのです。

3カ月の入院を経て、彼女は笑顔で退院していきました。私には、この母親の印象は強烈なものがあったものの、「父親の存在感のなさ」が非常に気になりました。そういえば、こういう「弱い父親」が増えている気がする。「強い父親はどこに消えたのだろう?」という疑問が、頭をよぎったのです。

本書を執筆するにあたり、「父親」に関する映画を20本以上見直しました。その中の一本、

『普通の人々』（１９８０）を見て私は驚きました。

シカゴ郊外の弁護士一家ジャレット家。普通の幸せな家庭だったはずが、長男をボート事故で亡くしてから、家族は崩壊します。同じボートに乗っていながら生き残った弟コンラッドは、兄の死は自分のせいだと自分を責めて心を病み、精神分析医の元へ通います。

母親は、自分が思ったことをズバズバ言う自己主張の強い性格。父親は気が弱く、自分の思ったことをハッキリと言えず、頼り甲斐がありません。そして二人の両親の間で、心が安らぐことのない息子。

「強い母」と「弱い父」。その間で不安となる子供。なんと、B子さんの家族と全く同じ家族構造が、そこに描かれていたのです！

「強い母親」と「弱い父親」に育てられるパターン。私はこれを「逆転夫婦」と呼んでいますが、こうして育てられた子供は、非常に心が不安定になります。もう少しお父さんがしっかりしていれば、家庭内がもっと安定し、子供は不安にならずに真っ直ぐに育つのに……。

「Weak Father」や「Ordinary Father」が増えている。実際、私の診療場面でも、そういうパターンに直面することが増えていますし、映画を見ていても「父親像」が、一昔前のものと、大きく変わってきている。「弱い父親」「頼りない父親」「信頼されない父親」が増えている。その理由は、何なのだろう？　父親はどこへ消えたのか？　そして父親はどこへ向かうのか？

この問題について、精神科医としてじっくり考えてみる必要がありそうだ。そして、映画を題材に、「父親」「父性」という切り口で現代社会を分析すると、どうなるのだろう？　これは、精神科医でありながら映画評論家であるという経歴を持つ私以外にはできない作業ではないのか。そして出来上がったのが、本書です。

執筆に当たっては、たくさんの映画やアニメ作品を分析し、そのストーリーを紹介しながら、様々な父親の生き方、父性のあり方を、わかりやすく描き出すことに努めました。

私たちが、普段の生活の中で「父親の役割とは何か？」「父性ってなんだろう？」と考えることは少ないかもしれません。

しかし、この本を読んだあなたは、この本を読む前と比べて、「父性」についてのあなたなりのイメージを、かなり明確にできたのではないでしょうか。

父親はどこへ消えたのか？　消えたかもしれないし、消えていないかもしれない。従来型の父親は消えつつあるとしても、今の時代にマッチした、新しい型の父親が生まれているのではないかと、私は強く感じます。

本書には、「父親はどうあるべきか？」「父性はどうあるべきか？」、その答えは書いてありません。この本は、あなたに「父親はどこへ消えたのか？」を考えていただく「きっかけ」にするために書きました。
家庭、会社、学校、様々な組織やコミュニティにおいて、理念、ビジョン、規範を示す存在が、今後も必要であることは間違いありません。この本があなたの中の「父親」探しに、少しでも貢献できたなら、著者として最高の幸せです。

２０１２年11月　樺沢紫苑

参考文献

○第1章
「心理学キーワード辞典」（オクムラ書店）
「千の顔をもつ英雄〈上〉〈下〉」ジョゼフ・キャンベル著、平田武靖、竹内洋一郎、浅輪幸夫、伊藤治雄、春日恒男、高橋進翻訳（人文書院）
「元型論」C・G・ユング著、林道義翻訳（紀伊國屋書店）
「神話の法則―ライターズ・ジャーニー（夢を語る技術シリーズ5）」クリストファー ボグラー著、岡田勲、講元美香訳（ストーリーアーツ&サイエンス研究所）
「The Hero and the Outlaw: Building Extraordinary Brands Through the Power of Archetypes」Margaret Mark, Carol Pearson 著（McGraw-Hill）

○第2章
「新版社会学小辞典」浜嶋朗、石川晃弘、竹内郁郎編（有斐閣）
「父性の復権」林道義著（中公新書）
「母性の復権」林道義著（中公新書）
「社会的ひきこもり―終わらない思春期」斎藤環著（PHP新書）
「父親の心理学」尾形和男編著（北大路書房）
「父親であること：子供の養育者としての役割」大野祥子著―「結婚・家族の心理学」柏木惠子編（ミネルヴァ書房）に掲載
「父親力―母子密着型子育てからの脱出」正高信男著（中公新書）

「子どもと学校」河合隼雄著（岩波新書）
「子どもの発達と父親の役割」牧野カツコ、中野由美子、柏木惠子編（ミネルヴァ書房）
「ユングと学ぶ名画と名曲」林道義著（朝日新聞社）

○第3章
「河合隼雄全対話Ⅲ　父性原理と母性原理」（第三文明社）
「エクソシスト」ウィリアム・ピーター・ブラッティ著（創元推理文庫）

○第4章
「劇画『巨人の星』を読む」—「増補改訂版　社会学的世界」山本鎮雄著（恒星社厚生閣）に掲載
「意識の起源史」エーリッヒ・ノイマン著（紀伊國屋書店）

○第6章
「非行心理学入門」福島章著（中公新書）
「ジョージ・ルーカス伝　スカイウォーキング《完全版》」デール・ポロック著（ソニー・マガジンズ）
「『新型うつ』な人々」見波利幸著（日経プレミアシリーズ）
「顧客が熱狂するネット靴店　ザッポス伝説—アマゾンを震撼させたサービスはいかに生まれたか」トニー・シェイ著、本荘修二監訳、豊田早苗、本荘修二訳（ダイヤモンド社）
「破天荒！　サウスウエスト航空—驚愕の経営」ケビン・フライバーグ、ジャッキー・フライバーグ著（日経BP社）
「ルフィと白ひげ　信頼される人の条件」安田雪著（アスコム）

索引

本書で取り上げたアニメ・映画作品

● 数字、アルファベット

● あ行

本書の内容をより深く理解していただくために、本書で取り上げた４つの作品に関するさらに高度な分析と樺沢紫苑先生おすすめの映画、アニメ30本の紹介文をPDFにて用意しました。
ダウンロードしてお楽しみください。 ＜編集部＞

①『鬼滅の刃』の心理学［PDFファイル］
炭治郎、善逸、伊之助は、自己肯定感が高いのか低いのか？　炭治郎が使っている、勇気を奮い起こす心理テクニックとは？『父滅の刃』本文に掲載できなかった、『鬼滅の刃』の心理学的考察をまとめてお読みください。

②『ジョーカー』完全解読［PDFファイル］
難解と言われる映画『ジョーカー』を、精神科医らしい視点で徹底解読。これは妄想なのか？　笑い病は本当にある？　精神科薬の副作用で痩せる？　アーサーが冷蔵庫に入る心理学的意味は？　コレを読めば、あなたの疑問はスッキリ解決します。

③『エヴァンゲリオン』の脳科学［PDFファイル］
一見難解なドーパミンやセロトニンなどの脳内物質。『新世紀エヴァンゲリオン』のシンジ、レイ、アスカなどのキャラクターを使い、「脳内物質」と「脳科学」の基本をわかりやすく解説しました。

④『千と千尋の神隠し』に学ぶ、子供の自主性を育てる秘術　［PDFファイル］
スタジオジブリ、宮崎駿監督の『千と千尋の神隠し』は、樺沢の最も好きなアニメの一つです。その中でも最も重要なセリフを取り上げ、千尋が短期間で成長した秘密を心理学的に解説しました。実際の子育て、部下の育成にも役立つ心理テクニックが学べます。

⑤ 樺沢紫苑、おすすめの映画、アニメ30本［PDFファイル］
『父滅の刃』では、100本以上の映画を紹介していますが、それ以外にも「おもしろい」映画はたくさんあります。無数にある作品から、樺沢のお勧め映画、アニメ、厳選30本を紹介します。あなたの映画鑑賞ガイドに最適です。

以下のURLまたは右記のQRコードにアクセス
http://kabasawa.biz/b/fumetu.html

樺沢紫苑（かばさわ・しおん）

精神科医、作家、映画評論家

1965年、札幌生まれ。札幌医科大学医学部卒業後、同大神経精神医学講座に入局。大学病院、総合病院、単科精神病院など北海道内の8病院に勤務する。2004年から米国シカゴのイリノイ大学に3年間留学。うつ病、自殺予防についての研究に従事。帰国後、樺沢心理学研究所を設立。YouTube20万人、Facebook 15万人など累計50万人以上のインターネット媒体を駆使し、メンタル疾患の予防を目的に、精神医学、心理学の知識、情報をわかりやすく発信している。

学生時代は年200本を劇場で見る映画ファン。医師になってからも、年100本を鑑賞し続ける。雑誌、週刊誌、映画パンフレットなどに映画批評、映画解説を掲載している。

著書は、シリーズ累計70万部『学びを結果に変えるアウトプット大全』『学び効率が最大化するインプット大全』（サンクチュアリ出版）など、30冊以上。映画関連では、『スター・ウォーズ「新三部作」完全解読本』（三一書房）がある。

YouTube「精神科医・樺沢紫苑の樺チャンネル」
https://www.youtube.com/webshinmaster

メールマガジン「精神科医・樺沢紫苑　公式メルマガ」
https://bite-ex.com/rg/2334/7/

父滅《ふめつ》の刃《やいば》

消《き》えた父親《ちちおや》はどこへ

アニメ・映画《えいが》の心理分析《しんりぶんせき》

2020年8月1日 初版第1刷

著者／樺沢紫苑《かばさわしおん》

発行人／松崎義行
発行／みらいパブリッシング
〒166-0003 東京都杉並区高円寺南4-26-12 福丸ビル6F
TEL 03-5913-8611　FAX 03-5913-8011
http://miraipub.jp　E-mail:info@miraipub.jp
編集／城村典子
編集協力／吉田孝之、小柴康利
企画協力／Jディスカヴァー
ブックデザイン／則武 弥（ペーパーバック）
本文イラスト／堀川さゆり
発売／星雲社（共同出版社・流通責任出版社）
〒112-0005 東京都文京区水道1-3-30
TEL 03-3868-3275　FAX 03-3868-6588
印刷・製本／株式会社上野印刷所

©Shion Kabasawa 2020　Printed in Japan

ISBN 978-4-434-27728-3 C0036